商務印書館（上海）有限公司 出品
The Commercial Press (Shanghai) Co. Ltd.

阳明学再读

复旦哲学·中国哲学丛书

吴震 著

商务印书馆
The Commercial Press

图书在版编目（CIP）数据

阳明学再读/吴震著.—北京：商务印书馆，2024
（复旦哲学·中国哲学丛书）
ISBN 978－7－100－23467－2

Ⅰ.①阳…　Ⅱ.①吴…　Ⅲ.①王守仁（1472-1528）
— 哲学思想 — 研究　Ⅳ.①B248.25

中国国家版本馆 CIP 数据核字（2024）第048155号

阳明学再读

吴 震 著

商 务 印 书 馆 出 版
（北京王府井大街36号　邮政编码 100710）
商 务 印 书 馆 发 行
苏州市越洋印刷有限公司印刷
ISBN　978－7－100－23467－2

2024年5月第1版　　　开本 670×970　1/16
2024年5月第1次印刷　印张 21½

定价：108.00元

　　吴震，京都大学博士，现为复旦大学哲学学院教授、博士生导师，任中国哲学史学会副会长、上海市儒学研究会会长、复旦大学上海儒学院执行副院长、国际儒联理事暨学术委员会会员等。主要研究领域为中国哲学、宋明理学、东亚儒学等，著有《阳明后学研究》《明代知识界讲学活动系年：1522—1602》《泰州学派研究》《明末清初劝善运动思想研究》《〈传习录〉精读》《当中国儒学遭遇"日本"》《颜茂猷思想研究》《东亚儒学问题新探》《朱子思想再读》《中华传统文化百部经典·传习录》《孔教运动的观念想象》《朱子学与阳明学》等。

目　录

宋明理学视域中的朱子学与阳明学

【内容提要】朱子学与阳明学可以有广狭两义的理解：狭义指朱子或阳明个人的哲学思想，广义则包含朱子或阳明之后学以及后世的朱子学者或阳明学者有关朱子学和阳明学的思想诠释、理论发展。由此以观，朱子学和阳明学就不是封闭的静止的理论系统，而是可以不断发展和开拓的动态的思想体系。这就需要我们转换审视的角度，既要将朱子学和阳明学置于广义宋明理学视域中，同时亦须将宋明理学视作一场整体的思想运动，才能对朱子学和阳明学获得整体性的思想了解和历史把握，以重现作为广义宋明理学视域中的朱子学和阳明学的理论意义及其思想价值。

宋明理学是中国哲学发展史上的一个重要发展阶段，足以代表其理论典范的则是朱子学与阳明学。历史上，有关宋明理学大致有"理学""道学"或"新儒学"三种说法。对此，固有必要做概念的澄清。然而"语言"表达一旦经过约定成俗，便已获得了其本身含义的相对稳定性，故亦不必过多纠缠，而应重在对其思想内涵的把握。在我们看来，有必要树立一个广义宋明理学的学术史概念，将理学、心学乃至气学等宋明时代各主流思想做一番贯通全局的整体性了解。

我们所关注的是先秦传统儒学在宋代的全面复兴，导致儒学的理化及哲学化的转向，究竟意味着什么。回答这一问题的关键就在于我们如何将朱子学和阳明学置于广义宋明理学视域中做出重新理解。无疑地，作为广义形态的朱子学与阳明学在理论旨趣等方面既有共同的理念追求又有观点主张的差异表现，作为儒学第二期发展的典型理论形态，我们应当如何审视其理论关切，并从理学的传统中获取新的思想资源，这是我们今天从事宋明理学研究的一大课题。

一　广义的视域

11 世纪宋代儒学复兴运动之际，"道学" 作为特有名词已然出现。[①] 二程（程颢 [1032—1085]、程颐 [1033—1107]）对于 "道学" 更有一种强烈的自觉，《二程集》中 "道学" 一词出现达十次以上，程颐的两句话堪称典型，一则曰："自予兄弟倡明道学，世方惊疑。"[②] 表明二程初倡 "道学" 之际，遇到了相当的社会阻力。一则曰："臣窃内思，儒者得以道学辅人主，盖非常之遇。"[③] 这是程颐于元祐元年（1086）出任崇政殿说书之际，在《上太皇太后书》奏折中的一句话，表明在程颐的意识中，"道学" 不仅是他的学问追求，而且是君主也应重视的学问。在奏折末尾，程颐更是表达了对自己重新发现 "道学" 的理论自觉：

> 窃以圣人之学，不传久矣。臣幸得之于遗经，不自度量，以身任道。天下骇笑者虽多，而近年信从者亦众。[④]

---

① 姜广辉：《"道学""理学""心学" 定名缘起》，载《理学与中国文化》，上海：上海人民出版社，1994 年。
② 《程氏遗书》卷十一《祭李端伯文》，《二程集》，北京：中华书局，1981 年，第 643 页。
③ 《程氏文集》卷六《上太皇太后书·元祐元年》，《二程集》，第 542 页。
④ 同上书，第 546 页。

此处所谓"得之于遗经"，可与此前一年元丰八年（1085）程颐所撰《明道先生墓表》中的一句话合观："先生（按：指程颢）生于千四百年之后，得不传之学于遗经，志将以斯道觉斯民。"①足见"道学"概念在程颐思想中的分量极重，而且他意识到可以利用经筵侍讲的绝好机会，将道学向年幼的哲宗皇帝进行灌输。这从一个侧面印证了南宋末周密（1232—1298）的记载是大致符合史实的："道学之名，起于元祐（1086—1093），盛于淳熙（1174—1189）。"②

其实，到了南宋时代，除"道学"外，"理学"一词也开始流行，其主要指儒家的义理之学，以区别于汉唐以来的训诂之学，如陆九渊（1139—1193）、朱熹（1130—1200）等人有关"理学"的用法都不外乎此意。③宋末黄震（1213—1280）更为明确地指出："自本朝讲明理学，脱出训诂。""本朝之治，远追唐虞，以理学为之根柢也。义理之学独盛本朝，以程先生为之宗师。"④这是说理学的思想实质在于义理而有别于训诂，上可溯源至唐虞时代的三代社会，下可探寻于北宋二程，而二程才是开创理学的"宗师"。

元代所修《宋史·道学传》的"道学"概念则是专指濂洛关闽之学，特指程朱一系的思想学说，变成了一个狭义的学派概念。清修《明史》则不列"道学传"，而将道学人物全部纳入"儒林传"之中。所以，近代以来，学术界有关"道学"一词能否涵盖宋明儒学思想的问题争议不断。冯友兰在20世纪80年代撰《略论道学的特点、名称和性质》一文，重提其

① 《程氏文集》卷十一，《二程集》，第640页。

② 周密：《癸辛杂识续集下·道学》，载《宋元笔记小说大观》第6册，上海：上海古籍出版社，2001年，第5805页。顺便指出，周密身处宋元交替之际，他对道学的看法非常负面，视道学家犹如魏晋清谈之流，甚至有南宋亡于道学清谈之说。参见《宋元笔记小说大观》，第5806页。

③ 分别参见陆九渊：《陆九渊集》卷一《与李省幹·二》，北京：中华书局，1980年；朱熹：《朱子语类》卷六十二，北京：中华书局，1986年。

④ 黄震：《黄氏日钞》卷二《读论语》，《黄震全集》，杭州：浙江大学出版社，2013年，第5页；《黄氏日钞》卷九十一《跋尹和靖家传》，《黄震全集》，第2420页。

历来主张，认为"宋明道学"最为符合宋明时代的思想实际。[①] 不过平实而论，道学与理学虽名称不同，然两者的根本旨趣是相通的，此处不赘。

关于"新儒学"（Neo-Confucianism），原是在西方学界普遍流行的一个译名，用以泛指宋明理学（道学）的思想学说。关于其缘起，有研究表明，其实早在 17 世纪传教士来华之后，目睹宋明儒所倡之新思想，因仿当时新柏拉图主义（Neo-Platonism）之名，而刻意造了一个新词：Neo-Confucianism。[②] 尽管它在当时中国并未留下任何影响，其含义所指无非是广义宋明理学，既含道学亦含心学等宋明儒学新思潮，不过，陈寅恪却在 1934 年为冯友兰《中国哲学史》下册所作的《审查报告》中屡用"新儒学"或"新儒家"之概念，用以泛指广义宋明理学。但他并没有交代这一概念的缘起问题，或许在 20 世纪二三十年代，"宋明道学家即近所谓新儒家之学"[③] 的说法已成当时学界常识亦未可知。按陈寅恪对新儒学的判断："中国自秦以后，迄于今日，其思想之演变历程，至繁至久。要之，只为一大事因缘，即新儒学之产生及其传衍而已。"[④] 这是将宋代新儒学的产生称作中国两千年来思想史上的"一大事因缘"，其评价之高，颇值回味。

本来，关于宋明理学可以有不同角度的理解，就其时代言，横跨公元 11 世纪至 17 世纪的六百年；就其内涵言，涉及理学理论的概念系统及其

---

① 冯友兰：《略论道学的特点、名称和性质》，载《论宋明理学》，杭州：浙江人民出版社，1983 年；冯友兰：《中国哲学史新编》第 5 册，北京：人民出版社，1987 年。

② 陈荣捷：《宋明理学之概念与历史》三"理学的历史与发展"，台北："中研院"中国文哲研究所筹备处，1996 年，第 286 页。

③ 冯友兰：《中国哲学史》下册，北京：中华书局，1961 年，第 800 页。然冯氏的哲学史观认定中国哲学史只有两个时代的区分："子学时代"和"经学时代"。而"自董仲舒至康有为，皆中古哲学，而近古哲学则尚甫在萌芽也"。（《中国哲学史》，第 492—493 页）这说明冯氏并不认同宋代以降中国哲学已进入"近古"时代，只是在中古哲学的"旧瓶"中"可有新意义"的学说出现，这些新意义虽不必以"新术语表出之"，但仍可称作"以旧瓶装新酒也"。（《中国哲学史》，第 493 页）

④ 陈寅恪：《金明馆丛稿二编》，北京：生活·读书·新知三联书店，2001 年，第 282 页。

所蕴含的哲学问题；就其思想的历史地位言，堪称中国儒学思想发展的第二期重要阶段（关于儒学发展的"三期说""四期说"，本文搁置不论）；就其理论的代表形态言，则非 12 世纪朱熹开创的朱子学及 16 世纪王阳明（1472—1529）开创的阳明学莫属，因为朱子学与阳明学具有贯通宋明理学的历史地位，宋明理学的哲学问题大多可以从朱子学与阳明学的理论系统中找到其原初形态及其扩散演变之轨迹。因此，透过朱子学和阳明学这两扇窗户，可以使我们得以一窥宋明理学的整体思想动向。

所谓广义宋明理学，是将宋明理学视作一场整体性的思想运动，尽管其理论建构包含不同阶段的历时性发展，对此，我们需要从理论与历史这两个层面来进行思考和把握。首先，这将涉及如何理解朱子学和阳明学的义理系统；其次，将涉及如何把握朱子学和阳明学的历史地位问题。就学术史的特定意义而言，朱子学表示朱熹的哲学思想，阳明学表示王阳明的哲学思想，可是，若以为仅以朱王两人的思想言说便能把握理学的整体性特征，则必导致学术视野的自我局限，而难以对宋明理学的整体性意义有一个纵览全局的真正把握。

因此，我们有必要对朱子学和阳明学从更宽阔的视野做一番重新"定义"，尽管这项定义是描述性的，而不是从学科意义上对朱子学和阳明学的内涵和外延所做的明确界定。在我们看来，可以从不同角度来审视：从类型学的角度看，朱子学代表了理学形态，阳明学代表了心学形态；从学术史的角度看，事实上，无论是朱子理学还是阳明心学，应当都是宋明道学思潮的总体性产物；若从纵览全局的视野看，朱子学和阳明学无疑是宋明新儒学的两大理论高峰，在理论性质上，属于中国儒学传统中"重理主义"和"重心主义"的两种理论形态。

重要的是，我们可以从广义上来重新理解朱子学和阳明学这两种理论形态。因为任何一种理论的形成，固然是思想家个人的理论创造之结果，然而所谓理论创造又绝非抽离于历史文化发展过程的孤独现象，例如朱子学不仅是朱子个人的思辨结果，更是理学思潮的理论结晶，也是宋代新儒学的理论集大成之结果，因为北宋的周（敦颐）、张（载）、二程（程颢、程颐）的思想构成了朱子学的重要资源，这就表明朱子学乃是广义上的道学理论建构，若将两宋道学加以互不关联的切割，恐怕朱子学便成了一种悬空架构。

另外，从历史文化的发展角度看，任何一种有生命力的哲学理论都具有不断诠释与发展的可能性，因而具有动态的开放性特征，故朱子门人及其后学对朱子思想的不断诠释乃至理论推演，理应作为广义上的朱子学得到应有的重视。也正由此，所以说朱子学作为一种哲学思想遗产，它不仅是朱子个人的思想，更是经近世诸儒或后世学者对朱子学的思想再生产，从而不断丰富发展的理论学说。广而言之，13世纪传入朝鲜和日本之后的朱子学经过不断诠释得以形成的朝鲜朱子学和日本朱子学也应属于广义朱子学的范围，尽管它们在理论形态等诸多方面与中国朱子学相比已发生了各种本土化的转向。同样的道理，阳明学也有广狭两义之分，这里就不赘述了。

基于上述立场进行思考，一方面，可以促进我们对于朱子学和阳明学的理论本身的全方位了解；另一方面，也可借助广义的朱子学和阳明学，推动我们对于宋明理学的重新认识，也就是说，以广义的朱子学和阳明学作为观察宋明理学整体运动的两大审视坐标，进而将宋明理学史上的各种理论环节贯穿起来，必将有助于开拓宋明理学研究的新视野。

二　理气的建构

关于宋明理学，我们可以朱子学作为一个起点来进入思考。朱子学理论的基本关怀大致有三：一是存在论，以"所以然之故"的"理"作为世界存在的基本方式，因而"理"带有秩序性的含义，反映了世界秩序，与此同时，"气"是构成一切存在的基本要素，因而"气"又与"理"构成不离不杂的理气二元之关系。二是伦理学，以"所当然之则"的"理"作为人伦社会的基本方式，因而"理"带有规范性的含义，反映了伦理秩序。三是心性论，朱子学认为"心"具有统摄性情的功能义和主宰义，但"心"并不是存在论意义上的本体概念，唯有"性"才是与"理"一般的本体存在，故有"性即理"的命题提出而绝不能认同"心即理"；同时，由于"气"的介在性作用，因而构成了人性论意义上的气质之性与本然之性的二元格局。

合而言之，"理"作为理学的首出之概念，其基本含义即指"秩序"，泛指一切存在的秩序，包括宇宙、社会乃至主体存在的心性都有"必然如是"的存在方式。从语源学的角度看，"秩序"一词源自《尚书》"天秩天序"，本义是指上天一般的存在秩序，引申为秩序的必然性而非人为性，换言之，任何一种存在秩序都是客观事实，而非人为设计的结果。理学家的"天理"观便具有客观实在的特性，在这个意义上，秩序意味着天理的自然性及实在性，故二程有"天理自然""天下无实于理"以及"惟理为实"①等观点，而朱子更明确提出了"天下之物，皆实理之所为"②以及"实理""实有此理""实有"③等理学实体观。这些"实理""实有""实体"等概念的出现，意味着向来表示阴阳气化的自然天道宇宙观向"形而上学"（作为理学用语）意义上的本体宇宙观的理论转进，在儒家观念史上可谓是一大标志性事件。

然而，涉及伦理主体的"心"如何与客观实在的"理"打通融合，却是朱子学与阳明学共同思索的理论目标，也由此而产生了理学与心学的理论紧张。问题的复杂性在于，在心与理之间，又有"气"的因素介入其中，而"气"是一种差异性的存在，具有限制性作用，所以"气"的问题又成为理学（亦含心学）不得不共同面对的一大理论焦点。

---

① 《程氏遗书》卷二上，《二程集》，第30页；《程氏遗书》卷三，《二程集》，第66页；《二程粹言》卷一，《二程集》，第1169页。

② 朱熹：《中庸章句》第二十五章，《四书章句集注》，北京：中华书局，1983年，第34页。

③ 《朱子语类》卷九十四，第2365页；《朱子语类》卷六，第104页。

　　从广义的角度出发，我们会发现被以往学界的研究所遮蔽的现象：朱子理学及阳明心学在"心即理"这一关涉哲学基本立场的问题上虽然存在尖锐的观念对立，然而在其理论内部却也共享着诸多"新儒学"的思想资源，就在朱子理学的内部构造中，并不缺乏诸多有关"心学"问题的关注和探讨，同样即便在阳明心学的理论系统中，也不缺乏对"天理"及"性即理"等概念或命题的认同，而在如何实现成就自我德性的同时，亦要求尽量扩充自己的德性以及于整个社会，在这一德性实践的工夫论领域中，朱子理学或阳明心学都同样秉持"存天理、去人欲"的基本观念。因为按照新儒学的基本设想，对于任何一种基于人心欲望而发生的有可能偏离正轨的情欲追求，都必须置于本心或天理之下来加以疏导和规范，而绝不能放任一己之私的欲望得以无限膨胀。

　　另一方面，构成理学一大理论基石的是本体宇宙论。无论在理学还是在心学看来，"理"作为生物之本的形上之理，"气"作为生物之具的形下之气，绝不是彼此割裂的两个世界，而是具有关联性、连续性的"一个世界"，这个"世界"不仅表现天道与人道的接续不断，而且表现为"性与天道"的内在联系，即人性内在地蕴含天道的意义。从宇宙论的角度看，朱子认为，理若无气作为其自身的挂搭处，则理便无法流行发用，只是理气在结构上的这种"不离"之特性，并不意味着否定理气在本源意义上的"不杂"之关系，因为理气毕竟分属形上形下。若从价值论的角度看，"理"作为一切存在的依据，其价值和意义必借助于世界实在性的气而得以呈现，由此，理才不至于沦为观念抽象。理不仅是所以当然之则，更是绝好至善的表德，而"性即理"这一程朱理学的至上命题，正是在此意义上才得以成立的。

　　就阳明心学而言，作为终极实在的良知一方面构成了人心的实质内涵，同时又须通过实在世界（气）的流行发用得以呈现自身的意义，故良知在"一气流通"的过程中得以展现其"生生不息"的生命力。只是从本体论视域看，良知本体固不必有赖于气而存在，良知与气或心与气并不构成宇宙论意义上的"理气"关系，故阳明学的理论旨趣并不在于重建理气宇宙论。①但在阳明学的观念中，良知本体作为一种实体存在，同时又在日月星辰、山川草木中发用流行。这就与近代以来西方哲学传统必将本体与现象、超越与内在、思维与存在严格两分的思维格局显然不同。

从比较的视域看，中国哲学的一个重要智慧是，天人合一、体用一源。在体用问题上，宋明儒者秉持有体必有其用的观念，主张体用不分、相即不离，这也正是程颐之所以强调"体用一源，显微无间"的奥秘所在，也是朱子学所表明的"形而下即形而上者"、"理一"与"分殊"交相辉映的智慧反映。朱子明确指出：

> 形而下即形而上者，《易传》谓"至微者理"，即所谓形而上者也；"至著者象"，即所谓形而下者也。"体用一源，显微无间"，则虽形而上形而下，亦只是此个义理也。②

另一方面，"体用一源"并不意味着否认体用分属形上形下的存在事实，故朱子又说："至于形而上下却有分别，须分得此是体，彼是用，方说得一源；分得此是象，彼是理，方说得无间。若只是一物，却不须更说一源、无间也。"③而朱子对"体用"概念的贞定是明确的："大本者，天命之性，天下之理皆由此出，道之体也。达道者，循性之谓，天下古今之所共由，道之用也。"④可见，朱子学的体用观涉及天道与性命两个方面，属于理学本体论的建构。

---

① 参见本书《论王阳明"一体之仁"的仁学思想》篇。
② 朱熹：《朱子文集》卷四十八《答吕子约》第13书，《朱子全书》第22册，上海：上海古籍出版社，合肥：安徽教育出版社，2002年，第2227页。
③ 同上。
④ 《中庸章句》第一章，《四书章句集注》，第18页。

　　归根结底，在气所构成的现实世界中或在伦理世界中，天道性命得以生生不息、流行发用，这是天道性命既是本体存在，同时又必然在现象世界中展现自身的缘故。也正由此，故谓体无定体、即用而显，表现在德性的行为方式上，便有了"即用求体"的为学主张。如阳明曾说："君子之学，因用以求其体。"① 要之，"理一分殊""体用一源""即用求体"等理学话语，应当是朱子学和阳明学所共享的基本观念。

　　总之，从广义宋明理学的视域出发，可以发现理学或心学的理论内部并不缺乏有关"气"这一实在性问题的探索，"气"并不是所谓"气学"家的专利。只是气学理论有自身的特色，即不能接受本体论意义上的"理气不杂"的观点，转而认定结构论上的"理即气之理"的观点，否定在气之上或气之外存在另一种实体性的天理，从而将气看作是一切存在的本源，甚至是德性存在的唯一"实体"，如"阴阳五行，道之实体也；血气心知，性之实体也"② 之类。这种气学思想自宋明发展到明清时期，形成了重要的思想流派，对天理实体化观念展开了集中的批判，出现了一股"去实体化"思潮。③ 故从狭义的观点看，将宋明思想规定为理学、心学与气学三足鼎立的格局，不失为一种言之有据的学术史区分方法④，只是本文并不取此立场，暂置勿论。

---

　　① 《王阳明全集》卷四《答汪石潭内翰·辛未》，上海：上海古籍出版社，1991 年，第 147 页。阳明弟子欧阳德（1496—1554）洞见到阳明此说反映的正是"体用一源"的重要智慧（《欧阳南野先生文集》卷五《答聂双江》第 2 书，隆庆三年序刻本，第 37 页下）。然在阳明后学的发展过程中，也有人认为阳明立足于"发用"的这一观点有可能导致人随物转而忘却本体的弊病，如罗洪先（1504—1564）便担心此说会产生"执用而忘体"（引自顾宪成：《小心斋札记》卷十八，台北：广文书局，1975 年影印本，第 419 页）的不良后果，明末儒者刘宗周（1578—1645）更是批评阳明此说"与龟山门下相传一派，显相矛盾"（《刘子全书》卷十九《答韩参天·庚辰》，清道光年间刻本，第 41 页下）。

　　② 戴震：《孟子字义疏证》，北京：中华书局，1961 年，第 21 页。

　　③ 参见陈来：《元明理学的"去实体化"转向及其理论后果——重回"哲学史"诠释的一个例子》，载《诠释与重建——王船山的哲学精神》，北京：北京大学出版社，2004 年，第 394—421 页。

　　④ 参见［日］山井涌：《明清思想史の研究》，东京：东京大学出版会，1980 年。

三 道德与知识

但是，从分析的观点看，德性须在形质上得以呈现自身的命题，转化为德性须有赖于形质而存在的命题，这与其说是一种理论上的转进，还不如说是一种理论上的错置，因为从前者并不能合理地推出后者。即便如戴震（1724—1777）所说的"德性资于学问"①这句命题，也并没有真正解决这样一个问题：一种有关实然世界的客观知识何以可能转化出应然世界的价值知识？一个人的德性培养固然可以通过后天的知识学习得以扩充，但是一个缺乏德性的人在知识学习过程中，也许其结果适得其反，滋生出某种非德性的人格和习性。因为按照广义的理学观点，他们达成的一项共识是：德性之知不依赖于闻见之知而有。

也就是说，经验知识并不能倒过来成为德性存在的基础。所以，成德之学的关键在于"明德"的指引，唯有如此，才会使知识活动的"学"成为真正意义上的"为己之学"（孔子）、"自得之学"（孟子）、"切己之学"（程朱）、"身心之学"（阳明），否则，便成了一种所谓的"口耳之学"。按阳明判断，世界上只存在两种学问：一种是"讲之以身心者"，一种是"讲之以口耳者"。②阳明弟子王畿（1498—1583）对此有进一步解读："讲学有二：有以口耳者，有以身心者。入耳出口，游谈无根，所谓口说也；行著习察，求以自得，所谓躬行也。"③可见，"身心之学"对阳明而言才是儒学的实践之学。既然是实践之学，其背后必有天理良知作为其依据始有可能。"德性资于学问"虽有见于知识对于德性的养成具有充分条件，但

---

① 戴震：《孟子字义疏证》，第 15 页。

② 吴震解读：《中华传统文化百部经典·传习录》中，第 172 条，北京：国家图书馆出版社，2018 年。本书以下凡引《传习录》，仅标注条目。

③ 王畿：《龙溪会语》卷六《书同心册后语》，《王畿集》附录二，南京：凤凰出版社，2007 年，第 782 页。

却不能证成后者构成前者的必要条件，戴震欲以此命题来推翻一切实践之学的形上依据——本然之性或本来良知，却不知"闻见之知"作为一种经验知识而有其自身的局限性，并不足以颠覆理学的形上学建构。

须指出的是，德性与知识的问题往往被转换成考据与义理的问题，这是戴震哲学的一个隐秘思路。然而，两者属于不同领域的问题，不可互相替代。前者属于如何成就自己德性的伦理学领域，追问的是"成己之学"的最终依据究竟何在的问题，其中涉及德性能否成为构建伦理学的基础等问题；后者属于如何确切地把握知识的方法论问题，追问的是知识获得须通过经典考据还是须通过对文本义理的了解才有可能的问题，就此而言，戴震力主训诂明则义理明的为学立场本无可厚非，如同哲学建构往往需要哲学史的知识一般。问题在于戴震所谓的"义理"既不同于宋明儒所说的"性与天道"，则由考据以明义理的说法便与道德和知识的问题发生脱节。

从历史上看，在宋代朱子与象山的时代，尊德性与道问学的关系问题确已成为理学内部的一个争论焦点，及至明代阳明学的时代，遂演变成良知与知识之争。在 12 世纪 80 年代中期，朱子对于自己平生多用力于道问学有所反省，意识到尊德性与道问学应当互相"去短集长"，他说：

> 大抵子思以来教人之法，惟以尊德性、道问学两事为用力之要。今子静所说专是尊德性事，而熹平日所论却是道问学上多了。……今当反身用力去短集长，庶几不堕一边耳。①

可见，朱子洞察到当时社会上存在两种为学取向，而且深知陆九渊与自己在此问题上存在差异，而欲弥合双方的缺陷。朱子在《答项平父》第 4

---

① 《朱子文集》卷五十四《答项平父》第 2 书，《朱子全书》第 23 册，第 2541 页。此书作于 1183 年，参见陈来：《朱子书信编年考证（增订本）》，北京：生活·读书·新知三联书店，2007 年，第 572 页。

书中也透露了相似的看法，提到"反求"与"博观"这两种对立的为学取向，指出：

> 近世学者务反求者便以博观为外驰，务博观者又以内省为隘狭，左右佩剑，各主一偏，而道术分裂，不可复合，此学者之大病也。若谓尧舜以来所谓兢兢业业便只是读书程课，窃恐有一向外驰之病也。如此用力，略无虚闲意思、省察工夫，血气何由可平，忿欲何由可弭耶？①

这里，朱子显然对当时存在的"反求内省"与"博观外驰"的两种为学取向均有不满，认为各执一端，必将导致"道术分裂"的后果，他认为尧舜以来教人为学工夫绝不限于"读书程课"而已，更重视平日的涵养省察工夫。足见朱子对尊德性一路的为学主张未必没有同情的了解和深切的洞察。

关于朱子思想的这一微妙变化，很快被陆象山所察觉，但在他看来，朱子此说似是而非，并提出了尖锐的质疑："既不知尊德性，焉有所谓道问学？"②象山坚信德性才是一切学问的前提，因为"形而上者"的道德性命之学才是根本学问，而"形而下者"的名物度数之学则不足以体现孔子"吾道一以贯之"的儒学精神，象山与弟子的一场对话就充分表明了这一观点：

> 或谓先生之学，是道德性命，形而上者；晦翁之学，是名物度数，形而下者。学者当兼二先生之学。先生云："足下如此说晦翁，晦翁未伏。晦翁之学，自谓一贯，但其见道不明，终不足以一贯耳。吾尝

---

① 《朱子文集》卷五十四《答项平父》第 4 书，《朱子全书》第 23 册，第 2542 页。此书作于 1186 年，参见陈来：《朱子书信编年考证》，第 572 页。

② 《陆九渊集》卷三十四《语录上》，第 400 页。

> 与晦翁书云：'揣量模写之工，依仿假借之似，其条画足以自信，其节目足以自安'，此言切中晦翁之膏肓。"①

这场对话给人以一个明确信息：在象山的意识中，其与朱子之争乃是"形而上学"与"形而下学"之争，两者涉及基本的哲学立场，故容不得丝毫的退让。

四百年后，当王阳明注意到朱陆之间有关尊德性与道问学的问题争论时，他可以比较冷静地做出判断，并且从朱子的字里行间，洞察到朱子虽欲调和两种为学方法，但其前提立场显然有误，仍然是"分尊德性、道问学作两件"了。同时，阳明也不愿重新激发朱陆之争，因而主张德性与问学应同时并重，尊德性不能"只空空去尊，更不去问学"，道问学也不能"只是空空去问学，更与德性无关涉"。②表面看，阳明似在调和朱陆，然而在道德与知识何者为重为本的根本问题上，阳明显然有其自身的哲学立场，对于一味追求外在客观知识而忘却"本心"的为学取向不以为然，认为这在为学方向上犯了"舍心逐物"的根本错误。至于他提出"道问学即尊德性之功"③的观点，也应放在心学脉络中才能获得善解。在我们看来，这个说法无疑凸显了尊德性才是道问学之本的心学立场，如同阳明一再强调的"约礼"是"博学"之本、"诚意"是"格物"之本一样。

晚年阳明在提出致良知学说之后，更是坚定了"知"乃良心之知、德性之知而非通常意义上的"见闻知识"这一心学立场，进而对朱子学发出了"纵格得草木来，如何反来诚得自家意"④的根本质疑。显然，这是针对朱子学偏重于"即物穷理"的外向知识活动而言的，凸显了致良知而非格物在儒学工夫论中的核心地位，表现出阳明学在完善自我的成德之学的

---

① 《陆九渊集》卷三十四《语录上》，第 420 页。
② 《传习录》下，第 324 条。
③ 《传习录》上，第 25 条。
④ 《传习录》下，第 317 条。

实践问题上，与朱子学的格物论格格不入。阳明学之所以与朱子学发生这些思想分歧，当然需追问另一更为根本的问题，即朱子学和阳明学的哲学根本问题究竟何在。若紧扣宋明理学的语境来追问，亦即如何审视和定位心与理的关系问题。

四　义理的拓展

从广义的视域以观理学，理学无疑是中国哲学的一个重要形态，其中内含程朱理学和陆王心学。今人喜说"哲学"，若按宋儒对传统学术的类型性说法，哲学便是"义理之学"，而有别于"词章之学"和"训诂之学"；而就学问之本质看，词章之学不过是"能文者"，训诂之学不过是"谈经者"，前者沦为"文士"而后者沦为"讲师"而已，唯义理之学才是"知道者"，乃真"儒学"。① 故儒学唯以"道"为根本问题，宋代所创新儒学运动之所以被称为"道学"，盖有以也。

"道"的主要指向有三个维度：自然、社会与人生。关涉宇宙秩序、社会秩序及心性规范的基本问题。在宋明理学家看来，秩序或规范不单纯是制度形式的存在，更在人的精神世界中得以内化，从而获得内在性。而此内在化秩序便与人的主体存在有密切之关联，正是由于天道天理内在于人的心性之中，从而使得超越的形上之理发生了内在化转向，并使儒家存心养性事天的工夫实践获得一以贯之的可能。因此，进入心性论域而非单纯宇宙论域的"道"或"理"，对于宋明理学具有重塑儒学理论的建构性意义，尤其对于重建儒家心性论具有关键作用。

然而正是在这一问题上，理学内部引发了重要的歧义，主要表现为心与理的关系问题，两者究竟是直接同一的关系还是未来理想的目标，

①　程颐："今之为学者歧而为三：能文者谓之文士，谈经者泥为讲师，惟知道者乃为儒学也。"（《程氏遗书》卷六，《二程集》，第 95 页)《程氏遗书》卷十八也有类似的说法，参见《二程集》，第 187 页。

即在理论上，心与理的同一性何以可能？以及在现实上，心与理为何不能直接同一？此处所谓"直接同一"，意指两者是先天的、本质上的同一，而不是由后天的分析判断所得之结果；而且"同一"是指本体论意义上的存在事实，而不是指工夫论意义上的可能性设定。这种本体论的普遍主义思维显然更多地与孟子有直接的关联。

正如孟子"人人皆可为尧舜"的命题所示，这里的基本预设是人心之所"同然"。所谓"同然"，包含人与人、人与圣人共同拥有"如其本然"或"如其所是"的本质存在，用心学语言来表述，即象山那句名言："人同此心，心同此理。"亦即阳明所坚守的信念：良知存在"无间于圣愚，天下古今之所同也"①。这些心学观点乃是一种本体论论述，特别是对孟子本心学说的本体论诠释，其立论基础无疑就是心学的至上命题："心即理。"而此心学命题不仅是对理学而且是对儒家心学传统的义理开拓。

其实就在理学开创之初，周敦颐便已明确提出"圣可学"（《通书·圣学》）之说，二程受此影响，程颐在其少年之作《颜子所好何学论》（《程氏文集》卷八）中，拈出了"圣人可学而至"这句名言。于是，由凡入圣成为宋明理学的思想口号乃至人生信念，在整个宋明理学发展史上留下了深远的影响，成为儒家士大夫共同秉持的期许和志向。

但是，成圣在作为工夫实践的目标之前，首先须思考并回答的问题是：成圣的依据究竟何在？换言之，这也就是成圣工夫的本体论依据究竟何在的问题。二程对此就曾做出明确的回答："人自孩提，圣人之质已完。"②这显然是将成圣的依据诉诸先天的人性，认为任何人在本质上已充分具备如同"圣人"一般的善良本性，换种说法，二程是将成圣依据诉诸儒家"性善说"这一本质主义人性理论的基础之上。毫无疑问，程朱理学和阳明心学共享着新儒学这一理念。

---

① 《传习录》中，第179条。
② 《程氏遗书》卷六，《二程集》，第81页。

不过,阳明将成圣依据更直接诉诸每个人内心先天内在的"良知",因为阳明学的良知理论有一个核心的观念:"愚不肖者,虽其蔽昧之极,良知又未尝不存也。苟能致之,即与圣人无异矣。"①这就深刻地揭示出我们每个人之所以能成圣之依据就在于内在良知,正是由于良知是一种普遍存在,故在"圣愚"之间就不存在任何本质差异,在某种意义上,良知不仅是善良本性,更是内在人心中的"圣人"本身,故阳明又有"人人胸中有仲尼""满街人都是圣人"这一普遍主义论述。唯须指出:这项论述是本体论命题而非工夫论命题。②表面看,这一论述似有可能导致人心的自我膨胀,然而对阳明而言,这并不单纯地涵指良知内在化,更是良知作为一种普遍存在的推演结论,揭示出良知心体具有普遍性的特征。此即说,良知心体不是观念的抽象而是普遍存在于人心的当下具体呈现,犹如"圣人"即刻当下存在于人心之中一般。

必须指出,阳明晚年强调的良知圣人化这一思想观念,如同良知天理化一样,都充分表明阳明欲将原本作为道德意识的良知做一番神圣化乃至实体化的理论转向。如其所云:"善即良知,言良知则使人尤为易晓。故区区近有'心之良知是谓圣'之说。"③究其实质而言,良知的神圣化意味着心体的形上化,旨在强调作为主体存在的良知具有普遍客观性。也正由此,良知不仅是个体性的道德意识,同时也是社会性道德的存在依据,更具有"公是非,同好恶"④的公共理性力量。毋庸置疑,阳明的这一良知理论与其心学第一命题"心即理"恰构成一套循环诠释的系统,可以互相印证,如同心体即良知、良知即天理一样,构成了一套严密的论证环节,缺一不可。故对阳明而言,他必得出"心是理""心即天"的结论,

---

① 《王阳明全集》卷八《书魏师孟卷·乙酉》,第 280 页。
② 参见吴震解读:《中华传统文化百部经典·传习录》下,第 313 条"点评",第 481—483 页。
③ 《王阳明全集》卷六《答季明德·丙戌》,第 214 页。
④ 《传习录》中,第 179 条。

意谓良知本心就是形上存在，与天理拥有同样崇高的本体地位。

总之，在朱子，他根据自己的理学理路，虽然认定在工夫境界的意义上，有必要最终指向"心与理一"的实现，但却不能在存在论意义上认同心与理具有"当下如是"的直接同一性，更不能承认在人心意识之外，存在另一个本体论意义上的心体，这就与以"心即理"为基本信念的阳明学形成重要对立。这一思想事实表明在广义宋明理学内部存在两种不同的理论旨趣，一方面，朱子学对心的问题始终保持高度的思想警惕，认为心具有认知能力或意识能力，也有主宰身体运作的功能作用，但却不能等同于"理"的本体论地位[1]；另一方面，在阳明学看来，心不仅具有道德感知能力、意识作用，更主要的是，人心就是先天内在的道德本性，是道德情感和动力之源泉，并能赋予这个世界、社会与人生以价值和意义。阳明学所谓的"心外无物""心外无事""心外无理"等遮诠式命题，所欲表明的无非就是这样一点：作为一切存在的事、物乃至理，其价值和意义必由心体才能呈现。若要追问，世界何以有意义，人生何以有价值，离开了"心体"便无法言说。

五 结语：宋明理学是一场整体性的思想运动

历来以为，朱子学与阳明学互相对立，彼此不可融合，然而转换视角，从广义宋明理学视域出发，便会发现两者实有诸多共同的问题关切和思想共识，阳明学"心即理"也并不像历来所认定的那样——构成朱子理学"性即理"的对反命题。因为对阳明而言，这两项命题可以同时成立，心体与性体几乎属于同义词。同样，天理观念亦为阳明学所共享，故有心体即天理、性体即天理、心体即良知、良知即天理等构成互为印证、

---

[1] 参见吴震：《朱子思想再读》第三章"心是做工夫处"，北京：生活·读书·新知三联书店，2018年，第102—163页。

环环相扣的理论命题。

虽然阳明学在儒家心性论意义上对朱子学完成了批判性发展，然两者之间又有思想连续性，这一点同样不可忽视。例如若以广义宋明理学为视域，我们便会发现，朱子学和阳明学对于儒学人文精神的全面重建、儒学社会化运动的加速发展，并在儒学理论落实为社会实践乃至扩展到政治领域的影响等方面，都起到了重要的推动作用。也正由此，我们可以说，宋明理学是一场整体性的思想运动，不论朱子学还是阳明学，他们有着共同的问题关切，即重建儒学的价值体系以推动儒学的全面复兴。

总之，朱子学和阳明学构成了广义宋明理学的实质性内涵。当我们对狭义朱子学或阳明学已有相当的研究积累之后，更应自觉地拓展到广义朱子学或阳明学的研究。如明清朱子学以及阳明后学的研究有待全面深化，而宋明理学与现代新儒学之间的思想承接应如何评估也值得省思，至于东亚朱子学和阳明学在大陆中国则更显落寞[①]，这就昭示我们，在当今学界，如何重写宋明理学史，仍是一个富有挑战性的课题。

（原载《哲学研究》2019 年第 5 期）

---

① 关于东亚儒学，参见吴震：《东亚儒学问题新探》，北京：北京大学出版社，2018 年。

王阳明的良知学系统建构

【内容提要】阳明心学在某种意义上可称为阳明良知学。这一理论自成一套严密的系统，其中有层层良知概念环环相扣、彼此印证，如良知独知、良知自知、良知自觉、良知一念、良知无知等良知问题的论述构成有机的联系。对这些概念的丰富而又独特的内涵进行思想分析，可以发现，阳明良知学的理论建构凸显了良知自知理论在良知本体在现实过程中的重要性；而良知自知等观念论述表明，良知不只是一种道德规范、判断标准，其本身作为道德反省意识更具有自反性、内在性、根源性等特质，从而使得阳明良知学极大地丰富了儒家心学传统及其修身传统的思想内涵。

孟子首创的"良知"概念为儒家心学起到了理论奠基的作用，其含义既指"是非之心"的道德意识，又指"不虑而知""不学而能"的道德直觉，而这种良知直觉能力不依赖于后天的经验意识。为论证上述观点，孟子在有关"孺子入井"的典型案例中，生动地描述了良知意识的运作机制，强调伴随良知意识的道德行为必源自"怵惕恻隐"之心的直接发动，而不能有任何其他的非道德动机——诸如"内交于孺子之父母""要誉于乡党朋友"或"恶其声而然"（《孟子·公孙丑上》）等。根据孟子对人之为人的基本德性——仁义礼智的规定性描述，"恻隐之心"为"仁"，"是非之心"为"智",故在孟子,良知不仅是一个有关是非的概念,更是一种基本的德性存在,其中内含"仁—智"合一的特质。推而言之,良知具有统括仁义礼智四项基本德性的特质,而且是区别于生物或动物等其他存在的依据所在,人若无此恻隐之心等本心,便是"非人也"(同上)。孟子有关良知的这些说法,构成儒家性善论的理论基础,揭示了"由心善证性善"(徐复观语)的重要理路。然而无论是"心善"还是"性善",必涉及存在论意义上的良知如何证成等问题,因为任何一种意识都不能脱离人的存在而论,如果良知就是人的存在,那么,有关良知存在与道德意识之关系等问题则有待解决,而有关这一问题的系统理论建构要等到阳明学出现之后。

孟子的良知概念到了王阳明那里发生了深刻的转化和拓展,发展出一套良知心学理论。尽管阳明晚年仍坚持孟子对良知的两项最原初的定义——"是非之心,不虑而知,不学而能,所谓良知也"[1],即坚持以是非之心以及"不学不虑"作为良知的基本特质;然而,阳明学的良知论在肯定良知是一种道德意识的同时,发展出良知更是一种道德实在的观点,强调良知不仅是心体,更是犹如天理一般的存在——如良知即心体,良知即天理,这说明良知不仅是一种主观的道德意识,更是客观实在的理性本体——"良知本体"。[2]阳明基于良知本体的立场,进而展开了有关良知独知、良知自知、良知自觉、良知一念、良知无知等一系列观点的论述。这些论述构成一套良知学系统,极大地丰富了儒家心学传统,并在

---

[1]《传习录》中,第 179 条。本文将成熟之后的阳明思想划分为两个阶段,1508 年龙场悟道至 1520 年提出致良知说为止设定为早年,此后直至逝世为止设定为晚年。

[2] 由于天理就是终极实体,故在阳明学,良知作为理性本体而发生了"实体化"的转向,参见本书《论阳明学的良知实体化》篇。关于儒家伦理与"道德实在论"的问题,参见黄勇:《道德实在论:朱熹美德伦理学的进路》,载《现代儒学》第 7 辑,北京:商务印书馆,2021年。而在日本哲学家井筒俊彦(1914—1993)看来,除了以禅宗为代表的大乘佛教以及老庄道家外,包括伊斯兰教、儒教等在内的大多数"东洋哲学的各个传统",其思想本色都属于"本质实在论"。参见[日]赖住光子:《井筒俊彦と道元》,载《井筒俊彦:言語の根源と哲学の発生》2017 年增补新版,东京:河出书房新社,第 156 页。

本体工夫论领域建构了一套致良知工夫理论，对儒家修身传统做了深入的理论推进。以上这些良知论述构成了阳明良知学的一套理论系统，故在某种意义上，阳明学可称为阳明良知学。

一　问题由来

阳明良知学这一理论系统的关键在于良知问题。尽管良知似乎是一个不言自明的概念，但近年来有一些新的研究动向。有观点认为，阳明学意义上的良知不是一种单纯的以外物为对象的意念或意向，而是意识对自身的一种"自知"，质言之，是"一种对意念的当下直接的觉察"[1]，它是内在于每个意念中的内在意识，又以良知本体为自身的根源和本质；并认定良知自知论对于审视中国心学传统具有独特意义。瑞士现象学家耿宁（Iso Kern）运用现象学的意识分析方法提出了上述论点并做了仔细论证。[2]

的确，对阳明而言，良知不是一种有关事实的经验知识，也不是一般意义上的意识知觉，而是关乎良知作为一种道德理性如何挺立的问题，它更是阳明经历"千死百难"之后获得的一种生命体验。这发生于阳明37岁的"龙场悟道"，有迹象表明，当时阳明对良知即心之本体已有根本

---

[1]　［瑞士］耿宁：《心的现象——耿宁心性现象学研究文集》，倪梁康等译，北京：商务印书馆，2012年，第305页。关于此书的评论，参见吴震：《略议耿宁对王阳明"良知自知"说的诠释——就〈心的现象：耿宁心性现象学研究文集〉而谈》，《现代哲学》2015年第1期。关于"良知自知"问题，参见吴震：《〈传习录〉精读》第六讲第三节"良知自知"以及第四节"良知独知"，上海：复旦大学出版社，2011年。

[2]　参见［瑞士］耿宁：《人生第一等事——王阳明及其后学论"致良知"》，倪梁康译，北京：商务印书馆，2014年。此书较《心的现象》所提出的良知双重性，又进而提出了良知三义说：分别指向善秉性（早期），作为"是非之心"的道德意识（中期）以及作为本原知识的良知本体（晚期）。关于耿宁的这项研究引发了中国学界的一些批判性讨论，参见《哲学分析》2014年第4期所收李明辉、林月惠、陈立胜等一组文章。关于耿宁将阳明学的良知比作佛教唯识学的"自证分"，张卫红有深入的批判性考察，参见张卫红：《良知与自证分——以王阳明良知学为中心的论述》，《世界宗教研究》2015年第4期。

的了悟①，只是将此诉诸文字并且理论化为"致良知"，则在十余年后的49岁之时。据阳明晚年的回忆："吾良知二字，自龙场已后，便已不出此意，只是点此二字不出。"② 这是阳明晚年的夫子自道，我们对此不必置疑。

龙场悟道三年后的1511年，王阳明在给朋友的书信中论及"不睹不闻""戒慎恐惧"的问题，指出："所谓寂然不动之体，当自知之矣。"③ 这是阳明文献中第一次出现"自知"一词，尽管这里并未明确点出"自知"者的主体便是良知这层意思，不过就"寂然不动之体"而言，它显然指天命之性等本体意义上的性体；对此能有所察觉自省，则非一般意义上的自发式意向性意识所使然，而应当就是指良知本体才具备的意志能力，因为意志才能通过自我决定而表现为"戒慎恐惧"等实践行为。④ 次年1512年底，阳明与其弟子徐爱的一段对话则对良知作为"心之本体"的存在必展现为良知自知的问题有了清楚的表述：

> 知是心之本体，心自然会知。见父自然知孝，见兄自然知弟，见孺子入井自然知恻隐。此便是良知，不假外求。⑤

在此，阳明首先肯定良知就是"心之本体"。所谓"本体"，在宋明理学的语境中，一般理解为本然状态或存在本质这两种含义。这里的"本体"系

---

① 陈立胜在批评耿宁的良知三义说有过度"分析"之嫌的同时，指出阳明其实在龙场悟道之际既已对良知本体有所体悟（参见陈立胜：《在现象学意义上如何理解"良知"？——对耿宁之王阳明良知三义说的方法论反思》，《哲学分析》2014年第4期，第35页）。这个说法是成立的，因为良知作为存在与意识的整体是不可分割的，故对它的整体把握才是阳明心学思想成熟的根本标志。

② 《王阳明全集》卷四十一《刻文录叙说》，第1575页。

③ 《王阳明全集》卷四《答汪石潭内翰·辛未》，第147页。

④ 阳明晚年对于这一点有了更清楚的自觉意识，他指出："能戒慎恐惧者，是良知也。"（《传习录》中，第159条）意谓"戒慎恐惧"这一心理意识的意向性活动本身并不是良知，使其成为可能的依据才是良知。

⑤ 《传习录》上，第8条。

于良知这一主语之下，应指良知是构成意识（心）的本质实在^①，换言之，"心之本体"即心体，而心体即良知，这一良知存在表现出"自然知"的特征，所以阳明断言"自然知"便是不假外求的"良知"本身。对此若做概念化表述，即可说"良知自知"。理由很简单，作为"心之本体"的存在即是"良知"，故"自然会知"的"自知"主体必是良知本身。

那么，良知本体何以在"见父""见兄"等伦理情境中，会当即不由自主地触发孝悌等道德情感的自知判断？这涉及"良知自知"究为何指及其相关的一系列理论问题。

二　知者自知

"良知"首先涉及何谓"知"的问题，故我们的话题有必要从孔子讲起，因为在孔子，"仁"与"知"作为一对概念，被屡屡提起，在孔门中有深入讨论。

在先秦时代，"知"的含义基本上有两种：一是心知义，涵指知觉、认知；一是德性义，通"智"字，如"是非之心，智也"（《孟子·告子上》）。众所周知，在《论语》"樊迟问仁"章，孔子在回答什么是"仁"、什么是"知"的问题时，分别用"爱人"和"知人"这两个说法进行了回应（《论语·颜渊》）。这里的"人"，是指与"己"相对的"他人"，或是指更宽泛的"他者"，孟子据此提出了"仁者爱人"的著名命题。如果说"爱人"是指对他人的"爱"，那么，相应地"知人"便意味着对他人的"知"，如此，作为德性的"知"展现为以他人为对象的德行。然而，根据《荀子·子道》的记录，孔子曾就何谓"知"和"仁"的问题，分别向子路、子贡、颜渊提问，三人的回答依次是"知者使人知己，仁者使人爱己"；"知者知

---

① 耿宁在解释阳明早年"知者意之体"这句命题时，认定此"知"作为"本原知识"，"就是意向的实体（根本实在：体）"（［瑞士］耿宁：《人生第一等事——王阳明及其后学论"致良知"》，第150页）。

人，仁者爱人"；"知者自知，仁者自爱"。这里，子贡的回答几乎重复了孔子的原话，姑且不论；子路回答"知"是"使人知己"，意谓使人知道或了解"自己"，这个说法不见《论语》，似是子路的独特见解。要之，对于上述三人的回答，孔子都做出了肯定性的评价，但其层次有高下之分，依次是"可谓士矣""可谓士君子矣""可谓明君子矣"。[①] 可见，颜渊的答案赢得了孔子的最高赞赏。那么，"仁者自爱"且不论，"知者自知"究为何意呢？

从"仁""知"并列的语境看，这段对话中的"知"应是特指德性意义上的对是非具有认知、意识等能力，而不是指心理学意义上的感知或知觉等能力。故"知者自知"强调的是："知"是反向自身的一种内含道德评价的认知和判断。故孔子对颜渊的自知能力及其道德品格极为赞许："有不善未尝不知，知之未尝复行。"（《易传·系辞下传》）按王阳明的理解，此"知"必是良知无疑，因为只有良知才能真正使人做到自知己过，而且知之不再重犯同样的错误，这就需要道德之知的高度自觉[②]，此即后面将涉及的良知自知、良知自觉的问题。

关于"自"字，不用多说，根据《说文·自部》的字义解释，指鼻之谓"自"，即"自己"之义，属反身代词，这是先秦时代的通行之义。依此，自知作为一种认知，它指向自身而又源于自身的意识发动。其中有两层

① 《荀子·子道》的这段记述又见《孔子家语·三恕》，意全同，只是"知"作"智"字。关于历来存在的《家语》伪作说的问题，这里不论，目前通常认为《家语》为汉初至魏晋年间的孔氏后学的作品，参见李学勤：《竹简〈家语〉与汉魏孔氏家学》，《孔子研究》1987年第2期。就《家语》与《子道》篇的上述记录来看，两者必有共同的思想来源，应是出自孔门后学的记述，反映了孔子的思想。

② 根据孔子对颜渊的上述评价，王阳明在1512年提出了一个惊世骇俗的观点："颜子没而圣人之学亡。"（《王阳明全集》卷七《别湛甘泉序·壬申》，第230页）这一观点被认为揭开了"千古大公案"（王畿语）。然而这个说法其实隐伏着一个重要观念，即"良知"。这是因为阳明做出这一判断的主要依据是："颜子有不善未尝不知，此是圣学真血脉路。"（《传习录》下，第259条）此处的"未尝不知"即阳明学意义上的良知自知。参见本书《心学道统论——以"颜子没而圣学亡"为中心》篇。

含义：一是，自知仅指自己知道，如自己知道什么是"仁"，即有关仁的事实性知识，或者自己知道应该怎么做到"仁"，即有关仁的实践知识；二是，自知是指自己反向意识到自己内心发动的意向性活动，是一种根源于自己的内在意识，如自己能意识到内心不仅有"仁"的存在，更能觉察到"仁"（包括"非仁"）所展现出来的意识活动。大体而言，第一层含义属道德认识论，第二层含义涉及道德心理学及其与道德主体的关系问题。故第二层含义略呈复杂性：一方面，自知是指自己意识到自己的一种意识能力；另一方面，这种自知的意识能力有别于外向性意识而必有其自身的根源性，是源自内心的某种存在（如良知实在）的意识动力。故自知是发自内心又反向自身的一种反向性意识，关注内心世界的活动正在发生或将发生什么，这就不同于一般意义上的以认知外物为主的对象性意识，而这种对象性的认知活动所关注的问题是：这是什么。进言之，自知是自己内心意识一旦启动之后，即刻对这一行为意识做出反省自察，而这种反省具有内在性与当下性的特征，因而是一种直接当下的自我反省意识。

当然，在先秦时代，"知"主要是指心知（如荀子或稷下道家等）的认知能力，这里不遑举例。然而，获孔子高度肯定的"知者自知"则表明："知"既以自己为对象，同时又以自己为根源，凸显出"知"具有道德反省的反向性特征。那么，如果我们将"知者自知"置入孔子思想的脉络中，能否获得早期儒学的理论印证呢？事实上，在孔子的修身理论中可发现两个特殊概念与此密切相关，即"内自省"和"内自讼"，如："见贤思齐焉，见不贤而内自省也。"（《论语·里仁》）此"内自省"就是指向内的自我反省，其意与"自知"相当接近。"内自省"无疑是内心反省，内含对行为意识的自我反思。但在孔子看来，要真正做到这一点其实相当难，他甚至悲观地断言："已矣乎！吾未见能见其过而内自讼者也。"（《论语·公冶长》）这是坦承他从来没有见过一位能真正做到内自讼的人。

朱子释"内自讼"曰"口不言而心自咎也"，并指出"人有过而能自知者鲜矣，知过而能内自讼者为尤鲜"。① 这是说，一个人能真正自知其过错是很少见的，更何况知道自己犯错之后，能自我反省者则更为罕见。在此，朱子点出"自知"是"内自讼"的前提，表明他对孔子的"知者自知"说应有充分的肯定和了解，根据朱子的解释，我们也可理解孔子强调"知者自知"的思想缘由。

原来，源于自身而又反向自身的自知是通向"内自省""内自讼"这类道德修身实践的重要前提。从意识分析看，这类道德反省的特征是根源于自己内心的"内自省"，是指向自身的自反性意识，又是内心意识在道德层面上对自我的审视。无疑地，孔子的自省自讼构成了儒学修身学的重要传统，后为孟子心学所继承。如下所述，阳明学的"良知自知"论是对德性意义上的以自我为对象的自反性意识的独特思考，由此提出的致良知学说也是对儒学修身传统的理论拓展。

三　良知独知

应指出，自知己过而后内自讼的修身理论，可与孔子之后的儒家"慎独"说联系起来看，于是可发现两者在指向内心专一这层意义上，存在理论相关度。重要的是，"慎独"说经由朱子再诠释，到了阳明学那里，出现了"良知独知"说，与"良知自知"共同构成了阳明良知学的重要内涵。因此，不妨从"慎独"谈起。

众所周知，《大学》《中庸》都有"君子慎其独"的"慎独"说，构成儒家修身学的重要传统。竹简和帛书的两部《五行》篇都有关于"慎独"的记载，有"慎其心""独其心"之说②，表明"慎独"指向内心活动。从哲学上对"慎独"说做出创造性诠释者非朱子莫属。他释"独"为"独知"，是

---

① 《论语集注》，《四书章句集注》，第 83 页。
② 魏启鹏：《简帛文献〈五行〉笺证》，北京：中华书局，2005 年，第 85、87 页。

儒学史上的一大创造性诠释。其释《中庸》"慎独"曰:"独者,人所不知而己所独知之地也。言幽暗之中,细微之事,迹虽未形,而几则已动,人虽不知而己独知之。"① 其释《大学》"慎独"亦曰"独者,人所不知而己所独知之地也",并指出"欲自修者,知为善以去其恶,则当实用其力而禁止其自欺。……然其实与不实,盖有他人所不及知而己独知之者,故必谨之于此,以审其几焉"。②

细审之,朱子上述两段解释的核心概念无疑是"独知",其中实已蕴含"自知"之义,突出了这种"知"的意识活动具有"他人不知"而"己所独知"的重要特征。只是"知"者之主体为何,朱子并未进一步阐明,这是由于朱子并不承认"心体"是一种道德实在而成为"知"的主宰,在朱子,作为本体的心中之理或心中之性才具有真正的对意识活动的主宰性。③ 与此不同,阳明早年在针对"戒惧是己所不知时工夫,慎独是己所独知时工夫"的提问时,就已明确指出:"只是一个工夫,无事时固是独知,有事时亦是独知。……此独知处便是诚的萌芽,此处不论善念恶念,更无虚假,一是百是,一错百错。"④ 将独知与儒家"诚"的观念联系起来,强调其具有贯穿"有事"和"无事"的人生一切活动过程中的特性,同时,阳明将独知工夫提到了"端本澄源"的高度,强调儒家工夫的"精神命脉全体只在此处",而在此工夫过程中,"知"的地位被凸显了出来:"既戒惧即是知,己若不知,是谁戒惧?"⑤ 这里,阳明将《大学》"诚意"与《中庸》"慎独"进行了关联,这与朱子的思路相近,然而不同的是,阳明对"是谁戒惧"的问题进行了追问,其答案只能是"己知"——即"自知"。关于这一点,阳明晚年有更为清晰的观念表达:"所谓'人所不知而己所

---

① 《中庸章句》,《四书章句集注》,第 18 页。

② 《大学章句》,《四书章句集注》,第 7 页。

③ 参见吴震:《朱子思想再读》第三章"心是做工夫处——关于朱子'心论'的几个问题",第 102—163 页。

④ 《传习录》上,第 120 条。

⑤ 同上。

独知'者，此正是吾心良知处。"① 这是对朱子"人所不知而己所独知"的慎独说做了进一步的理论阐发，明确了良知意义上的自知才是慎独工夫之主体。

然而在阳明看来，工夫论中的意识指向及其是非判断活动不能脱离良知本体而言，本体作为一种实在，不是意识的反映对象，而恰恰是意识活动的主体，故晚年阳明在本体论意义上强调良知意识具有自知和独知的特质，并认为在此脉络下，《大学》或《中庸》所阐发的儒家修身工夫的诚意或慎独才有可能。如此一来，自知和独知直接根源于良知本体自身，表明良知本身具有自反性意识或根源性意识的双重特征，而独知成了良知本体的直接规定。阳明晚年的两句诗便表明了这一点："良知即是独知时，此知之外更无知。"② "无声无臭独知时，此是乾坤万有基。"③ 可见，作为独知的良知是唯一而绝对的，作为良知的独知是超越而存有的，至此，"独"字被阐发出一层唯一而又超越的意涵。

阳明由独知释慎独，进而以良知释独知，故良知就不是一种单纯的意识，而是作为独知而存在的道德实体，由于独知是以自己为根源的，所以良知是"他人总难与力"④、唯有自己才能觉察自己的一种"根本知"（王畿语）。从这个角度看，强调良知就是独知，凸显了阳明良知学的一个重要特色。关于这一点，阳明后学中的不少人物抱有共同看法，如再传弟子胡直就说："'独知'一语，乃千古圣学真脉，更无可拟议者。……阳明先生虽忧传注之蔽，所云'良知即独知也'，又岂能舍此而别为异说哉?"⑤ 明末儒者刘宗周对阳明学虽然屡有批评，但他对"独知"概念却情

---

① 《传习录》下，第 317 条。
② 《王阳明全集》卷二十《答人问良知二首》，第 791 页。
③ 同上书，第 790 页。
④ 《传习录》中，第 145 条。
⑤ 胡直：《衡庐精舍藏稿》卷二十《答程太守问学》，《四库明人文集丛刊》，上海：上海古籍出版社，1993 年，第 477 页。

有独钟，评价为"扩前圣所未发"①。所以，若从广义宋明理学的视域看，"独知"观念可谓是贯穿朱子学与阳明学的一项重要共识②，而这一共识的达成，显然与他们对孔子儒家开创的自省自讼的修身传统抱有共同的自觉承担意识有着莫大关联。反过来，我们也只有从这一历史语境出发，才能对阳明为何着力强调良知即独知的思想企图及其理论意义获得真切的认识。

四　良知自知

与朱子强调独知属于内心世界的心理认知活动不同③，阳明则在哲学上将独知与自知明确置于良知实在的理论框架中，良知既是一种独知的存在，同时又有自知的意识功能，两者互相蕴含，由良知是"人所不知而己所独知"，故必推出良知唯有自知的结论。当然，阳明从良知学的视域出发，其所谓"良知自知"，主要指向良知存在的作用形式，它源自良知本体，又意味着良知具有当下直接地意识到自己的直觉能力。此一直觉能力，好比"自家痛痒自家知"④一般，不依赖于任何指向客观外物的认知活动，而是内心良知当下直接的反身意识。

上面提到，阳明在龙场悟道之际对良知问题已有根本了悟，直至1520年前后揭示了"致良知"三字诀，终于将良知概念理论化，在此后的居越讲学期间，阳明对良知自知问题更有深入的理论推进。质言之，与早期的良知论述有所不同，晚年阳明更强调在"良知即天理"的意义上，良知是一种理性本体，从而使良知发生了实体化转向⑤；另一方面，良知

---

① 刘宗周：《刘宗周全集》第2册《学言》，杭州：浙江古籍出版社，2007年，第419页。
② 关于"广义宋明理学"的提法，参见本书《宋明理学视域中的朱子学与阳明学》篇。
③ 关于朱子学的"慎独"说，参见陈立胜：《作为修身学范畴内的"独知"概念之形成——朱子慎独工夫新论》，《复旦学报（社会科学版）》2016年第4期。
④ 《王阳明全集》卷二十《答人问良知二首》，第791页。
⑤ 参见本书《论阳明学的良知实体化》篇。

本体又是"不离日用常行内"的现实存在，因而如何在良知发用的现实层面得以展现自身，就不得不做出回应。对此，阳明在 1526 年《答欧阳崇一》书信中，就"良知发用之思"的问题，指出：

> 良知发用之思，自然明白简易，良知亦自能知得。若是私意安排之思，自是纷纭劳扰，良知亦自会分别得。盖思之是非邪正，良知无有不自知者。所以认贼作子，正为致知之学不明，不知在良知上体认之耳。[①]

此处"自能知得""自会分别得""无有不自知者"三句话，无疑是"良知自知"的明确表述。而"自知"首先意味着在"良知上体认之"，若脱离良知本体，向外去追索意识活动的是非对错，则将导致"认贼作子"的严重后果，意思是说，这就可能将各种"私意安排"等思虑情识认作良知本身。因此，"自能知得""自会分别得"的"自知"必然根源于内心的良知本体。为什么呢？阳明在最晚年的《大学问》中明确指出：

> 是乃天命之性，吾心之本体，自然灵昭明觉者也。凡意念之发，吾心之良知无有不自知者。其善欤，惟吾心之良知自知之；其不善欤，亦惟吾心良知自知之。是皆无所与于他人者也。[②]

这里出现的两处"自知"，无疑是这段表述的关键词。阳明从"本体"讲起——从良知存在出发，根据本体具有"自然灵昭明觉"之特质，进而强调"意念之发"必然处在"良知无有不自知者"的主导之下；同时，良知存在超越意识层面的善或恶的经验规定，它只是对意念现象的善或恶做出评价或判断，这取决于良知自身拥有"无不自知"的裁决权。

---

① 《传习录》中，第 169 条。
② 《王阳明全集》卷二十一，第 971 页。

进一步看，良知自知须以良知本体为根基，此自知不是一种意念活动发生后对此意识行为的第二次判断^①，而是基于良知本体的自然明觉——一种当下直接的、自然如是的明察明觉，其对象固然是"意念之发"，然其根源则在本体本身。由此，良知本体就必然表现为"是皆无所与于他人者也"的自知，而此自知便意味着良知本体自身意识到自己的一种"灵昭明觉"。

至此可以说，良知自知几乎是阳明良知学的必然命题。通常认为，致良知是阳明学工夫论的根本命题。然而相比之下，良知自知与致良知命题的侧重点有所不同，它告诉我们应当怎么做才是真正的致良知。因为良知自知有两层基本含义：既是对什么是良知作用形式的陈述性命题，同时又是对如何实现良知的方法论命题。归根结底，基于良知本体"灵昭明觉"的良知自知才是致良知工夫得以可能的实践命题。故从理论上说，良知自知固然是良知存在的本质规定，早期阳明在良知学说中对此已有领悟，然而将此与致良知理论构成一套严密的系统，则是阳明晚年对良知学的理论推进。

事实上，若对上述良知自知的两层含义有真正的领会，那么，就能进一步了解致良知的根本旨趣无非就是"自致其良知"^②，这是阳明晚年将自知与致良知合二为一的一个理论阐发，充分说明良知作为一种道德意识的本质特征就在于"自知"。关于此层义理，阳明后学中人更有理论兴趣，甚至得出"以良知致良知""无工夫中真工夫"（王畿语）的结论。其实用阳明的话来讲，良知"自致"无非是良知"自然知""自会觉"^③的另一种表述，其实质在于表明，良知自知自觉的能力源自良知本体而天然本有或自然如是，故良知学其实是一种直截了当的"易简之学"，这是由于良知无须依赖任何第三者，自知就是良知本身源源不断的动力。

---

① 参见［瑞士］耿宁：《心的现象——耿宁心性现象学研究文集》，第182页。
② 《传习录》中，第183条。
③ 《传习录》下，第290条。

那么，由良知自知何以表明良知学是一种易简之学呢？举例来说，如阳明晚年在重论"知行合一"之际，便明确指出这是因为"良知自知，原是容易的"①。这里所谓的"容易"，不是指废除致良知的修身工夫或修身工夫不需要刻苦努力，而是说不必从"良知自知"以外的角度对"知行合一"命题加以概念论证，应将知行问题放在良知领域中重新审视。在阳明看来，倘若不能真切地体认到这一点，就无法摆脱"知之匪艰，行之惟艰"这一历史上由来甚久的知行二元论的理论困境。据此看来，阳明在龙场悟道次年（1509）便在贵阳明确提出"知行合一"，正可表明当时阳明对良知存在以及良知意识的问题已有一定的理论自觉，因为在知行合一的命题中，此"知"若非作为良知的自知，则知行的合一问题便无从谈起。② 不过，晚年阳明对知行合一问题的思考又有新的思想转进，其相关论证已自觉转向良知自知的角度，因为良知自知贯穿于良知之行的始终，在阳明看来，一个人的行为不会是无缘无故的、缺乏良知主导的行为（除非是单纯的基于经验意识的行为）。同样，良知存在也不是孤悬于人伦日常之外的概念假设，而必然落在人伦日用之内，自己意识到自己，并自己呈现自己，由此可以说，知行合一乃是阳明良知学的必然命题。良知自知说在晚年阳明的心学系统中具有重要的理论穿透力和整合度，它可以将阳明心学的三大命题——心即理（良知即天理）、知行合一（良知之知与良知之行）以及致良知（自致其良知）组合成一套理论系统。

总之，良知本体的自知自觉表明，良知具有内含评价机制的返向自身而又源于自身的独特本质，良知作为一种自知，不是单纯知识方面的自知，而是源自良知本体的实践意义上的自知，良知的所知所觉必内含一种道德评价，对是非善恶可做出直接的判断，这叫作"是的还他是，非的还他非"③。因此，良知自知是道德理性的力量源泉，表现为好善恶恶的

---

① 《传习录》下，第 320 条。
② 参见本书《作为阳明良知学的"知行合一"论》篇。
③ 《传习录》下，第 265 条。

道德动力。从这个角度看，阳明学意义上的"自知"不同于现象学的"内意识"，因为这种"内意识"并不参与道德评价，也不与实践活动存在必然联系。① 但是，良知自知的确是一种内化的意识能力，只是这种内化为道德意识的能力，需要长期刻苦的、不容间断的良知学意义上的精神修炼始有可能达成，始有可能使得良知本体表现出自然而然、本然如是的作用方式（自然会知的直觉方式）。

五　良知自觉

在阳明晚年的良知论述中，"良知自知"往往与"良知自觉"相提并论，构成了阳明良知学的一套术语。相对而言，自知概念的提出是为克服历来以知识为"知"的倾向，从而强调良知作为一种根源意识必有自反自省的能力，这一能力并不依靠思虑见闻的活动；另一方面，自觉概念的提出则在于强调良知心体有一种根源于自身的明觉洞察之能力，它是良知意识活动过程中的一种洞察力。所以，晚年阳明强调良知本体不仅具有返向自身意识的自知能力，还具有对"意之所向"的所有意识构成的行为事物都能当下做出"明觉精察"的判断。

从历史上看，孟子提出的"予将以斯道觉斯民也""以先知觉后知，以先觉觉后觉"（《孟子·万章上》）的观点，体现出儒学具有强烈的入世精神和人文关怀。《说文》释"觉，悟也"。皇侃《论语义疏》引《白虎通》"学，觉也，悟也"之说，并指出："言用先王之道，导人情性，使自觉悟也。去非取是，积成君子之德也。"② 可见，"觉"的基本义在于"学"和"悟"，而且是通向成就"君子之德"的重要途径。然而，阳明反复强调的"自觉"说显然是扣紧良知而言，特别与其晚年提出的"明觉"（明亮透彻

---

① ［瑞士］耿宁：《心的现象——耿宁心性现象学研究文集》，第 131 页。
② 皇侃：《论语义疏》，北京：中华书局，2013 年，第 2 页。

的觉知）说有重要关联。

其实，早年阳明曾有取于朱子的以解释心之知觉功能的"虚灵知觉"这一概念，并由此转化出"灵明"之概念，用以界定"知是心之本体"的"知"字，提出了"心之灵明是知"[①]的观点。1525 年在《答顾东桥书》中，阳明开始明确使用"虚灵明觉"的概念来解释良知："心之虚灵明觉，即所谓本然之良知也。"[②] 这里的"虚灵明觉"含两层含义：虚灵指虚无空灵，指良知本体的存在本质，以有别于任何具体的经验物；明觉则指心体所具有的明亮透彻之觉知能力，指良知本体的作用方式，以有别于任何对象性的经验之知。阳明后学注目于此，称"虚灵"为良知之"寂体"，而"明觉"为良知之妙用，从而引发了有关良知本体虚灵明觉问题的更深一层的理论探讨，例如知是知非之知究竟是根本知还是作用知等问题。[③]

与虚灵明觉相关，阳明又有"本体明觉之自然"[④]的说法，用以描述良知本体的明觉洞察是自然而然的。不过，须注意的是，此所谓自然性内含不得不然、如其所然的必然性之含义，正表明良知之明觉是一种自然之觉、本然之觉，质言之，是不得不然的自己意识到自己的一种"自觉"。阳明在 1528 年的《答聂文蔚二》书信中有一个新的表述："盖良知只是一

---

① 《传习录》上，第 78 条。

② 《传习录》中，第 137 条。

③ 这里仅举两例，江右王门的归寂派代表人物聂豹（1487—1563）对王畿的一项指控："窃疑其以灵昭发见为良知，则今之知觉为良知者，实本于此。"（《聂双江先生文集》卷十《答戴伯常》，明刊云丘书院藏本，第 52 页）江右王门传人邹元标亦说："近世学者以知是知非为良知。夫是非炽然，且从流于情识而不自觉，恶在其为良知？"（黄宗羲：《明儒学案》卷二十三《江右王门学案八·邹元标讲义》，北京：中华书局，1985 年，第 544 页）所谓由灵明流转而来的"情识"，盖指落入情感意识层面的一种知觉，显然已非良知本身。明末不少儒者曾批评阳明后学存在两大弊端："玄虚而荡"和"情识而肆"（刘宗周语）。前者指空谈本体而忽略工夫之弊，后者则指见在良知或见成良知说（如王畿、王艮之流）的倡导者。此不具论。另可参见顾宪成在《小心斋札记》卷十一中对王畿"见成良知"说的批评。

④ 《传习录》中，第 160 条。

个天理自然明觉发见处，只是一个真诚恻怛，便是他本体。"① 所谓"天理自然明觉发见"不同于"心之虚灵明觉"的说法，突出了良知的自然明觉在根源上与天理的同一性，旨在强调良知明觉源自天理，这样一来，良知就拥有了天理一般的敞亮明澈的特质，这与晚年阳明再三强调"良知即天理""天理即良知"的良知天理化即良知实体化的思路是一致的，表明良知与天理本无间隔的理据就在于：良知自然明觉就是天理自然明觉之"发见"。②

于是，良知本体具有自然明澈并能穿透一切意识活动而有无所不知的洞察力。然而阳明的良知自觉论，既根源于本体，又展现为实践行为，如同良知之体必展现为良知之用一般。阳明在讨论"七情"等情感欲望与良知本体的关系问题时，指出：

> 七情顺其自然之流行，皆是良知之用，不可分别善恶，但不可有所着。七情有着，俱谓之欲，俱为良知之蔽。然才有着时，良知亦自会觉。觉即蔽去，复其体矣。此处能勘得破，方是简易透彻功夫。③

一般而言，良知本体圆满具足，本无善恶之别，顺此发用而展现的"情"亦同样如此，故情感本身并不一定意味着"恶"，问题出在良知本体受到了遮蔽，而"良知之蔽"必另有缘由。例如在情感发动之际，执着于某些外源性的东西，或受物欲等因素的牵引，遂使情感发生偏差，此谓"有

---

① 《传习录》中，第 189 条。
② 最近陈来在其发表的新作《王阳明晚年思想的感应论》(《深圳社会科学》2020 年第 2 期)一文中探讨了阳明晚年的"明觉感应"说，认为阳明的这个说法突破了早年或中年提出的"物者意之用""意之所在便是物"的意向性观点，重建了良知的感发与明觉互相蕴涵的感应性结构，指明这一结构具有物感良知、良知应感的特征，而阳明晚年的良知感应论包含了对由明觉建立感应关系之对象的实在性的肯定，具有重要理论意义。这一有关阳明晚年良知学的新探讨值得关注。
③ 《传习录》下，第 290 条。

着"。故须"破执"才能消解良知之蔽，而其关键就在于"良知自觉"。阳明断言良知一觉便可"觉即蔽去"，同时意味着本体恢复。

然而问题是，假设良知一觉便可消解良知之蔽，良知本体即刻得到恢复，那么，儒家工夫论系统中的诸多具体工夫又如何得以落实？"觉即蔽去"的"即"字若指倏忽瞬间之义，其间的时间差几乎可以忽略不计，那么，良知之蔽、良知自觉、觉即蔽去、本体光复这四个阶段的过程是否同时发生而又何以可能？其中的关节处无疑在于，如何理解"觉即蔽去"的问题。关于这一问题，我们可从阳明学的"良知一念"的角度来进行思考，因为自知自觉、觉即蔽去跟"一念本心"的问题有重要关联。

六 良知一念

王阳明早年在著名的"去花间草"章，涉及善恶究竟在物还是在心的问题时指出，如果将善恶落在物上看，那么，这就是"躯壳起念"。一个人的意识活动如果不是源自心体的直接发动，而是任由源自身体之意欲摆布的话，这就使善恶"皆由汝心好恶所生"，一个人的好恶之念决定了"好恶"对象的善或恶。但是，从根本上说，物之本身无所谓善也无所谓恶，善恶是人的价值判断，一个人的意识或行为之所以会产生或善或恶之观念，都是由意识活动所导致的。在阳明看来，就本体而言，心体本身无所谓善也无所谓恶，所以说"无善无恶者理之静，有善有恶者气之动"；当然，任何一个身处现实中的人很难永远使自己的心体保持纯粹的本体状态，可能唯有圣人能做到在心体上"无有作好，无有作恶，不动于气"。① 这里的"作好""作恶"的说法便涉及"念"的问题。

一般而言，念是一种对象性的意识活动，无论是经验意识还是良知意识，都不得不面临意识活动的萌发、流转或展开，念作为意识现象，含

---

① 以上均见《传习录》上，第101条。

有意念、意欲等含义，其本身固无所谓是非善恶的道德本质属性，但它又不得不在是非善恶的经验世界中流转不息，故其趋向必落在是非善恶之中，这就需要良知加以严密审察。阳明说："意与良知当分别明白。凡应物起念处，皆谓之意。意则有是有非，能知得意之是与非者，则谓之良知。"①这里的"意"亦即"应物起念"的意思。对阳明学而言，念是伴随人之一生而无法避免的意识现象，其中既有源自心体的"本体之念"，又有萌发于感官欲望的"躯壳起念"。相比之下，阳明显然更注重如何将"念"收归于"心体"之上，故其晚年更强调"一念良知""本体之念""念念致良知"②等一系列说法，表现出对意识如何由良知本体直接转化而出之问题的深切关注。阳明认为良知作为一种心体存在，它本身是变动不居而又生生不息的，必然展现为"念念不息"，好比"天机不息"一般，它是永恒不止、源源不断的意识过程，所以说良知一念"一息便是死，非本体之念，即是私念"③。据此，良知工夫也就是在本体之念的观照下，处在念念不断的连续过程中。

　　对阳明学有深刻领会的王畿非常重视"良知一念"的问题，他屡屡强调"一念自反，即得本心"④之说，构成了王畿思想的一个标志性观点。不过根据王畿的转述，他指出这原是王阳明在1527年9月离开绍兴，当王畿等一众弟子送别至严滩时，阳明向其弟子所说的一番"申诲之言"："……虽昏蔽之极，一念自反，即得本心，可以立跻圣地。"⑤这个转述是否确凿，现已无法考证，证诸阳明的言论，这个说法应当与阳明所说的"觉即蔽去，复其体矣"的观点在理路上是相通的，甚至可以说，这是"良知自觉"说的一个必然推论。当然，"一念自反，即得本心"的说

---

① 《王阳明全集》卷六《答魏师说·丁亥》，第217页。
② 《传习录》下，第222条。
③ 同上书，第202条。
④ 《王畿集》卷八《意识解》，第192页等。
⑤ 《王畿集》卷十六《书先师过钓台遗墨》，第470页。

法存在更复杂的义理问题，因为与此相关，还有诸如"一念入微，归根反证""一念入微，自信自达"① 等命题，也牵涉到如何理解良知一念或一念灵明② 的理论问题。归结而言，如何在人情事变、意识流转的过程中，使得良知一念不迷失方向，对自我心体的一念灵明保持"自信自达"的坚定信念，这才是真正落实良知实践的关键。如果说"良知一念"或"本体之念"是关乎良知本体的分析概念，那么，"一念自反"或"归根反证"则是彻底的实践命题而非分析概念，因此也就无法运用分析论证的手法来进行"概念传达"。③

王畿所谓的"一念"是指源于良知心体的本原性意识，是心体当下直接的展现，这一本原意识才最具根源性和真实性，故"一念"可谓"真念"；与此相对的则是意识流转之后的"二念""三念"等"杂念"现象。王畿以孟子所说的"孺子入井"这一著名典故为例，指出："今人乍见孺子入井，皆有怵惕恻隐之心，乃其最初无欲一念。"此恻隐之心就是具有根源义的"无欲一念"，即不与任何私欲牵涉的本体之念；相反，"转念则为纳交要誉，恶其声而然，流于欲矣"④ 的便是"欲念"。可知，根源于良知心体的"一念自反"其实与阳明的"本体之念""良知自知"等观点在理路

---

① 《王畿集》卷十五《趋庭谩语付应斌儿》，第 440 页；《王畿集》卷十一《与罗近溪》，第 295 页。

② "一念灵明"见《王畿集》卷七《龙南山居会语》，第 167 页。

③ 耿宁在《我对阳明心学及其后学的理解困难：两个例子》一文中所列举的两个"理解困难"的例子之一便是王畿的"那八个字句"（按：指"一念自反即得本心"），参见其著：《心的现象——耿宁心性现象学研究文集》，第 487 页。其理由是作为现象学家的他可以采用现象学的意识分析方法来实现有关阳明心学的"概念传达"，但他自称由于自己并不是一个心学实践者，故对于"一念自反即得本心"的"修行语式"的观念表述无法获得真正的了解（参见上引吴震有关耿宁此书的"书评"）。李明辉则认为耿宁之所以难以理解王畿的这个观点，其主要原因恐怕在于他对王畿与罗洪先等人的思想论辩进行评估之际，其立场"似乎倾向于罗念庵等人的观点"的缘故（李明辉：《耿宁对王阳明良知说的诠释》，《哲学分析》2014 年第 4 期，第 48—49 页）。这个分析虽有一定道理，但似乎仍未切中耿宁对阳明学工夫语之所以存在"理解困难"的真正要害。

④ 《王畿集》卷五《南雍诸友鸡鸣凭虚阁会语》，第 112 页。

上是一致的。

须指出的是，王畿强调"只默默理会当下一念"[1]，这一说法并不意谓当下一念是通过对意念发生之后的第二次反思——这种反思与良知一念的当下性必然发生间隔（即便是非常细微的时间差），所谓当下一念是指立足于"一念"而即刻返回自身的本原意识，故它是内在意识的自反自觉，由此一念之发动，便可"即得本心"或"归根反证"。由此可知，王畿所言"一念自反，即得本心"无非是对阳明"觉即蔽去，复其体矣"之说的另一种表述，两者在内涵上是完全一致的。

然王畿在良知实践问题上特别重视当下"一念"，他以"见在心"区别于"将迎心"，认为立足于"见在良知"的"见在一念"以呈现良知本身，由此排除"心随物转"等意念的干扰，更可进至"一念万年"[2]的境地。王畿的这些说法应当是对阳明良知学的理论拓展。劳思光指出，如果欲为阳明学的致良知学说在理论上"进一解"，那么，可以说致良知正是要透过"念念不息"以显示良知的主宰性，在无穷的世界历程中"念念不息地求正"，使得每个工夫段落都成为"良知念念不息的开拓"，而这才是"阳明工夫论的真宗旨所在"。[3]这个论断是精到的。其实，王畿思想的核心工作便是试图证成这一点。

总之，由良知一念而进至于念念致良知的工夫论述，表明良知实在就呈现在持续不断的念念不息的过程中。因此，良知一念无非是良知本体直接发动的一种自觉，更重要者，这种自觉又展现为"念念不息"的永恒过程，王畿所谓"一念万年"亦即此意，由此显示"一念自反"可以克服有限的人心存在而直达无限的良知本体之境界。王畿为其"一念自反，即得本心"的工夫论主张寻找本体论依据，进而又提出了"以无念

---

① 《王畿集》卷十六《万履庵慢语》，第 462 页。
② 《王畿集》卷十六《水西别言》，第 450 页。
③ 劳思光：《王门功夫问题之争议及儒学精神之特色》，载《思辩录——思光近作集》，台北：东大图书公司，1996 年，第 93 页。

为宗"①的思想观点。然须注意的是，这里的"无念"其实是一种遮诠的说法，旨在主张排除各种见解意识的纷扰，而并不意谓对"念"之本身的全盘否定，因为念作为意识活动之现象，其事实本身是无法回避的，问题在于如何通过"一念自反"的意识修炼，最终实现"念归于一，精神自不至流散"②的境地，才是王畿思想的一个核心关怀。然而所谓"无念"，必然涉及良知"无知"等理论问题，这是下一节我们将要探讨的主题。

七　良知无知

上面提到，根据阳明"自致其良知"的理论，可推出"以良知致良知"的结论。尽管阳明并未说过"以良知致良知"，这是王畿根据阳明的良知自知论而提出的命题。其实，"以良知致良知"的真实含义，也就是阳明学的"即本体便是工夫"之义，要求立足于良知本体以落实良知工夫，从这个角度看，王畿的这一命题是对阳明良知学的深刻阐发。更重要者，与此命题相关，又涉及良知本体论意义上的"良知之虚""良知之无"③"良知本无知"而又"无知无不知"④等阳明学命题如何阐释的问题。

不难发现，"无"是上述这些命题中的一个关键词。所谓以良知致良知，其实是由良知本体本无一物的虚灵特质所决定的，因其虚灵，故在本体上无从着手。王畿有见于此，故有"无工夫中真工夫"⑤"不犯做手本领工夫"⑥等说。对此，王畿的诤友罗洪先尖锐指出：王畿所说的工夫，实

---

① 《王畿集》卷十五《趋庭漫语付应斌儿》，第440页。
② 同上。
③ 《传习录》下，第269条。
④ 同上书，第282条。
⑤ 《王畿集》卷六《与存斋徐子问答》，第146页。
⑥ 《王畿集》卷六《致知议辩》，第134页。

质上"却无工夫可用，故谓之'以良知致良知'"①。然而罗洪先却意外地对王畿此说有很高评价："龙溪此言，乃其一生超悟处。"②意谓这是王畿思想对阳明学的终极了悟。罗洪先的这个判断应该是符合王畿思想之实际的。

的确，王畿所谓以良知致良知，意指本体上无工夫可用，这是汲取阳明的"心之本体原无一物"③"良知本无知""无知无不知"等良知无知论而必然得出的推论。④他强调即本体而用工夫必须从"先天心体上立根基"，使心体保持"一念""无念""屡空"这一"先天心体"的本然状态，也就是使心体"无些子虚假"，甚至"不以意识搀和其间"⑤，从而将人心意识中一切"凡情窠臼""意见途辙""彻底扫荡，彻底超脱"⑥，由此才能使心体回归良知无知的本真状态——良知本体如其所是的本然状态。

事实上，阳明良知学的"良知无知"说，存在两个基本预设：一是"良知虚灵"，二是"本体不可说"。强调"虚灵"的理由在于：为使良知明觉得以充分发挥，对任何意念活动都能即刻自省自察，就必须对由心转意的意念层面做一番返本归源、扫除廓清的工作，因为心体的现实展开往往容易发生偏差，而导致这些偏差的原因可能很多，如"闲思杂虑"等简直不胜其烦，为使意念回归心体虚灵状态，以便蓄势待发，而后发无不中，故阳明强调良知本体"本来无一物"，其本身就像"太虚"一般。王畿及其论敌聂豹都承认这是指"良知本虚"的实在性，只是聂豹将"寂体"与"明觉"分为两截，以为两者有时段上的差异，而殊不知两者其实是体用一源的体用论问题，故其"归寂"主张遭到王畿等王门后学的普遍反

---

① 罗洪先：《念庵罗先生文集》卷三《与双江公》，雍正元年刻本，第79页。

② 罗洪先：《念庵罗先生集》卷十二《甲寅夏游记》，万历四十五年刻本，第45页。

③ 《传习录》上，第119条。

④ 参见吴震：《阳明后学研究（增订本）》第一章"无善无恶——阳明学'四句教'诠释小史"，上海：上海人民出版社，2016年，第53—124页。

⑤ 《王畿集》卷一《三山丽泽录》，第13页。

⑥ 《王畿集》卷九《答季彭山龙镜书》，第215页。

对，反映出阳明学良知无知说在王门后学中存在一定的理论争议性，而由此争议也推动了阳明学理论的发展。①

至于"良知本无知"所涉及的"本体不可说"之问题，我们可以从宋代道学说起。自宋儒程颢提出"人生而静以上不容说"以来，此所谓"不容说"便受到宋明儒者的普遍关注。如朱子就明确说过："不容说处即性之本体"②，"性是太极浑然之体，本不可以名字言"③。在此意义上，他认同孟子人性论属于即情言性的理路，并对此表示了肯定，但朱子也坦率批评孟子论性"亦不曾说得性之本体是如何"④。按照朱子的这一思路，在本体论问题上，作为终极实在的"太极"（亦即理）也无法用语言来加以规定，故不得已只能用"无极"这一"形容词"来描述，而"无极而太极"无非就是"无形而有理"（朱子语）的意思，意谓理虽是"实有"，但其本身又非一物，故无法用名词概念来强行规定。

关于本体如何言说的问题，阳明也有理论关切和重要的回应。他早年曾从理气论的角度，肯定"无善无恶者理之静"⑤，并从心性论的角度提出"心之本体本无一物"⑥，及至晚年揭示"四句教"之后，则从本体论出发，提出"无善无恶心之体"命题，同时也强调"无善无不善，性原是如此"⑦等观点。这些观点都旨在揭示良知实在的终极性与语言表述的有限性之间存在一种难以化约的紧张关系，故良知本体虽是实有，但其本身又是一无所有，没有任何经验物可以限定它，也无法用任何语言来规定它，不得已只能说"良知本无知""无知无不知，本体原是如此"⑧。必须指

---

① 参见吴震：《阳明后学研究（增订本）》第三章"聂双江论"，第163—214页。
② 《朱子文集》卷四十六《答黄商伯四》，《朱子全书》第22册，第2130页。
③ 《朱子文集》卷五十八《答陈器之二》，《朱子全书》第23册，第2778页。
④ 《朱子语类》卷五十九，第1376页。
⑤ 《传习录》上，第101条。
⑥ 同上书，第119条。
⑦ 《传习录》下，第273条。
⑧ 同上书，第282条。

出，阳明这是在强调心体之"无"可以超越概念言说，从而达至超越经验现象对待之"化境"，是对良知精神境界的一种设定，同时，良知无知又是指向本体的一种论述，构成阳明良知学不可或缺的重要一环。

八 简短结语

对阳明良知学而言，良知是如同天理一般的本体实在，它是无形无象、超越经验因而无法言说的，其特征可用"无知"来表述。但良知更是一种内含道德价值的、根源于良知本体的内在意识，其内涵极其丰富，可从多角度加以审视，而其理论构造则由各层良知概念环环相扣而呈现出严密的系统性，这是孟子开创良知学说以来所未能获见者也，尽管另一方面，这一阳明学意义上的良知学略呈义理的复杂性，还有待深入的理论挖掘。

大体而言，在阳明那里，良知已不再是单纯地作为是非之心的道德意识，而是一种无须假借、只有自己知道自己的独知以及当下直接的自知，具有自知自觉之能力的反向性、内在性和根源性之特征，由于良知本身必是一种实在或本体，故良知自知或良知自觉也必然是源自于良知本体自身，是自己就能决定自己的道德意志。与此同时，有关良知一念、本体之念的观点阐发，以及在此基础上而强调的"念念致良知"工夫的展示，表明良知存在以及致良知工夫，是一不间断、自不容已的意识呈现的永恒过程，从而使得良知自知、良知自觉的自反性意识成为良知本体的源源不断的动力所在，在意识一旦启动的任何时刻，都无法逃脱良知这一内在意识的当下直接的觉察。在这个意义上，良知自知理论必要求立足于当下，以良知本体为根基，听从本体的指引和范导，才能从根本上彻底根除落在现象层面的种种思虑杂念的干扰，以使自足圆满的良知本体得到充分展现。

要之，王阳明重建了以良知本体为根基、以良知自知、良知自觉为特质的良知学,赋予了良知学以一种新的理论意义,极大地丰富了儒家心学传统及其修身传统的思想内涵。可以说,阳明良知学通过理论重建,使得良知不仅构成人之为人的存在本质或判断行为是非的"自家准则"(阳明语),更重要者,揭示了良知作为一种道德意志具有自我做主而又念念不息的实践意义,由此,良知意志不是孤悬于情感或欲望之上或之外的只具形式义的道德律令,而可以与道德的情感和欲望实现合一。

(原载《学术月刊》2021 年第 1 期)

论阳明学的良知实体化

【内容提要】阳明学通过"良知自知""良知自觉""觉即弊去"等命题，突出了良知的主体性原则。然而若过于强调人心的主观内在性，却有可能导致良知主体越过外在伦理规范的制约而一任本心的理论后果，晚明学者指责心学流弊有"情识而肆"等表现，并非无的放矢。不过，阳明在世时对此问题已有所警觉，故其试图通过"良知即天理""天理即良知"等命题，将良知心体提升为普遍客观的超越性实体；而良知实体化也同时意味着天理心性化与心性天理化的双重转化。由此，良知主体性不至于下坠为一己之私的情感意识，而同时也拥有了客观实在的理性实体的品格。

为宇宙万物寻找一种终极实在，恐怕是宋明新儒家热衷于探索各种哲学基本问题（包括宇宙、社会与人生）的思想动力。从哲学史上看，周敦颐的"太极"、张载的"性与天道"、二程的"天理"以及朱子的"道体"等都是经过一番观念抽象而形成的实体观，无疑为新儒学所开创的天理观念系统注入了新的理论要素，构建了一套观念实体论的天理学说。

然而，阳明心学的良知何以需要实体化？从根本上说，良知作为一种道德意识，具备"好善恶恶"的道德判断力。在这个意义上，良知在宋明儒学传统中属于"心"的范畴，由于"心"并不是一个抽象观念，而是实实在在的具有感性知觉或道德知觉的活动主体。所以，在一般印象中，心的问题似乎与本体论或宇宙论并无关联。然而，阳明心学系统中的良知并非单纯的知觉之心，而是道德本心，甚至就是道德主体本身。问题是，如果过度高扬良知的道德主体性，突出"良知自知"的绝对性，那么有可能导致自我良知可以不受外在规范的约束，从而使良知沦为唯我主义，一任知觉情识而为，最终不免产生良知傲慢等流弊。

因此，阳明试图通过"良知即天理""天理即良知"这类命题，使良知成为客观普遍的超越性实体。按照这一说法，良知成了宇宙间的终极实在，是天地鬼神得以存在的根源，而不只是道德意识的发动起源。由此一来，阳明心学实现了天理的心性本体化，良知主体被赋予了天理的客观本质，获得了理性实体的意义，与此同时，天理不仅是客观世界的本原，更是通过良知的当下流行得以呈现。必须指出，良知实体化是对宋明儒学"实体"观的理论拓展，使传统意义上的作为道德意识的良知扩展至本体论，成为普遍而超越、超越而内在的本体存在。

一　问题由来：何谓"实体"？

在我们的日常认知中，"实体"一词出自西方哲学传统，始作俑者是亚里士多德，希腊文即 ousia，翻译成英文为 substance，在汉语中通常译为"实体"（苗力田），也有译为"本体"（汪子嵩）。不过，抛开翻译问题，ousia 无疑指的是作为最高存在的实体，在亚氏那里即所谓的"第一实体"，也就是指宇宙的终极实在或本原，并由此开启了西方哲学中的实体主义传统，成为形而上学的核心问题。但是也有学者指出，这样的翻译忽略了 on（希腊文 einai，即"是"）作为系词的含义，故不免留下了语意未尽的遗憾。[①]然而不管怎么说，作为万物终极本质的实体仍然是西方哲学家普遍关注的主流观念，这一点是毋庸置疑的。

---

① 余纪元：《亚里士多德论 ON》，《哲学研究》1995 年第 4 期，第 63—73 页。

事实上，对中国哲学而言，实体观念并不完全是源自西方，在儒学传统中，实际上也存在"实体"观念传统。尽管晚明在中西思想发生碰撞之际，利玛窦将亚里士多德的 ousia 一词的拉丁文译语 substantia 译成中文的"自立体"（今译"实体"），并以此来批判宋明理学的"太极即理"说，认为太极之理不过是指"依赖体"，即事物的附加属性而非实体义的"自立体"，对理学实体观表示了理解上的困惑。① 但是，中国哲学对实体化的追求，其实在先秦儒学那里便已肇端，及至宋明新儒学，已经形成了明确的实体观。

就儒学传统而言，孔子有关"天下有道"与"天下无道"的人文关怀意识表明，"道"这一观念自上古中国以来发展到西周的早期儒家时期，已经发生了人文理性主义的转向，正可印证马克斯·韦伯所谓的早期人类文明史上的宗教"祛魅化"和"理性化"现象。我们不妨说，"道"在早期儒家那里，不再具有神秘性，而是逐渐成为一种普遍存在的理性实在。唯有如此，我们才能理解为什么变"天下无道"为"天下有道"会成为孔子儒家思想的终极关怀之缘由。在先秦儒学的典籍中，与"理"相比，"道"才是早期儒家的核心观念。例如"一阴一阳之谓道"（《易传》）、"率性之谓道"（《中庸》）、"诚者，天之道；思诚者，人之道也"（《孟子·离娄上》），简直不胜枚举。

不待说，宋代新儒学在重建"天道"或"天理"之际，继承了孔子儒家的这一思想精神，但又有新的理论拓展，尤其是出现了"理"或"道"的实体化这一思想动向，值得关注。因为天理实体化的思想动向至少在哲学上表明，宋代新儒学之所以为"新"的根本缘由就在于新儒家已具有一种思想原创力。我们以二程和朱子的实体观来试图说明这一点，这里先从二程说起。

---

① 转引自沈清松：《士林哲学"实体"概念的引进中国及其哲学省思》，载《士林哲学与中国哲学》，北京：商务印书馆，2018年，第410页。

在二程看来，天道是"无声无臭"的终极实体，具有超越性和普遍性。与此同时，"自理言之谓之天，自禀受言之谓之性，自存诸人言之谓之心"①，天道天理又内在于人性或人心中，成为修身实践的基础。更重要的是，相对于天道，二程更为重视的是"理"，构成人、物、事等世界的根本依据就在于实体化的"理"，而理的实体化也就同时确保了存在的同一性，而二程之所以强调"天下无实于理者"，思想缘由也正在于此。②另一方面，由于"实理"是统一的宇宙实体，故在二程，就有"一人之心即天地之心，一物之理即万物之理"③"理则天下只是一个理，故推之四海而准"④"物虽异而理本同"⑤等观点的提出。这些说法都在强调一个观点：理的普遍性和实体性。"实有是理，乃有是物"⑥的"实理"，便是对天理实体性的一项明确表述。

及至朱子，他以"道体""实体""实理"等诸多观念构建了一套系统的实体观。举例来说，朱子用"道体"概念对太极本体进行创造性的诠释，便值得重视。淳熙十五年（1188），朱子与象山之间，围绕"无极而太极"问题发生了一场激辩，朱子再三强调"若论无极二字，乃是周子灼见道体"⑦。进而对《易传》"一阴一阳之谓道"做了这样的诠释："正所以见一阴一阳虽属形器，然其所以一阴而一阳者，是乃道体之所为也，故语道体之至极，则谓之太极，语太极之流行，则谓之道。"⑧事实上，在朱子那里，"本体"和"道体"属于异名同指，名虽异而义则同。

朱子自己在建构"四书"经典系统以及理学体系之际，对于"实理"

---

① 《程氏遗书》卷二十二上，《二程集》，第 296 页。
② 《程氏遗书》卷三，《二程集》，第 66 页。
③ 《程氏遗书》卷二上，《二程集》，第 38 页。
④ 同上书，第 13 页。
⑤ 《周易程氏传》卷三，《二程集》，第 889 页。
⑥ 《程氏经说》卷八，《二程集》，第 1160 页。
⑦ 《朱子文集》卷三十六《答陆子静五》，《朱子全书》第 21 册，第 1568 页。
⑧ 同上。

概念更有自觉的运用，明确提出了"天下之物，皆实理之所为"[1]的观点，对二程"天下莫实于理"的观念做进一步的理论推进。在朱子看来："诚者实而已，天命云者实理之原也，性其在物之实体。"[2] 又说："实有是理，故有是人。实有是理，故有是事。"[3] "理一也，以其实有，故谓之诚；以其体言，则有仁义礼智之实。"[4] 如此等等，朱子有关"实理""实体"的观念论述真可谓俯拾皆是、不一而足，旨在强调理为宇宙万物的终极实在。

总之，在宋代道学史上，出现了理的实体化思想动向，其理论企图在于将"理"推至形上的高度，以论证"理"是贯穿于心性本体和宇宙本体的唯一实体，进而重建普遍的天理形上学。从理论效力看，天理实体化在于论证"理"在本体世界和现实世界中都具有一种"实有"而"遍在"的穿透力，犹如"物物一太极"或万物"各自全具一太极"一般[5]，从而使得天理论述出现了两个互为关联的面向：普遍而超越、超越而内在[6]；这就推动了新儒学的理论建构方式，同时对于重建儒家价值体系以及深化人世取向起到了积极助推的作用。

二 良知实体化何以必要？

既然"实体"具有普遍而超越、超越而内在的穿透力，那么这种"内在"究竟如何来理解？阳明心学便为我们提供了一种独特的模式，使得这种本体实在上至天道，下抵人心，形成了普遍而内在的良知实体。不过，问题之前提在于，良知何以需要实体化？在阳明心学中，良知是一种道德意识，更

---

[1] 《中庸章句》，《四书章句集注》，第 34 页。

[2] 《中庸或问》，《朱子全书》第 6 册，第 594 页。

[3] 《朱子语类》卷六十四，第 1577 页。

[4] 《朱子语类》卷六，第 104 页。

[5] 《朱子语类》卷九十四，第 2409 页。

[6] 陈来：《儒耶对话的儒家观点——本体与本根》，载《孔夫子与现代世界》，北京：北京大学出版社，2011 年，第 106 页。

是指"好善恶恶"的道德判断力以及是非善恶的"自家标准"（王阳明语）。也正由此，良知具有道德主体性的强烈色彩，即指道德主体之存在的善良本性或内在意识，甚至是一种以"自知自觉"为特征的"根源意识"。[①]

而在"本体工夫一元论"或"即本体即工夫"的意义上，良知理论更发展出"这里一觉，都自消融"[②]以及"一念自反，即得本心"[③]"一念入微，归根反证"[④]的一套修行语式的组合命题。这些说法都旨在强调一个观念：良知的存在方式和实践方式必须统一，即"良知见在"的存在方式与"当下呈现"的实践方式是不可分裂的统一体，正是由于良知见在、当下流行，故必能在日用人伦的生活实践中当下呈现。

然而，倘若过分突出良知的道德主体性，过分强调"良知自知""他人莫知"的绝对性，那么，极有可能造成一种可怕的理论后果：这种唯我独尊的所谓主体性道德本体将拒绝任何外在的伦理规范对自我的行为约束，而唯以自己内心中的"上帝"律令（内在良知）是从——如同阳明已经给出的命题："人人胸中有仲尼""心之良知是谓圣"——那样，只要一切听从心中"圣人"的命令即可，其结果便是唯我是从，从而必将导致人心的极端自我膨胀，不免产生欧洲哲学史上被称作"良知傲慢"的弊端，或者陷入中国晚明时期被人所指责的"情识而肆""玄虚而荡"（刘宗周语）等窠臼。

那么，上述流弊对阳明学而言，究竟是"法病"还是"人病"（牟宗三语），亦即这些流弊究竟根源于阳明心学的理论构造本身，还是发端于后人对阳明心学的误解和误用？此一问题颇不易遽下断语，这里只能提示一点：阳明本身是否对此问题已有一定程度的预见，并在理论上提出良知客观性及其超越性原则以防主体性原则的自我下坠。

---

① ［瑞士］耿宁：《我对阳明心学及其后学的理解困难：两个例子》，载《心的现象——耿宁心性现象学研究文集》，第473—488页。另参见吴震：《略议耿宁对王阳明"良知自知"说的诠释》，《现代哲学》2015年第1期。

② 《传习录》下，第209条。

③ 《王畿集》卷六《致知议辩》，第134页。

④ 《王畿集》卷十五《趋庭谩语付应斌儿》，第440页。

从理论上说，尽管任何一种学说体系，不可能是静止封闭的，而有不断重新诠释和理论拓展的可能性，在此过程中也就难免发生种种诠释性谬误，从而发生导向性偏差，由"良知傲慢"而坠入"情识而肆"，应当正是一种"人病"的症结表象；由阳明学的良知理论来看，事实上，对于这类"人病"的出现，阳明自身已有预见和担忧。

此即阳明晚年向其弟子门人所说的一番苦口婆心的由衷之言：

> 某于良知之说，从千死百难中得来，非是容易见得到此。此本是学者究竟话头，可惜此理沦埋已久，学者苦于闻见障蔽，无入头处。不得已与人一口说尽，但恐学者得之容易，只把作一种光景玩弄，辜负此知耳。[①]

这里，"但恐学者得之容易"便是阳明的一种深深忧虑，他所担忧的是，有些学者一听到"究竟话头"的良知学说，便将"良知"两字当作"一种光景玩弄"，却不知道阳明所提出的"良知之说"其实是经过一番切身的磨难和历练，是"从千死百难中得来"的一种生命体悟，绝非"容易见得到此"的"究竟话头"。

这就告诉人们，其一，良知是一种真实的存在，而绝不是如"树中倒影"一般的"影子"（即"光景"）；如果人们误将"影子"当作"树木"本身去追逐，将终身不可能把握真实的"树木"本身。良知存在亦复如此，其有体而有用，"树木"犹"体"，"光景"犹"用"，执用忘体，此便是"光景玩弄"，终不知良知究为何物。其二，良知作为一种究竟话头、最高智慧，必须落实为自身的日常人伦实践过程中，而不能仅仅当作一种"话头"看待，更不能当作某种"知识"搬弄口舌、纷纷议论，却忘却切身体验的工夫实践，此亦是一种"光景玩弄"之弊。

---

① 《王阳明全集（新编本）》卷五十二《刻文录叙说》，杭州：浙江古籍出版社，2010 年，第 2089 页。

根据记载，阳明又将上述现象称之为"只是知解上转"，他采用佛教的一个典故，隐喻这类弊病犹如"扑人逐块"（语见《涅槃经》），其结果是："见块扑人，则得人矣，见块逐块，于块奚得哉？"[①]这就说明良知不是某种"知解"意义上的知识，即不是客观经验知识，而是必须通过"反求诸己"的切身工夫才能把握的德性之知，即良知本己的真实存在（阳明称之为"真己"），故而绝不是"知解可入"的。[②] 这是因为良知是一种道德性知识而非认知性知识。

更重要的是，"在良知上用功"须有一个前提，必须首先"信得良知"[③]，即要求对良知存在树立起一种绝对的自我"确信"（这里不妨借用黑格尔语，Gewissheit）。[④] 也就是说，在致良知工夫的同时，更有必要对良知本体树立起一种内心的信念，而这种信念不是盲目的或傲慢的，而必须是根源于内在良知对道德善的根本自觉，是良知真己对自身意识的一种直接当下的绝对确信。

三 良知即天理

现在的问题是，良知究竟是一种怎样的"存在"？它是否仅仅是内在于人心中的个体性道德意识？换言之，良知能否由内在而上达至"超越"？良知"人人之所同具"[⑤]的普遍性是否可以证成良知的超越性？诸如此类的问题应当是回应"良知傲慢"问题所必须面对的。就结论言，阳明

①　《传习录》中，第 167 条。

②　同上。

③　同上。

④　［德］黑格尔：《黑格尔著作集》第七卷《法哲学原理》第二篇"道德法"，邓安庆译，北京：人民出版社，2016 年，第 246 页。不过，当黑格尔采用"绝对确信"一词用以描述绝对内在性的"良知"之际，往往含有深刻的贬义，即针对空洞的毫无内容的义务论道德形式主义的批判。

⑤　《传习录》中，第 155 条。

汲取了广义宋明理学的天理实体化的思想观念，经由良知本体实体化的观念论述，以求消解良知主体性有可能导致人心膨胀（"情识而肆"）或自我下坠（"玄虚而荡"）的隐忧。

　　要得出上述结论，当然需要对阳明学的整个思想系统有一个全面的把握以及尽可能层次分明、逻辑周延的叙述。然而这样做却是篇幅所不允许的，故而这里我将紧扣一个问题来试做集中的探讨，此即有关"良知即天理"这一命题的解析。

　　良知作为心性本体应当是阳明学的题中应有之义，相关论述可谓俯拾皆是，不必赘言。然而良知能否成为"天理"一般的实体化超越性存在，却是阳明晚年集中关注的一大问题。倘若良知就是实体化的天理存在，那么，良知就不仅仅是"人人之所同具"或"人心之所同然"（孟子语）意义上的依然落在平铺的认知层次的普遍性，更是一种往上提升至超越层面的形上存在，进而获得超越意义上的普遍性，同时也可说，良知成为具有普遍意义的超越性。

　　先来看几段阳明的论述，这类论述颇多，需要一些耐心去体会。首先是阳明在逝世前一年的 1527 年丁亥写给马子莘的书信中所说的一句话，他在引用程颢那句著名的"理学宣言"——"吾学虽有授受，然'天理'二字却是自家体认出来的"——之后，立即将此处"天理"一词纳入自己的良知理论，指出：

　　1. 良知即是天理。体认者，实有诸己之谓耳。[①]

第二句是阳明在提出"致良知"三年之后（1523）所说的一段话：

　　2. 夫心之本体，即天理也。天理之昭明灵觉，所谓良知也。[②]

---

① 《王阳明全集（新编本）》卷六《与马子莘·丁亥》，第 232 页。
② 《王阳明全集（新编本）》卷五《答舒国用·癸未》，第 203 页。

这里的第一句"心之本体，即天理也"，是阳明的常套语，早在《传习录》上卷就已出现，此不烦引。倒是这里的"天理之昭明灵觉"的说法值得注意，阳明在此后的嘉靖五年（1526）所作《答欧阳崇一》书信中又强调过一次：

> 3. 良知是天理之昭明灵觉处，故良知即是天理。①

略需说明的是，"昭明灵觉"作为阳明语，用以特指良知具有光明德性以及灵妙知觉之双重特性，又称"虚灵明觉"（这是对朱子《大学章句》用"虚灵不昧"诠释"明德"之心的一种改造），而这一特性根源于天理，故有"天理之昭明灵觉处"之说。既然可以说良知是天理，据此，则亦可说良知是天道，或者干脆直接地说"天即良知"或"良知即天"也无妨，例如阳明晚年屡屡强调：

> 4. 夫良知即是道。良知之在人心，不但圣贤，虽常人亦无不如此。若无有物欲牵蔽，但循着良知发用流行将去，即无不是道。
>
> 5. 道即是良知。良知原是完完全全，是的还他是，非的还他非，是非只依着他，更无有不是处。这良知还是你的明师。
>
> 6. 先生曰："'先天而天弗违'，天即良知也；'后天而奉天时'，良知即天也。"
>
> 7. 天道之运，无一息之或停；吾心良知之运，亦无一息之或停。良知即天道，谓之"亦"，则犹二之矣。②

以上所引阳明的七段语录，大意是完全一致的。

---

① 《传习录》中，第 169 条。

② 以上四条分别见：《传习录》，第 165 条、第 265 条、第 287 条；《王阳明全集（新编本）》卷七《惜阴说·丙戌》，第 285 页。

不过，针对"良知即天理"命题，此前有一个并不常见的解释，认为这是阳明将客观外在的原则义或原理义的"天理"内在化、主体化，消融于人心意识之中，主张由良知道德意识才能照见"天理"的规范意义。[①]这个解释或有一得之见，至少在阳明良知学的批判者的眼里，阳明此说无疑是将理学意义上的天理做了良知化的主观解释。

然而，只要我们将上述七段叙述作为一套观念体系来考察，那么就不难发现，阳明"良知即天理"命题的理论着重点在于凸显良知天理化的普遍客观义。从语言形式看，"良知即天理""天理即良知"或者"良知即天""天即天理"，似乎是同义反复，彼此可以循环解释、互相界定，然而阳明之深意显然另有所在。

事实上，如同"心即理"命题一般，即便说"理即心"，对阳明而言，亦毫无障碍，同样成立。所以关键在于，这一命题并不意味着"理"的心理化、意识化，而在于强调道德性的心之本体直接就是"理"之本身。同样，"良知即天理"的重点也在于一个"即"字，此"即"字并非关系结构意义上的相即不离之义或二元存在的结合之义，而是两种实在的直接同一之义。

也正由此，所以在上述第7条资料中，阳明再一次强调一个观点：我们只能说"良知即天道"而不能说"良知亦天道"，因为其间下一"亦"字，已然将良知与天道做了"二元论"的预设。对阳明而言，这一预设正是朱子学的惯用说法，用阳明之惯用语来说，便不免感叹："此说之蔽久矣，岂一语所能悟！"[②]

[①] 吴汝钧：《佛教的概念与方法（修订版）》第二篇第九章《宗密的灵知与王阳明的良知的比较研究》，台北：台湾商务印书馆，2000年，第534页。吴汝均指出："良知在客观方面亦有存有论的含义，它不单有主体义，且有实体义。实体即指涉客观实有。"（同上书，第536页）这个论断是妥当的。

[②] 《传习录》上，第3条。

四 良知何以是"实体"?

的确,对阳明而言,良知首先是一种道德的自身意识,但它同时又必然是某种绝对的、自在的永恒存在,犹如"千古一日"(阳明语)一般,在此意义上,良知甚至就是天地万物的根源。[①] 耿宁指出:对阳明而言,"良知作为实体而构成所有心的事件、所有意向的基础",并且"将这种'本原意识'(按:指良知)视为所有心理活动或意向的根本实在或实体(体)"。[②] 这一论断是合乎阳明良知学之要义的。然而,在固守朱子理学之立场的学者看来,阳明"良知即天理"命题的理论企图在于将良知实体化,而作为人心道德意识又何以能"实体化"? 这其实是犯了一个概念倒置的根本谬误,因为在事物界,我们根本无法找到任何实体性的"良知"存在这一客观事实。

例如与阳明基本同时的朱子学后劲罗钦顺(号整庵,1465—1547)在与阳明门人欧阳德的论辩中,尖锐指出:如果从天理的角度看,恐怕难以将良知当作"实体看",如果良知是一个"实体"的话,那么,良知便与"道、德、性、天"等实体存在一般无异;如果将良知认作天理的话,那么,既然天理是遍在于天地万物之中的实体存在,难道良知也存在于天地万物之中吗? 罗钦顺进而追问道:天地万物何其众多,不必一一列举,就以"草木金石"为例,难道其中也有良知实体存在吗?

以上只是撮其大意言之,原文恕不烦引,不过有一段话还是不得不引,因为其中的"实体"一词最值得关注:

> 但以理言,即恐良知难作实体看。果认为实体,即与道、德、性、

---

① 参见《传习录》下,第 261 条。
② [瑞士]耿宁:《后期儒家的伦理学基础》,载《心的现象——耿宁心性现象学研究文集》,第 278—279 页。

天字无异。若曰："知此良知。"是成何等说话耶？[①]

　　毫无疑问，罗钦顺针对的便是阳明"良知即天理"这句命题。他怎么也弄不明白的是，作为客观实在的天理怎么可以突然变成了良知存在？若按此说，岂不将人心意识的良知抬到了天道、天德、天性、天理一般的高度，简直是"成何等说话"？这就可以从一个侧面反证：良知即天理无疑是将良知实体化了。

　　然而，阳明正是按其良知即天理的思路大胆断言："我的灵明，便是天地鬼神的主宰。天没有我的灵明，谁去仰他高？地没有我的灵明，谁去俯他深？鬼神没有我的灵明，谁去辩他吉凶灾祥？天地鬼神万物离却我的灵明，便没有天地鬼神万物了。"[②]可见，何止是罗钦顺所列举的"草木金石"，甚至是"天地鬼神万物"等宇宙一切存在，倘若没有"我的灵明"（即良知同义词）便一切不存在。

　　那么，何谓"不存在"呢？其实在此三字背后另有重要的哲学意涵，阳明旨在强调：当一个人的良知还没有发生之际，整个外在世界对其主体而言，便处在一个互不关涉的寂静状态，但是即便如此，并不意味着天地鬼神就不客观存在了，也并不意味着"意识"与"存在"何者为先的问题，因此也就与朱子学热衷讨论的"理在气先"这类宇宙论问题无关。另一方面，阳明欲强调的是，这个具备天地鬼神的世界之所以存在，它的价值和意义必然与人的存在密不可分，甚至可以说，正是由于人的存在，才有可能赋予这个世界以价值和意义。唯须点出的是，阳明在此强调的其实也正是良知实体化的观点，主张良知实体遍在于宇宙万物，构成其形上依据和终极原因。

　　其实，阳明的这类话语还有很多，这里不妨再举一例，因为那句话也

---

　　① 罗钦顺：《困知记》附录《答欧阳少司成崇一·又·乙未春》，北京：中华书局，2013年，第159页。

　　② 《传习录》下，第336条。

是非常著名、非常典型的良知实体化的观点论述："良知是造化的精灵，这些精灵，生天生地，成鬼成帝，皆从此出，真是与物无对。"①这个"与物无对"即意味着无对待的绝对超越。然须注意的是，超越性的实体存在并不能真正地生出天地鬼神，此"生"字只宜做形上学的理解，意谓良知实体是天地鬼神之所以存在的形上依据，并以其德性成全万物，或呈现天地鬼神的存在意义。

话题再回到罗钦顺与欧阳德的论辩。由于欧阳德方面的书信缺失，因而不知他对罗的挑战有何回应，倒是阳明的一位再传弟子、对佛学颇有研究的王时槐也注意到这场论辩，他为阳明进行了辩护。他指出罗钦顺所依据的其实是朱子学的那套老调：以知觉运动为形下之气，仁义礼智为形上之理；进而"援此以辟良知之说"，但是他却"不知所谓良知者，正指仁义礼智之知，而非知觉运动之知，是性灵而非情识也。故良知即是天理，原无二也"。②此句可谓深得阳明"良知即天理"命题之奥义，在王时槐的理解中，良知即天理并不是在二元论的预设下，然后再将两者打并为一，或者将天理做良知化、心性化的转向；应当是：良知与天理在本体论上"原无二也"的直接同一。顺便一提，与阳明同时的湛若水（1466—1560）亦承认"吾心中正之本体"的本体"即实体也，天理也"③，这从一个侧面印证了心体"即实体"的观念在阳明学时代已受到广泛重视。

以上是就本体论角度，透过"良知即天理"命题，对良知实体化提出的一项理解。然良知本体另有工夫的重要面向，若从工夫视域看，则如何透过良知这一道德意识以呈现天理的规范性意义，则是另一值得重视的理论问题。正如本文前面所述，由良知见在、流行发用进而当下呈现，

---

① 《传习录》下，第 261 条。
② 王时槐：《友庆堂合稿》卷四《三益轩会语·甲申》，《四库全书存目丛书》集部第 114 册，济南：齐鲁书社，1997 年，第 253 页。
③ 《明儒学案》卷三十七《甘泉学案一》，第 887 页。

以反证良知本体的超越性。也正由此，所以说，良知天理化也意味着天理内在化和主体化，此亦不失为一得之见。然在言说之际，其间自有本体与工夫的向度需要甄别而不可混而不分。

综上所述，阳明学的良知首先是德性意义上的心性本体或道德主体，是从主体方面对事物、行为做出价值判断的道德能力；而且这一道德判断具有良知自知、良知自觉的内在性特征，同时又是任何道德主体都能在当下得以呈现其自身价值和意义的一种本体存在。然而，阳明由早期"良知者心之本体"或"心之本体即天理也"发展到晚期的"良知即天理"或"良知即天""天即良知"等命题的提出，显示出阳明良知学在理论上的转进，即在本体论上，借由天理实体以证良知亦属实体性存在，从而使良知成为道德的心性本体，它不仅具有"人皆有之"的普遍性，更具有宇宙万物终极实在的超越性；同时又在工夫领域，借由良知见在、发用流行而必然当下呈现的论证，表明天理的规范性意义亦可经由良知本体得以彰显，由此，良知主体便被赋予客观实在的理性实体的品格。这应当是阳明为何强调良知即天理、天理即良知之命题的理论企图之所在，也是其理论效力之展示。

五 结语：超越与内在的双向转化

前面曾指出，阳明心学在其后来的发展过程中出现了种种流弊，导致阳明后学备受晚明清初学者的批评，如刘宗周所言的"情识而肆""玄虚而荡"便是针对晚明心学末流而发出的严厉批评。重要的是，这类批评的锋芒所指，无疑是针对阳明学过分强调良知主体性而发，例如在晚明某些学者看来，王阳明有关人人胸中有仲尼、心之良知是谓圣、满街皆是圣人等诸如此类的陈述，便是自我良知狂妄自傲的典型表现，终将导致"放旷自恣"或"检柙不修"等严重弊端。[①]

---

① 焦竑：《澹园集》卷十四《刻传习录序》，北京：中华书局，1999 年，第 132 页。

然而，基于本文的考察，无疑可以揭示一个重要事实，即在阳明看来，心体良知的主体性完全可以通过良知实体化获得客观性的保障，"良知即天理""天理即良知"的理论企图即在于表明：良知心体不是任情识而发用的知觉意识，而是依理而发用的超越性主体，同时，天理也通过良知得以实现内在化，成为内在于意识活动中的普遍实在。也正由此，良知本体实现了超越性与内在性的双向转化。此即说，从存在论的角度看，良知本体必由天理的超越性而落实为心性的内在性；从实践论的角度看，良知本体必由内在体验昭灵明觉之天理以反证其超越性。

归结而言，良知乃是天地万物造化的终极实在，因而具有超越性，而良知的超越性表明天地万物如果离开了人之存在，整个世界的存在也就没有了意义。这个观点并不是简单地否认天地万物的客观存在以及鬼神之类的灵性存在，而是说只有通过良知的意义赋予，这个世界才有其存在的价值。因为良知既是一种实体存在，同时也是一种价值存在，是沟通天人之际的关键枢纽。阳明良知学正是通过对良知心体的提升，使其成为超越性的实体存在，由此提防良知主体的道德意识被异化为一己之私的念虑情识。

总之，良知实体既是作为天理的实体性存在，更是一种精神性的本体实在；良知实体普遍内在于所有的物、事以及人心之中，同时又由于良知依体而起、见在发用，故必然当下呈现。可见，作为实体存在的良知既是一种存在方式，同时也是一种实践方式。从根本上说，阳明良知学既有存在论的面向，又有伦理学的意义；良知心体既是心性本体，又是理性实体。倘若我们视良知学只是一种心性论述，则将无法解释良知心体何以具有内在性的同时，又具有不受时空限制的超越性，也必将无法对阳明学良知实体化的理论努力做出正确而全面的意义评估。

（原载《学术月刊》2019 年第 10 期）

作为阳明良知学的"知行合一"论

【内容提要】近年来，阳明学"知行合一"论的哲学问题，经由中西哲学比较研究的方法而受到学界关注，但也有必要回归阳明学语境中，来重新审视知行合一的理论意义。王阳明关于知行合一的论述中，有一重要命题仅见于《阳明先生遗言录》，故向来未被注意："一念动处便是知亦便是行。"此命题无疑是对历来熟知的"一念发动处便即是行"的重要补充，甚至原本就是有关知行合一问题的一项完整论述。这表明，"一念"作为一种意识活动，其中"知"即"良知"也随时启动，故"知行"就必然处在一念良知的过程中。这里的"知"显非见闻之知，而是作为德性之知的良知；所谓"一念"又涵指作为"心知"的意愿、意向，由一念发动而展现出来的"知行"便构成本体工夫合一的动态结构，两者互相涵摄、彼此互动。阳明良知学的"知"具有自知、自觉、自证的根本能力，而此能力同时意味着行为本身的发生，故而知行合一得以可能。可见，知行合一是阳明良知学的命题而非知识论命题，因为良知本身就蕴含着"知行合一"。

在当今复兴传统文化的时代背景下，中国哲学研究特别是阳明学研究呈现出新的景象。令人颇感兴味的是，20 世纪 40 年代英国哲学家赖尔（Gilbert Ryle, 1900—1976）发明的能力之知（knowing how）概念不仅引发了当代西方哲学中有关理智主义和反理智主义之争，据说这已经成为一个世界性的"学术热点"①,而且人们正在借助这一概念并运用比较哲学的研究方法,使得阳明学"知行合一"论的理论意义被重新激活,认为阳明学既可成为建构当代哲学的传统资源,又可成为解决当下问题的灵感来源。②的确,若从比较哲学的角度,利用赖尔哲学的命题性知识 knowing that、能力之知 knowing how③抑或黄勇提出的动力之知 knowing to④等概念或可为重新审视"知行合一"命题提供一种有效的解释方案,然而本文的旨趣则在于揭示一个观点:知行合一是良知伦理学的命题而不能是其他的什么命题,例如,以知识来源及其确定性为探讨对象的知识论命题。因为对阳明学而言,良知就是德性之知,是其整套理论的基础性概念,故有必要从"良知"的角度出发来审视知行合一问题,换言之,有必要将知行合一置入阳明良知学的理论内部来加以审视。若从知识论的论域看,知行之间的时间差将永远无法消除,朱子的"知先行后"说将屹立不倒,因为就在经验知识或事实知识转化为规范性知识或落实为道德实践之际,或者相反,在行为付诸实施之前都需要一定的知识储备(无论是描述性知识抑或规范性知识),因而两者之间永远都会存在一定的时间差,它甚至是一种在知行二元前提下的本质上的时间差,即便其差异的度量单

① 郁振华:《再论道德的能力之知——评黄勇教授的良知诠释》,《学术月刊》2016 年第 12 期,第 14 页。以下凡引该文,不再出注。

② 郁振华:《论道德—形上学的能力之知——基于赖尔与王阳明的探讨》,《中国社会科学》2014 年第 12 期,第 22—41 页。以下凡引此文,不再出注。

③ [英]赖尔:《心的概念》,上海:上海译文出版社,1988 年。

④ 参见黄勇近十年来的一系列论文:《王阳明在休谟主义和反休谟主义之间:良知作为体知＝信念／欲望≠怪物》,载陈少明编:《体知与人文学》,北京:华夏出版社,2008 年;《在事实知识与技艺知识之外:信念—欲望何以不是怪物?》,《哲学与文化》2012 年第 2 期;《论王阳明的良知概念:命题性知识,能力之知,抑或动力之知?》,《学术月刊》2016 年第 1 期;《再论动力之知:回应郁振华教授》,《学术月刊》2016 年第 12 期。黄勇的有关"动力之知"概念的论述经过一些微妙的变化,其最终结论是:"因此,不是广义上的道德知识,而只是狭义上的阳明所讲的德性之知,即只有使人倾向于做出相应行为的道德知识才可以算作动力之知。"(《论王阳明的良知概念:命题性知识,能力之知,抑或动力之知?》,《学术月刊》2016 年第 1 期,第 65 页)此处所谓"狭义",是因为阳明的良知不同于广义上的含有三层不同含义的动力之知:道德的、非道德的和不道德的。

位可以小到"毫厘倏忽之间"①的地步,也不可能实现无时间差异的完全一致,终将导致知行之间的"合一"为不可能。

知行问题在中国哲学史上由来甚久,自《尚书》提出"知易行难"以来,直至朱子学提出"知先行后""行重知轻""知行相须"三大命题,知行被认定为两个层面的问题。王阳明自 1508 年龙场悟道而得出"心即理"这一心学第一命题之后,次年即有"知行合一"之论,其时阳明虽未明确揭示"致良知",但有文本显示,龙场悟道之际,阳明已对良知问题有了基本的觉悟。故对阳明学而言,"心即理""知行合一""致良知"构成了互相诠释的一套理论系统。我们将从"新发现"的《阳明先生遗言录》中的一句命题着手,试图从中发现一些值得重新探讨的有关知行合一的哲学问题。该命题是:"一念动处便是知亦便是行。"这与人们耳熟能详的一句命题有所不同:"一念发动处便即是行。"通过考察我们将发现,"知行"并不是被分属于知识与行动这两个不同领域的概念,而是被统摄在"良知一念"这一意识领域,这就与阳明良知学有密切关联,由此可见,知行合一是良知伦理学命题而非知识论命题。

一 问题由来: 何谓"一念上取证"?

在阳明的思想文本中,有关知行问题的论述甚多而略显繁复,自中年龙场悟道之后及其最晚年居越讲学期间,对知行问题有不断讨论,并不像有的学者所认为的那样,阳明晚年(1520 年)提出致良知教以后,便不再措意于知行合一问题的深入探讨②,相反,阳明在晚年的相关论述才

---

① 《传习录》中,第 132 条。

② 滥觞者为贺麟,他在 1938 年撰写的《知行合一新论》一文中,这样说道:"他(按:指阳明)对于知行合一说之发挥,颇得力于与他的第一个得意弟子,他的颜回——徐爱的问题切磋。及徐爱短命死后,他便很少谈知行合一问题。到他晚年他便专提出'致良知'之教,以代替比较纯理论意味的知行合一说。所以后来阳明各派的门徒所承受于他而有所发挥的,几乎全属于致良知之教及天泉证道的四句宗旨。他的各派门徒对他的知行合一说,(转下页)

更显示出哲学的理论深度。

我们先来梳理一下阳明有关知行合一问题的基本论点，在其众多繁复的论述中 [①]，大致有三条是其最为根本的论点：

1. 知是行的主意，行是知的功夫；知是行之始，行是知之成。
2. 知之真切笃实处，即是行；行之明觉精察处，即是知。
3. 一念动处便是知亦便是行。

第 1 条见《传习录》上卷第 5 条，约记录于 1512 年底或次年初；第 2 条见《传习录》中卷《答顾东桥书》，成于 1525 年；第 3 条见《阳明先生遗言录》上卷第 6 条，约成于 1521 年之后。顺便一提，根据李明辉的归纳，一共有五个关键论点，并认为我们必须完整把握这五项论点，才能确切了解阳明"知行合一"说的真意，这五项论点是：（1）知行本体；（2）未有知而未行；知而未行，只是未知；（3）知是行的主意，行是知的功夫；（4）知是行之始，行是知之成；（5）知之真切笃实处，即是行；行之明觉精察处，即是知。[②] 这个归纳跟我们有所不同，其中的（3）和（4）似不必分拆，特别是遗漏了这里的第三项这一关键论点，而这一论点将是我们关注的主题。李明辉列举的第一和第二两项虽然重要，但是根据论述的"经济原则"，我们暂且略而不提，以便使我们的论述重点更加集中有效。

在这里，我们只需指明"知行本体"作为阳明学的常识性观点，指的

（接上页）不唯没有新的发挥，甚至连提也绝少提到。"（《贺麟全集》第七卷《五十年来的中国哲学》，上海：上海人民出版社，2012 年，第 139 页）正如下文所见，这里的两个史实判断显然颇成问题。

① 例如根据钱德洪（1496—1574）在《传习录》中卷之前所附《序言》所述："其余指'知行之本体'，莫详于《答人论学》与答周道通、陆清伯、欧阳崇一四书。"其云"四书"均见《传习录》中卷，所谓《答人论学》即指《答顾东桥书》。这说明在钱德洪看来，《传习录》中卷所收八封书信竟有一半内容是专论知行问题的。

② 李明辉：《从康德的实践哲学论王阳明的"知行合一"说》，《中国文哲研究集刊》第 4 期，1994 年 3 月，第 8—9 页。

是良知良能或者仅用"良知"一词便可概括，这的确是阳明"知行合一"说的立论基础，如果抽离了"知行本体即是良知良能"（第165条）命题，那么，知行合一说便成为不可理喻的胡乱说法而已。与此相关，另一个命题也极其重要："知行二字即是功夫。"（第270条）意谓知行合一是"工夫论"命题，是就工夫立论的。就此而言，从比较哲学的角度看，知行合一的确与赖尔哲学的实践主义倾向相近。

郁振华《论道德—形上学的能力之知》一文便敏锐地发现赖尔与阳明都具有强烈的实践主义哲学的特质，故而两者的思想具有可比性。赖尔经由质疑"理智主义的传奇"[①]而提出"能力之知概念在逻辑上优先于命题性知识概念"的观点，表明其哲学的实践性特征，而"能力之知"概念与阳明知论不仅非常相似，而且对于理解阳明知论"具有重要意义"。他经过一番创造性诠释，特意将赖尔的"能力之知"改造成"道德—形上学"的"能力之知"或"道德的能力之知"，认为这样一来，便能成功地将阳明知论、亚里士多德的美德与实践智慧以及赖尔的"能力之知"这三个不同概念"熔于一炉"。无疑，郁振华的这一发现十分重要。

现在我们需要回到上面列举的三项重要论点的讨论。然而我们姑且采取一个论述上的策略，暂且放置前面两项论点的讨论，而直接从第三项论点说起。因为这涉及本文的主题，所以问题尤为重大。首先有一个文本的问题需要交代，即关于"一念发处便是知亦便是行"的论点，还有另外一个版本的记述与此不同，即大家耳熟能详的《传习录》下卷第226条：

A问知行合一。先生曰："此须识我立言宗旨。今人学问，只因知行分作两件，故有一念发动，虽是不善，然却未曾行，便不去禁止。我今说个知行合一，正要人晓得一念发动处便即是行了。发动

---

① 所谓"理智主义的传奇"，这是指近代西方哲学以来的理智主义者固执的一个观点，认为理论必定优先于实践。参见［英］赖尔：《心的概念》，第21页。

处有不善，就将这不善的念克倒了。须要彻根彻底，不使那一念不善潜伏在胸中。此是我立言宗旨。"

这条记录为阳明弟子黄直所录，但是收录于《传习录》下卷之际，显然经过了钱德洪的编辑加工，其实，黄直的记录还有另外一个版本，即《阳明先生遗言录》（今存于闾东《阳明先生文录》本），该本分上、下两卷，其上卷题署为黄直纂辑、曾才汉校辑。该本第 6 条的记录与上述通行本的记录颇为不同：

> B 门人有疑知行合一。黄以方（按：即黄直）语之曰："知行自是合一的。如人能行孝了，方唤做知孝；能行弟了，方唤做知弟。不成只晓得个孝字与个弟字，遽谓之知。"先生曰："尔说固是。但要晓得一念动处便是知，亦便是行。如人在床上思量去偷人东西，此念动了，便是做贼。若还去偷，那个人只到半路转来，却也是贼。"①

将 A 与 B 略做比较便可发现，A 条的文字表述相当顺畅且语义连贯，删去了黄直的一大段话以及"如人在床上思量去偷人东西"以后的一段文字，增加了"此须识我立言宗旨"之后的六句话以及"发动处有不善"之后的五句话。这些变动我们且不追究，重要的是，黄直记录的"一念动处便是知亦便是行"被简略为"一念发动处便即是行了"，却存在重大问题，因为这牵涉如何正确理解阳明"一念发动"与"知行合一"的理论关联。必须指出，B 记录的"一念动处便是知亦便是行"才应当是阳明有关

---

① 钱明编校，吴光覆校：《王阳明全集（新编本）》第五册，卷四十补录二，第 1597 页。另据束景南《王阳明年谱长编》附录一《续传习录》，收录的是隆庆二年（1568）郜永春《皇明三儒言行要录》本，按束氏解说，此本即嘉靖三十四年曾才汉编校的《阳明先生遗言录》本，然两本的文字出入以及条目顺序大为不同，似非《遗言录》原本，未见上述"一念动处便是知亦便是行"这句命题，仅见"如人在床上思量去偷人东西"以后的一段文字。参见《王阳明年谱长编》，上海：上海古籍出版社，2017 年，第 2090 页。

"一念"问题的完整论述。这句命题的意义在于指出：一个意识的发动不仅与"行为"有关而且与"良知"有关，也就是说，意识活动同时展现为良知与行动而不仅仅是"行"而已。

在上述命题中出现的"一念"显然是一个非常关键的概念。那么，"一念"究为何指？其在阳明思想系统中又有何理论意义呢？事实上，有关"一念"论述的重要性首先是被阳明弟子王畿所发现的，当有人提出何谓"知行合一之旨"的问题时，王畿首先断然肯定"天下只有个知"，而这个"知"不是泛指一般意义上的经验知识，而是蕴含了孟子意义上的"良知"与"良能"两层含义，若就本体上说，两者原本是"合一"的。王畿明确指出："知便能了，更不消说能爱能敬。"换言之，良知便意味着良能。关于这一点，其实阳明也曾多次表示：

> 惟天下之至圣，为能聪明睿智。……圣人只是一能之尔，能处正是良知。（第283条）
>
> 知是理之灵处。……只是这个灵能不为私欲遮隔，冲拓得尽，便完完是他本体。（第118条）
>
> 能戒慎恐惧者，是良知也。（第159条）

从伦理学上说，知道应该怎么做便同时意味着能够做到。套用西方伦理学上的著名命题，即"应当蕴含能够"（Ought implies can）的意思。①

---

① 李明辉最早注意到了王畿的这个说法，他指出如果说良知是道德的"判断原则"（principium dijudicationis）而良能是道德的"践履原则"（principium executionis），那么，良知蕴含良能也就意味着判断原则与践履原则的合一，并且可以跟西方伦理学中"应当蕴含能够"的观念相比附，而这一观念是一切有意义的"道德"概念之基本预设，因为一切道德上的要求均不得超出道德行动者的能力（譬如孟子在论述"非不能也，不为也"的问题时，所列举的"挟泰山以超北海"的例子便是超出了能力范围），就此而言，在道德上肯定"知"与"行"之间的本质关联，只能说满足了"应当蕴含能够"这项基本的伦理学预设（李明辉：《从康德的实践哲学论王阳明的"知行合一"说》，《中国文哲研究集刊》第4期，1994年3月，第417、424页）。不过，李文却未注意到王畿的下述说法"知非见解之谓，行非践蹈之谓，（转下页）

应当说，王畿明确地用良知良能来点明知行合一之旨意所在，这是符合阳明之本意的。

然而接着王畿说了一段话则更为重要，值得深入探讨：

> 阳明先师因后儒分知行为两事，不得已说个合一。知非见解之谓，行非践蹈之谓，只从一念上取证。[①]

所谓"见解"是指对事物所构成的一种看法或观点，由此见解组合起来而形成某种知识，此即通常所说的"知识见解"，也就是说，"知"原本与人的见解有关；所谓"践蹈"是指践履或蹈行，从文字上看，也就是指行动、实践。现在，王畿对"知行"概念做了重新解释，指出在知行合一命题中的"知"不是指"见解"，即一般意义上的知识见解；"行"也不是指"践蹈"，即一般意义上的行为实践。这就从根本上推翻了人们有关"知行"概念的一般理解，强调阳明的"知行"概念另有深意。

质言之，在王畿的理解中，"知"即道德之知——良知；"行"即道德实践——良能。而要真正了解知行之真实含义，只有从自己的"一念上取证"而别无他法。王畿的这个说法，对于我们理解阳明"一念动处便是知亦便是行"的命题有重要意义，我们在后面还会讨论。现在，我们需要了解该命题中的"知"究竟是什么意思，然后再来探讨何谓"一念上取证"。

二 一念良知

具体而言，这里的"知"是指心知，即作为心体良知的内在意识活动，其中包含意愿、意向、意念甚至欲望等意识活动，这些都构成"知"的要

（接上页）只从一念上取证"的重要性，只是在文章的末尾稍带提了一下而未展开充分讨论。

① 以上引王畿语，均参见《王畿集》卷七《华阳明伦堂会语》，第159页。

素①；另一方面，"行"也不是单纯的知觉行为，而是根源于良知意识，由良知意识直接发动的"行"才是真正的"行"，故而"行"就是对"知"的直接落实和展示。"一念"则是内在意识的展现，因此，由此伴随而至的"行"就是一种内化的意识性行为。也正由此，故在知行合一的命题中，王畿认为，知和行都必须"从一念上取证"。那么，如何理解"一念取证"呢？

"念"是一个多义词，属于意识领域的概念，是指人的思维活动或念虑活动，一般说来，常与"意"连用，有"意念"一词，而"意"是心之发或心之用，这是朱子和阳明都经常使用的一个定义性描述，表明意识是人的心灵活动状态，同时又是与外在事物的重要链接，而不得不受后天环境（包括社会习俗等因素）的影响而表现为有善有恶，故既有"善念"又有"恶念"。②负面义的"恶念"大致相当于"私意"，是指落入私欲或私心的意识转动，也是知行本体之被阻隔而导致分裂的一大原因，阳明叫作"私意隔断"（第5条）或"私欲障碍"（第8条），属于心体偏离现象，例如"过即是私意"（第44条）。不过，私意产生的机制颇为复杂，不仅与私欲有关，在其深层处，更与意识活动的"闲思杂虑"（第72条）有关，是一切"好色、好利、好名等心"的根源（第72条），阳明说如果"汝心中决知是无有做劫盗的思虑，何也？以汝元无是心也。汝若于货色名利等心，一切皆如不做劫盗之心一般，都消灭了，光光只是心之本体，看有甚

---

① 例如，顾东桥曾经列举了"知食乃食，知汤乃饮，知衣乃服，知路乃行"等一系列日常行为的案例，以此证明先有"知"然后才有相应的"行"这一朱子学意义上的"知先行后"命题，对此，阳明对"知食乃食"的"知"做了重新诠释，"知"不是有关"食"或"衣"等行为对象的"知识"，而是"欲食之心"的一种欲望和意愿，提出了"欲食之心即是意"的观点（以上参见第132条）。可见，在"知行"结构中，"知"不是指经验知识，也不是单纯指道德知识，而是包含道德知识在内的道德意向活动，即"心知"。

② 如："善念发而知之，而充之；恶念发而知之，而遏之。知与充与遏者，志也，天聪明也。圣人只有此，学者当存此。"（第71条）这里的"志"是指良知意志，而良知决定意志的这种能力，阳明形容为"天聪明"。该词在《传习录》仅见一处，但却引起阳明再传弟子王时槐（1522—1605）的极大关注，赞为"彻上彻下语"，其云："善恶为情识，知者天聪明也，不随善恶之念而迁转者也。此是阳明先生彻上彻下语。"（钱明、程海霞编校：《王时槐集·友庆堂合稿》卷四《三益轩会语》，上海：上海古籍出版社，2015年，第488页）

闲思虑?"(第 72 条)

另外,"私意"又与偏离心体而于外在事物"有所染着"有关,"偏倚是有所染着,如着在好色、好利、好名等项上,方见得偏倚",根据阳明的看法,这种"偏倚"和"染着",才是"病根",他说:"虽未相着,然平日好色、好利、好名之心,原未尝无。既未尝无,即谓之有;既谓之有,则亦不可谓无偏倚。"(第 76 条)这就告诉人们,偏倚和染着总是难以避免,问题在于如何直面去应对,"须是平日好色、好利、好名等项一应私心,扫除荡涤,无复纤毫留滞,而此心全体廓然,纯是天理"(第 76 条)。可见,"闲思杂虑"是私欲私意等产生的根源。因此"私意"成了"去人欲,存天理"的工夫对象,是需要加以"克除"的(第 96 条)。而"私意"形成的原因也与"去心外别有个见"(第 44 条)的求知意识有关,这是在心体上已经"着意"而产生的,而在心体上是"着不得一分意"的,因为心体的本来状态是"本无私意作好作恶"(第 101 条)的,一旦"着意"便意味着"见"的产生,从而导致"私意",而"私意"就偏离了"诚意",这种在心体上"着意"的意识活动又被称为"躯壳起念"(第 101 条)。故阳明主张:"只须克去私意便是,又愁甚理欲不明?"(第 96 条)

至于负面义的"妄念",更是必须力加克除的。只是心中一旦连"妄念"都彻底消除,却又会觉得心中一片空荡荡的,这种现象的出现,阳明称之为"责效",即从"效果"上一味地追责意念的妄与不妄,而忘却了在"良知上用功"。有弟子问:"近来用功,亦颇觉妄念不生,但腔子里黑窣窣的,不知如何打得光明?"这里的"黑窣窣"是当时地方俗语,意谓一片漆黑。对此,阳明回答:"汝只要在良知上用功,良知存久,黑窣窣自能光明矣。今便要责效,却是助长,不成功夫。"(第 238 条)在阳明看来,良知本体无所谓"黑窣窣"而是一片光明,因为良知作为一种纯粹的道德意识,其本身乃是"天植灵根"而且是"自生生不息"的,只是由于"著了私累,把此根戕贼蔽塞,不得发生耳"(第 244 条),所以根本问题还是在于"私意""私欲"等妄念对良知的遮蔽。

　　须指出的是，在意识问题上，与朱子不同，意不仅仅是心之发，在阳明，意识还有两个根本特征：一是意之所在、意之所向、意之所着"便是物"（第 6 条、第 78 条等），这个观点构成阳明意识哲学的一项重要内容①，意谓所有外物存在都与人的意识指向有关，而意识的指向性便意味着"物"的形成过程开始，所以"物"就不是心外之物，而是将内在的意与外在的物链接起来的一种"意识物"。由于意识活动展现为"行"，因此，这个"物"也就是"行为物"，之所以说"一念动处便是行"，其缘由就在于此。二是阳明又有"知者意之体"（第 137 条）的命题，意思是说，在意识活动过程中，有一个主宰者存在，这就是"知"。作为意之"体"的这个"知"，阳明喜欢用"头脑"或"主人翁"来加以形容描述。如所周知，在阳明学体系中，"意之体"如同"心之体"，都是意指良知本体。②因此，"知者意之体"这句命题表明，意识活动须由良知来主导，而良知乃是意识活动的内在规范。在这个意义上，一念发动便意味着良知的启动，之所以说"一念动处便是知"，其缘由就在于此。

　　由上可见，"一念动处便是知亦便是行"应当是阳明知行观的完整表

---

　　①　在阳明后学中，王时槐对此说的解释和评估很具参考意义："阳明先生以'意之所在为物'，此义最精。……故意之所在为物，此物非内非外，是本心之影也。"（《王时槐集·友庆堂合稿》卷四《三益轩会语》，第 488 页）又说："惟以意在所在为物，则格物之功非逐物亦非离物也。"（同上）王时槐对"意"的问题也有独到看法，试举一例："意者性之用也，性遍满宇宙，意亦遍满宇宙。坎者意之根柢，离者意之发见。学必归根以立天下之大本，故意贵乎潜矣。"（同上书卷四《潜思札记》，第 524 页）根据易学的说法，坎离两卦分别指"天根"和"月窟"，据此，王时槐似认为"意"属于"天根"的一种根源意识，这应当是对阳明良知意识说的理论推进。唯与阳明不同者，不是本心而是"本性"才是王时槐思想的首出概念，他甚至认定阳明学是"悟性"之学，而由"悟性"则可使源自心体的"情识"实现"转识为智"的转变（同上书卷四《三益轩会语》，第 511—512 页）。另参见拙文：《王时槐论》，收入拙著：《聂豹·罗洪先评传》"附论"，南京：南京大学出版社，2001 年，第 256—295 页。

　　②　如阳明说："其虚灵明觉之良知应感而动者谓之意，有知而后有意，无知则无意矣。知非意之体乎？"（第 137 条）"意与良知当分别明白，凡应物起念处，皆谓之意。意则有是有非，能知得意之是与非者，则谓之良知。"（《王阳明全集》卷六《答魏师说》，第 217 页）王时槐认为在阳明学说中，"'知者意之体，物者意之用'，此语最精"（《王时槐集·友庆堂合稿》卷四《潜思札记》，第 524 页），而且是"最亲切之语"（同上书卷四《三益轩会语》，第 483 页）。

述。知行是否得以"合一"也只有从"一念发动处"始能获得"取证",因为"一念"已经包含了知与行。重要的是,"一念取证"并不是用一个意识来"取证"另一个意识,而是一念发动便意味着作为意之"体"的良知已经开始了自我"取证"的过程。按照王畿的说法,这个过程展现为"一念自反"①的特征。

这是由于"取证"在形式上就是良知的自我取证,故"一念自反"也就是"一念良知"(第 162 条、第 190 条)的自反自证,在内容上是良知对自身意识的取证,而其对象则是一念活动中的知行。因此,从根本上说,知行合一是在"一念良知"的意识活动中并在良知主导下的"合一",正是由心体良知的"一念"而导向知行的"合一",故"一念良知"便成了"合一"之所以可能的内在机制,这一机制如同"好好色"与"恶恶臭"一般,是良知对"好恶"这一道德动力的直接决定。这不仅是王畿对阳明知行合一说的一个解释,而且应当是阳明提出知行合一说的旨意所在,因为"一念"也正是阳明所强调的一个重要概念,特别是在论述知行合一问题时,阳明强调了"一念为善之志"(第 115 条),说明良知的重要性就在于为善意志的决定力,而为善意志也就是一念良知的表现。可见,阳明良知学突出了道德意志的理性力量,而道德意志力贯穿于知行的整个过程中,是使知行合一得以可能的最终依据。

———————————

① 《王畿集》卷六《致知议辨》,第 134 页。依王畿,"一念自反,即得本心"(同上)既是工夫语,同时又是良知本体的内在动力所使然而容不得后天人为意识的掺杂,他称之为"本领工夫",故其接着又说:"此原是人人见在具足、不犯做手本领工夫。"(同上)王畿的这个观点与阳明的良知自觉而"觉即蔽去"(第 290 条)的思想是相通的。这里涉及良知如何在"一念"活动中当下自我呈现的问题,此不赘述。须提及的是,瑞士哲学家耿宁基于自己的哲学家身份,坦承他自己所能做的只是试图以自己的"范畴"去"了解"心学,但是由于缺乏儒学家的体验而始终无法理解王畿的"一念自反即得本心"以及"一念入微归根反证"(《王畿集》卷十五《趋庭漫语付应斌儿》,第 440 页)之类的"修行语式"(praktische Formel)的确切含义,并感叹对于真正理解阳明及其后学的"'致良知'伦理实践是多么困难",因为"一念自反"显然属于"精神经验"领域的概念,意指在精神上与"良知本体"达到完全"合一"或"契合"([瑞士]耿宁:《我对阳明心学及其后学的理解困难:两个例子》,载《心的现象——耿宁心性现象学研究文集》,第 480、487 页)。

三　念念致良知

本来，在阳明那里，"一念"本属中性词，既有"一念善"又有"一念恶"之可能[①]，如同人的意念、思虑一般，往来流转不息，常常是善念与恶念、正念与妄念等互相纠缠、片刻不宁。阳明在与门人弟子的对话当中，就经常出现这样的话题：如何通过静坐以"屏息念虑"等方法，以便从意识深处彻底铲除杂念或妄念的产生机制，以达到"无念"的境地。对此，阳明的回答是"实无无念时"（第 202 条），理由是"念如何可息？只是要正"（第 202 条）。即便在"不睹不闻"这一看似心性活动处于"静止"状态之际，仍有"戒慎恐惧"之"念"，更重要的是，"戒惧之念是活泼地，此是天机不息处。……一息便是死。非本体之念，即是私念"（第 202 条）。此处涉及另一重要问题，即"一念"不论正邪，永远处在"念念不息"的情形当中。所以当有人问："不论善念恶念，更无虚假，则独知之地更无无念时邪？"阳明断然回答：

> 戒惧亦是念，戒惧之念无时可息。若戒惧之心稍有不存，不是昏瞆，便已流入恶念。自朝至暮，自少至老，若要无念，即是已不知，此除是昏睡，除是槁木死灰。（第 120 条）

因此，在阳明学系统中，"念念戒惧""念念致良知"便是使知行得以合一的关键。例如，他有如下种种说法以及特有概念：

> 不于吾心良知一念之微而察之，亦将何所用其学乎？（第 139 条）

---

① 如："人但一念善，便实实是好。一念恶，便实实是恶。如此才是学。不然，便是作伪。"（第 23 条）

一念之良知。（第 139 条）

只是一念良知，彻头彻尾，无始无终，即是"前念不灭，后念不生"。（第 162 条）

一念良知。（第 190 条）

一念真诚恻怛。（第 190 条）

念念致良知。（第 222 条）

这些说法的意思都在强调"一念"是作为良知意识的"一念"，而"念念致良知"则要求致良知工夫的不可间断性，必须贯穿整个知行活动过程，并在知行工夫过程中发挥引领和主宰的作用。因此，在一念流转、随物而动的意识过程中，必须发挥良知的意志力量："人但一念善，便实实是好。一念恶，便实实是恶。"（第 23 条）由此可见，知行合一论与阳明良知学有着不可分割的理论关联，也只有置于致良知这一理论视域中，知行合一才能得以证成。也就是说，在阳明学系统中，致良知与知行合一构成了一套环环相扣的涵摄关系，这种关系虽然并不意味着两者的直接同一或互相取代，但是毕竟知行合一不能脱离致良知来讲。无论是"知行本体"还是"知行工夫"，阳明使用这两个特殊概念之际，所指向的其实便是"良知"以及"致良知"，即在良知本体的主宰下，知行合一的命题才能成立。

更重要的是，意识、意念或意愿等都根源于心体良知。从本体视域看，心体本来无一物，故不着"一念"才是良知本体本来应有之理想状态，故说"心体上着不得一念留滞"，阳明打了一个比方："就如眼着不得些子尘沙，些子能得几多，满眼便昏天黑地了。"而且"这一念不但是私念，便好的念头，亦着不得些子。如眼中放些金玉屑，眼亦开不得了"（第 335 条）。他又说：

从目所视，妍丑自别，不作一念，谓之明。从耳所听，清浊自别，

　　不作一念，谓之聪。从心所思，是非自别，不作一念，谓之睿。①

　　这里强调的"不作一念"以及"不得一念留滞"等说，显然属于境界语而非工夫义。若从知行合一的角度看，念念戒惧或念念致良知则属工夫语，但其工夫指向必是实现"合一"境界。故知行合一就不仅是一念发动之后仍然保持"念念不息"这一"根源意义"上的"合一"，而且还是指向在良知心体上"不作一念"这一"完成意义"上的"合一"。

　　所谓"根源意义"和"完成意义"乃是劳思光用语，他在早年之作《论知行问题》中指出知行合一只能就"发动意义"而言，而不能就"完成意义"上说②，及至撰述《新编中国哲学史》仍然坚持这一观点。③对此，陈立胜撰文商讨，指出知行合一不仅具"根源意义"同时又具"完成意义"，更具"照察意义"，即以一念良知之明觉能力贯穿整个知行工夫之历程。洵为确论。④不过须提及的是，劳思光在完成《新编中国哲学史》之后（第三卷初版于1981年），又有《王门功夫问题之争议及儒学精神之特色》之续作，欲为阳明学工夫论三大问题：（1）"良知之始显"，（2）"良知之内在扩充"，（3）"良知之向外扩充"之外更"进一解"。他发现阳明工夫论"自有一条主脉"可以贯穿上述三大工夫领域，这"就是念念不息，永远开拓的工夫原则"，其依据是"戒惧之念，无时可息"（第120条）这一阳明语，按劳氏分析，此即"就'良知'显现说这个不息的原则"，"'致良知'从源头上说，要念念不息以显主宰性；从扩充上说，要在无穷的世界历程中念念不息地求正。工夫每一个段落，各有特殊要点可讲，但工夫总的主脉通观

　　① 《传习录拾遗》，第16条。

　　② 劳思光：《文化问题论集新编》第二篇《论知行问题》，原作于1956年，后收入《思光学术论集新编》七，香港：香港中文大学出版社，2000年，第61—74页。

　　③ 劳思光：《新编中国哲学史》三卷下，桂林：广西师范大学出版社，2005年，第329页等。

　　④ 陈立胜：《何种"合一"？如何"合一"？——王阳明知行合一说新论》，《贵阳学院学报（社会科学版）》2015年第3期，第2—9页。

各段落,则只是'良知'念念不息的开拓。这即是阳明工夫论的真宗旨所在"。[1] 这是一项值得重视的论断。

然而在笔者看来,此处所谓的"工夫主脉",即"念念不息"正与阳明以"一念发动"来论述知行合一的旨意相通,而劳氏在该文并没有将"念念不息"这一观念运用到知行合一问题领域,他似乎没有意识到第一层"良知之始显"的工夫阶段所依据的"念念不息"原则,正是阳明用以阐发知行合一论的重要理据,由此上下前后一并贯穿,则知行工夫不仅同具"根源意义"和"完成意义",而且还具有"良知自证"的意义,因为所谓在"无穷的世界历程中念念不息地求正",无非是在"一念良知"之主宰下,贯穿整个工夫历程的一念自反、良知自证。故就结论言,"念念致良知"是良知学意义上知行合一命题的本来应有之义,而称不上是为阳明"进一解"的哲学创造。

四 本体工夫合一论

现在,我们根据上述对"一念动处便是知亦便是行"这一命题的分析,将前面所列举的阳明知行合一论的第一和第二两大论点结合起来,看看有没有什么新的发现。首先我们来看一看第一项论点:"知是行的主意,行是知的功夫;知是行之始,行是知之成。"

从文献学上说,这句命题出现最早,是在《传习录》上卷第 5 条。这是针对徐爱的提问"古人说知行做两个,亦是要人见个分晓,一行做知的功夫,一行做行的功夫,即功夫始有下落",阳明指出:"此却失了古人宗旨也。某尝说知是行的主意,行是知的功夫;知是行之始,行是知之成。"显然,徐爱的观点其实就是朱子"知先行后"的典型观点,认为知识与行

---

[1] 原载《新亚学术集刊》第 3 期,1982 年,收入劳思光:《思辩录——思光近作集》,第93 页。

为分属两个领域。从认识论的角度看，这个观点本来无可非议，因为一个人的行为总是需要某种知识作为前提条件，犹如欲去北京就必须先知道北京的方位在哪里以及需要运用什么交通手段才能到达等知识储备，才有可能实现去北京的目标。然而，阳明认为这种观点违反了古人有关知行问题的宗旨，接着便提出了上述这句命题。

表面看来，"知是行的主意，行是知的功夫"和"知是行之始，行是知之成"这两句命题，是在主张"知"是"行"的主导，"行"是"知"的结果，于是，便与朱子理学"知先行后"之命题的意思相近，其实不然。关于这里的表述，我们必须结合阳明良知心学才能获得善解。事实上，王阳明是在良知学意义上讲"知行"问题的，他所说的"知"是指良知，所说的"行"则是指良知的落实。因此，前一句命题的意思是说，良知是行为的主宰（主意），良知之行是良知的落实（功夫）；后一句命题的意思是说，良知的道德意识一旦启动，就意味着良知已处在行为的过程中（始），而道德意识的启动（良知之行）便已经是良知的具体落实（成）。由此可见，这里的"知行"都不是知识论的概念而是良知学的概念。

问题是，从历史上看，阳明提出致良知是在 49 岁之后，何以在成书于 1512 年底《传习录》上卷徐爱所录的部分当中，阳明已经具备了良知思想呢？事实上，已有文献记录表明，根据阳明晚年的回忆，"吾良知二字，自龙场以后，便已不出此意，只是点此二字不出"[1]，这应当是一条信史而没有理由表示怀疑。即便从《传习录》上卷徐爱所录部分，我们其实也可清楚地看到阳明有关良知问题的重要论述，此即第 8 条：

> 知是心之本体，心自然会知。见父自然知孝，见兄自然知弟，见孺子入井自然知恻隐，此便是良知，不假外求。若良知之发，更无私意障碍，即所谓"充其恻隐之心，而仁不可胜用矣"。然在常人不能

---

[1] 《传习录拾遗》，第 10 条。

无私意障碍，所以须用致知格物之功。胜私复理，即心之良知更无障碍，得以充塞流行，便是致其知。知致则意诚。

首句中的"知"，根据下文"此便是良知"已经点明，指的就是良知。良知作为一种根源性的心体意识，具有"自然知孝""自然知弟""自然知恻隐"的道德能力，即"良知自知""良知自觉"的能力，不妨称之为"良知自知"理论。[①] 上面提到的"一念自反"即"良知自证"，亦与"良知自知"理论有关。而且在上述一段引文中，阳明还强调了良知的天赋性，即"不假外求"，而这一术语显然就是孟子良知学意义上的"不学而知""不虑而能"之义，表明良知是每个人生而具有、不假外力的道德能力。至此，良知的内在性、实践性以及先天性这三大特征，在上述这段表述中已经充分具备。正是在此意义上，我们有理由说，龙场悟道之际，阳明对"良知"问题已有了根本的生命觉悟，只是将其理论化则尚需一些时日而已。基于此，所以我们使用良知概念来重新解读上述"知是行的主意，行是知的功夫；知是行之始，行是知之成"这一命题，是有充足理由的。

至于上面列举的第二项论点"知之真切笃实处，即是行；行之明觉精察处，即是知"（第 133 条），则是阳明提出致良知之后的成熟见解。其中涉及"真切笃实"和"明觉精察"这对关键概念，本来，"真切笃实"是就"行"而言的，要求人的行为须认真踏实，现在却用来描述"知"；本来，"明觉精察"是就"知"而言的，指的是"知"具有一种明锐的觉察能力，现在却用来描述"行"。这一互为颠倒的用法，有特别的理论意图，即意在表明两者是互相诠释的关系：在行的过程中已有知的参与，因为一个

---

①　吴震：《〈传习录〉精读》第六讲第三节"良知自知"，第 111—115 页。另参见［瑞士］耿宁：《心的现象——耿宁心性现象学研究文集》所收《从"自知"的概念来理解王阳明的良知说》，第 126—133 页。耿宁指出：良知自知不是这种第二次的、事后的、对象化的反思意识，而是一种直接的本己的内在的自知意识，相当于现象学的"内意识"。须补充说明的是，阳明曾明确使用"良知自知"概念来解释知行合一，因为良知所具有的"自照自察"这一"触机神应"之本性，贯穿于整个知行过程中。详见后述。

行为不能没有"知"的引领；而在知的过程中已有行的介入，因为一个没有"明觉精察"之能力的"知"不能称作真正的"知"，也不会带来相应的行动。也就是说，行为过程中必有一个"明觉精察"的知在，知识过程中必有一个"真切笃实"的行在。

关于阳明的这两句命题，王畿从本体与工夫的角度，对此有一个重要解释：

> "知之真切笃实处即是行"，真切是本体，笃实是工夫，知之外更无行；"行之明觉精察处即是知"，明觉是本体，精察是工夫，行之外更无知。①

应当说，王畿对阳明上述两句命题的领会和解释是贴切的，由此解释更引申出一个命题：本体工夫合一论，即"真切笃实"与"明觉精察"同时蕴含本体工夫的合一。故他强调指出，"知行有本体，有功夫。良知良能是知行本体"，如果"以知为本体，行为工夫，依旧是先后之见，非合一本旨矣"。②意思是说，知行不可分作两截，以为"知"是良知本体，"行"为致良知工夫，而应当看到，"知"中有"行"，"行"中有"知"，即知即行、互为蕴含、一体同在，这才是真正意义上的本体工夫合一同时也是知行合一。须承认，王畿从本体工夫合一的角度对知行合一的上述阐释，不失为一种对阳明知行合一说的创造性诠释。王畿的这一诠释表明，知行是在一个实践过程中的双向互动、彼此涵摄，这一互动过程由良知存在即本体即工夫的特殊品格给予了根本保证。所以，"知—行"结构中的良知不是道德知识（一种以是非善恶等为认识对象的静态的确定性知识）与道德行为的单纯结合，而是超越于"知行"之上而又内在"知

---

① 《王畿集》卷二《滁阳会语》，第34页。
② 《龙溪会语》卷六《书同心册后语》，《王畿集》附录二，第784页。

行"之中的即本体即工夫的先天性存在。

话题再回到阳明。阳明为阐明上述道理,进一步采用假设的方法,从反面来加以论述:如果"其心不能真切笃实,则其知便不能明觉精察,不是知之时只要明觉精察,更不要真切笃实也",如果"其心不能明觉精察,则其行便不能真切笃实,不是知之时只要明觉精察,更不要真切笃实也"(第133条),那么,此说何以成立呢?阳明说道:"知天地之化育,心体原是如此;乾知大始,心体亦原是如此。"[①]这就是说,从整个宇宙存在的根源与发展来看,"心体"是永恒普遍的,它统摄一切,包括宇宙万物以及人类社会的所有活动,无不在"心体"主宰之下。因此,正是由于心体良知的存在,所以人的知识和行为就是同一个过程,而心体良知就直接参与其中,因此,"知行合一"就是本体工夫合一的命题。[②]至此我们终于明白:原来,知行得以合一的理据就在于"心体",凸显出心体良知具有统摄知行活动全过程的主宰性,知行合一便在这个意义上得以成立。

最后须指出,在知行合一问题上,阳明晚年所论非常突出强调"良知自知"这一论述角度,例如,有弟子根据《尚书》"非知之艰,行之惟艰"为据来质疑"知行合一"之际,阳明回答得非常明确:

> 良知自知,原是容易的,只是不能致那良知,便是"知之匪艰,行之惟艰"。(第320条)

这是一个很值得注意的论断。历来,《尚书》这句话被视作知行二

---

① 《王阳明全集》卷六《答友人问》,第210页。

② 阳明在《答顾东桥书》的次年又有《答友人问》,其中重复了"行之明觉精察处,便是知;知之真切笃实处,便是行"这句命题,只是在末尾加上了一句,颇值得注意,他说,如果行为缺乏良知的明觉精察便是"冥行","所以必须说个知",如果心理活动不能做到真切笃实便是"妄想","所以必须说个行",然而在终极意义上,知行"元来只是一个工夫"(《王阳明全集》卷六,第208页),又说:"知行原是两个字说一个工夫,这一个工夫须著此两个字。"(同上书,第209页)

元的重要依据，认为知道一件事是容易的，而真正实现这件事或使自己的知真正落实在行动上却是困难的。对此，阳明的答案非常简洁明了，只有四个字："良知自知。"因为良知是自知、自觉、自主、自信的，所以"知"是易简易知的，既然"知"是易知，"行"也是易行，正是在良知的参与下，知与行不仅是容易的而且是合一的。这就是阳明良知学意义上的知行合一观。

五　结语

关于阳明知行合一论，学界的讨论已经很多。值得欣喜的是，知行问题正成为中西方哲学的对话资源，特别是有留学背景以及西哲专业背景的中国学者参与到这项研究工作当中，运用比较哲学的方法深化了阳明学知行合一论的哲学探讨。他们不仅熟悉西哲话语，而且对阳明文本也能运用自如，提出了诸多创见。据说"比较哲学"有三种不同取径：第一是文本比较，第二是哲学创造，第三是提供解决哲学问题的方案。在与郁振华就"能力之知"问题进行论辩的过程中，黄勇提出了上述三种比较研究方法，将郁归类为第二种，即旨在从文本比较中可以得到一些哲学启发，至于文本中有没有因这些哲学启发而得到的哲学概念则是无关紧要的；而黄勇将自己归类为第三种，即旨在用中国哲学的资源对西方哲学问题提出不仅是独特的而且是最好的解决方法，这种比较既不是单纯的文本比较研究，也不是在从事哲学创造，原因是他提出的"动力之知"概念在西方哲学家看来似乎很新颖，但其实就是王阳明的良知概念而已。[①]　不过，在我看来，这三种方法既有区别，其关注点虽各有不同，但又有交叉，在比较哲学领域中的哲学创造（即哲学研究）离不开文本比

---

① 黄勇：《再论动力之知：回应郁振华教授》，《学术月刊》2016 年第 12 期，第 24—30 页。此处引文见第 26 页注 2。

较，而为哲学问题寻找解决方案也离不开哲学研究，例如哲学的创造性诠释。因为，"动力之知"显然是对阳明良知概念的一种创造性诠释——王阳明要说或应说却未说出的一种观念，不过，此一诠释结论是否充分关注到阳明学哲学概念的历史语境及其语义脉络，则可另当别论。

若依笔者的研究经验，如果说将中国儒学与日本儒学等其他东亚地域的儒学传统进行比较考察也可归入"比较哲学"（这里取广义上的哲学）的一种类型，这一类型的比较研究不妨这样表述：从相近的哲学（儒学）文本所产生的差异性诠释当中去发现儒家哲学问题在异域的"他者"文化传统中如何得以转化和发展的可能性，以此作为反思"跨文化"传统中的儒学历史发展及其未来走向的思想资源，并从中国儒学的视域出发，针对东亚儒学的问题提出一些建议（但并不是解答问题的答案），目的在于促进不同区域文化间的对话和互相学习。这种比较研究不妨称之为"跨文化比较研究"，其中涉及儒学的思想史、哲学史、学术史等研究。举例来说，就"知行合一"问题而言，不难发现近代日本阳明学对此问题存在一些误解甚至是有意的曲解，往往被化约为这样的观点：任何知识都可以或应当直接化作一种力量而可以不计其手段及后果，至于行为动力是否根源于普遍良知或公道公义等本体论问题则被付诸不问，这就偏离了阳明良知学意义上的知行合一命题的理论旨趣。①

回到本文的核心论旨，大致有三点可以总结：

第一，知行问题是中国哲学的老问题，不论是"知易行难""知难行易"，还是"知先行后""知行相须"等命题，都属于知识论领域中的问题讨论，从这一领域来审视知行问题，一般认为任何一种行为都是由某种知识或意愿来引领，知识决定行为的方向与内容，这种观点有一重要前提，亦即将知行视作二元性的分属不同领域的存在，这里的"知"不论是

---

① 关于日本阳明学，参见本书《关于"东亚阳明学"的若干思考——以"两种阳明学"的问题为核心》篇。

经验知识还是道德知识抑或实践知识（知道如何去做的一种知识类型），总是在影响（或作用于）行动之前而存在，即这种影响属于知识作用于行为的一种推动机制，由此必然产生所谓的"难易"或"先后"的问题。依劳思光的说法，倘若将阳明知行合一之"知"误认作知识论解，便是"界限大乱"。①

第二，然而阳明的知行合一命题正是试图根本解决知行难易或知行先后的问题，其理论前提是阳明的良知学。无疑，良知概念来自孟子的良知良能，属于"是非之心"的道德标准或道德知识，用理学用语来说，就是德性之知而非闻见之知，但是阳明学的良知概念远比上述这些内容要丰富得多。在阳明，良知不仅是"是非之心"或"知善知恶"的道德知识，更是"好善恶恶"或"为善去恶"的道德动力。因此，良知内含以自身为目的的意欲、愿望、情感等因素，具体表现为"一念动处便是知"，这意味着良知是一种内在的"心知"，又是具有道德能力的动力之知（在这里笔者愿意赞同黄勇的观点）；然而更为重要的也往往被现代西方哲学中的一些道德心理学或行为主义伦理学所忽视的是，阳明的良知更是一种本体性的实体存在，是"先天先地""天即良知""良知即天"的先天性存在，因而具有无所不在的普遍性。正是由于良知具有本体性、先天性的维度，故而它遍在于整个人类活动"物—事"的过程之中，当然也贯穿于人的"知—行"活动之中，并具有指引和规范人的行为的主宰性。

---

① 劳思光：《新编中国哲学史》三卷上，第310页。劳思光以容肇祖和张君劢两人为例，指出他们将"知"理解为"事实知识""经验知识"，完全不搭阳明语调，因在阳明学说，根本没有将有关事物"知识"纳入或蕴含于"良知"之中的任何意思（同上）。此说基本可从。不过若采用更周延的表述，则应说，从良知体用论的角度看，阳明在肯定德性之知"非萌于见闻"这一理学共识的同时，亦承认"见闻莫非良知之用，故良知不滞于见闻，而亦不离于见闻"（第168条）。在此问题上，杜维明的看法值得重视："我提出'体知'，正是要纠正这种偏见。把闻见之知当做有认识论意义的科学认知固然很勉强，但把德性之知当作毫无认识论意义的价值判断问题更大。德性之知，不离闻见之知也不囿于见闻，是属于体之于身的认知。"（《杜维明文集》第五卷《儒家"体知"传统的现代诠释》，武汉：武汉出版社，2002年，第375页）这里的认识论显然是广义认识论。

第三,然而严格说来,当我们说用良知来指引和规范人的行为,按王畿的判断,这"依旧是先后之见",即"以知为本体,行为工夫",从而将知行分作两截的观点。这一判断与阳明"一念动处便即是知亦便是行"的命题在旨意上是吻合的。因为"一念动处"便已内含知行两个方面了,也就是说,本体与工夫都已经同时启动,这就意味着知行是即本体即工夫的本体工夫之合一。在王畿,"一念"不是经验性的三心二意一般的意念转动,而是良知心体的自我展现,故而是属于"先天正心之学"意义上的"一念良知"或"念念良知",它具有自反、自证、自见、自存、自现等基本特质;而所谓"自反"并不是指反思良知意识本身,因为良知当下一念就是一种"反思"而不是被反思的对象,所以就在良知应感之际,"只默默理会当下一念"① 即可,所谓"理会"亦即"自反取证",而不是有关道德知识的任何语言表述,因为"默默理会"只是回归良知自身的根源意识,经由良知本体对自身的"一念取证"(即"归根反证")以实现知行合一。王畿就良知一念以证知行合一的上述观点表述,显然是对阳明知行合一论的重要理论阐发,对于我们深入理解知行合一论具有启发意义。

总之,阳明的知行合一论与其心即理、致良知等学说观点构成一套严密的理论系统,它不是脱离于良知心学系统之外的知行观,任何知识论意义上的知行难易或知行先后等问题本就不在阳明知行观的论域之内。至此我们说,知行合一是阳明良知学意义上的命题,是良知伦理学的命题,甚至可以说,良知本身必然展现为知行合一,反过来说也一样,知行合一就是良知的自我实现。

(原载《学术月刊》2018 年第 5 期)

---

① 《王畿集》卷十五《万履庵漫语》,第 462 页。

论王阳明"一体之仁"的仁学思想

【内容提要】王阳明逝世前两三年开始竭力强调"万物一体"论,然而人们却往往忽略该命题的全称"天地万物一体之仁"的"仁"字。其实,"一体之仁"是阳明学重构万物一体论的核心观念、本体依据。以"一体之仁"为根本旨趣的万物一体论既不同于先秦以来传统的万物一体论,也有别于程颢的由"识仁"而进至"浑然与物同体"的仁者境界说,而是新形态的以仁为本的"仁学一体论"。阳明学万物一体论既是一项本体论论述,也是工夫论命题,更反映了"天下主义"的人文精神。阳明认为由一体之仁的信念出发,有望实现"天地万物本吾一体者"的和谐共存的理想世界。

众所周知,在阳明心学的思想体系中,"万物一体"论是其重要的理论组成部分。这一命题的完整表述是"天地万物一体之仁",然而以往人们在讨论这一命题时,往往容易突出"万物一体"而刊落后面的"仁"字,这就使得阳明学的万物一体论与历史上其他形态的万物一体论的理论界线变得模糊不清,甚至有观点认为阳明此说与庄子"万物与我为一"的道家观点存在某种渊源关系。① 为了澄清这类似是而非的含糊观点,有必要

---

① 参见吴震:《〈传习录〉精读》第十一讲"万物一体的创建"。

重新探讨王阳明"一体之仁"的仁学思想的意蕴,以揭示阳明学万物一体论的理论特质及其思想意义。

必须指出,在"天地万物一体之仁"的命题中,"一体之仁"无疑是核心概念。但是,"一体"与"仁"并非定义关系而是修饰关系①,"一体"不足以规范"仁"的名义,而是对"仁"之特质的一种描述。具体而言,"一体"即整体义、全体义,"一体之仁"是强调"仁"不仅是人心的德性存在,即心体,更是遍在于万物而与万物融为一体的本体存在,即仁体,表明宇宙存在一种基本的精神特质。我们关注"一体之仁"而非单独的"仁"字,目的在于揭示阳明学万物一体论的思想精髓唯有用"一体之仁"的观念才能充分展现,同时也可以借由"一体之仁"来表示阳明学万物一体论的理论特质有别于历史上其他形态的万物一体论,我们称之为"仁学一体论"——即仁学形态的万物一体论。

一 问题由来

从历史上看,大致有两种形态的万物一体论,一种是先秦诸子时代的传统万物一体论,另一种是宋代道学思潮中出现的新形态的万物一体论。前者可以孟子"万物皆备于我"、庄子"万物与我为一"、惠施"泛爱万物,天地一体"为代表②,后者可以程颢"仁者浑然与物同体"以及"仁者以天地万物为一体"的仁者境界说为代表。阳明学的万物一体论与这两种理论形态都有所不同,它是建立在良知心学基础上的新形态的"仁学一体论"。

一般认为,王阳明的万物一体论源自程颢。然而,宋代道学思潮中

---

① 王阳明对"仁"字的定义问题并不关心,大致上,他的理解主要有三点:"仁者心之德"、"仁者生生不息之理"(参见《传习录》上)、"道心精一之谓仁"(《王阳明全集》卷七《象山文集序》,第 245 页)。

② 以上分别见《孟子·尽心上》《庄子·齐物论》《庄子·天下》。

出现的以程颢为代表的万物一体论，含有"生生之仁"和仁者境界两种主要含义，强调从"须先识仁"的角度出发，以实现仁者之心的境界就是万物一体的境界，偏重于工夫指向的、主观呈现的境界论意义。王阳明亦以"生生"释"仁"，显然继承了程颢的观点，就此而言，阳明"仁说"亦属道学思潮的理论形态，然而，与程颢偏重于境界论述不同，王阳明是从"一体之仁"的角度出发，将仁者境界的万物一体论推展至以"一体之仁"为核心内涵的万物一体论，这是王阳明基于"一体之仁"的本体论对万物一体论的重构。

那么，"一体之仁"何以是本体存在呢？根据阳明心学的理论，仁心不仅是主体之心、生生之心、流动之心，更是变动不居、一体同在的总体之心，即良知本体，表明人心良知与天理天性是同体共在的关系。如果说在广义的宋明理学的语境中，天理天性是一本体实在，那么阳明心学体系中的良知心体或一体之仁也同样是一本体实在，故"一体之仁"又可称为"仁体"。[①] 而仁体即心体、心体即良知、良知即天理，均属同质同层的概念，这对阳明学而言，应当是题中应有之义。

也正由此，阳明学依据一体之仁的观念而重构的"仁学一体论"，其理论归趣就在于强调一体之仁是在宇宙万物的有机联系中的本体实在，因而同时也是仁体的呈现。重要的是，这种呈现不仅是心体存在的主观呈现而应然如此，更是作为宇宙本体的仁体存在的客观呈现而本来如是。正因为王阳明是从本体上讲"一体之仁"，这就使其仁学获得了本体论的意义。

陈来《仁学本体论》是一部就哲学史讲哲学的造论之作，他强调指出以程颢为代表的"万物一体"的"仁体"论述尽管具有境界义、工夫义，甚至也蕴含本体义，但其论述的重点显然偏向于主观的层面，而阳明心

---

① 在宋明理学史上，程颢首次提出"仁体"概念，又有"仁者全体"之说（《程氏遗书》卷二上，《二程集》，第14—15页）。阳明用"仁体"并不多，其"一体之仁"应接近于"仁体""全体"的含义（参见《传习录》下）。

学也主要是就心上讲万物一体，但是这种讲法是"不够的"，"只有在本体上讲一体之仁，方才周遍"。这个观点非常重要。另一方面，陈来注意到王阳明的万物一体论更强调"一气流通"的观念，并指出"气的概念使万物一体之仁的实体化成为可能"，"从而仁体可以超出心体而成为宇宙的本体"，于是，阳明学"为从客观的实体方面去把握万物一体之仁打通了基础"。的确，从正面肯定"气的概念"，并以此推断阳明仁学中的仁体作为"流行统体"可以上升为宇宙的本体，诚为卓见。但是，这个说法显然是比较委婉的，他似乎并没有明确肯定阳明的"一体之仁"不必借助"流行统体"的"气"这一"基本介质"①而直接就是宇宙本体。

根据我们的考察，在阳明心学的理论构造中，在将良知天理化的同时，其实已将良知实体化②，因为良知与天理的互涵并证唯有建立在本体实在的意义上才有可能。与此相应，"一体之仁"的观念既可从心体上讲，同时也含有天地之心这一精神"实体"的含义，所以他说："夫人者，天地之心，天地万物，本吾一体者也。"③这里的"本"字即有根源义、本体义，表明人心与天心在本体论上具有同一性，由此可以打通人与万物的一体性，而天地之心这一表示宇宙之精神特质的本体实在④，是万物一体得以成立的依据。

二　晚年讲学宗旨

从阳明心学的理论结构看，我们知道阳明学主要由"心即理""知行

---

① 以上分别参见陈来：《仁学本体论》，北京：生活·读书·新知三联书店，2014 年，第 291、301、299、173 页。
② 参见吴震：《〈传习录〉精读》第十一讲关于"天理化问题""客观化问题"的讨论，第 219—233 页。
③ 《传习录》中，第 179 条。
④ 关于"天地之心"或"天心"，参见陈来《仁学本体论》"天心第六"；拙著《罗汝芳评传》第三章第五节"天心观"，南京：南京大学出版社，2005 年。

合一""致良知"三部分组成,特别是阳明 49 岁时提出的"致良知"说,乃是阳明学的正法眼藏、立言宗旨,这是已成定论的常识,所以阳明学又被称作"致良知教",况且阳明逝世前一年就曾在一封家书中明确表示,他一生讲学就讲"致良知"三字。[①] 因此,致良知就是阳明学的工夫论命题。

但是,王阳明晚年在居越讲学期间(1522—1527),其思想又有新的拓展。就在阳明逝世前两三年,他开始不断地强调儒学史上历久弥新的一个观点——万物一体论。[②] 正如下面我们将要看到的,根据阳明的相关论述,他更强调"一体之仁"的本体论维度,形成了富有阳明学色彩的仁学一体论。当然,对阳明而言,仁学一体论亦含境界论的意味,同时也并不意味着对致良知理论的取代。相反,良知与仁体实可互证并说,一体之仁必进之于良知工夫论才可呈现仁体之大用,故仁学一体论自当属于心学良知论的理论环节。

然而,致良知毕竟属于道德主体的实践,而将此推广扩充至社会团体乃至整个天下,则须首先树立一体之仁的信念,以实现天地万物一体之仁为终极目标,故有必要重建万物一体论。这才是阳明晚年竭力强调万物一体论的主要思想缘由。换言之,从外在结构上看,万物一体与致良知固属阳明晚年心学理论中两座并峙的高峰,若从内在理路上看,由致良知到仁学一体论乃是阳明学的必然推演,此亦毋庸置疑。

据《阳明年谱》载,嘉靖三年(1524)阳明弟子南大吉辟稽山书院,常聚集绍兴府下"八邑之士"会讲其中,环坐而听者达三百人,阳明"先生临之,只发《大学》万物同体之旨,使人各求本性,致极良知以至于至善"。这说明阳明晚年讲学,始重万物一体之论,以为由此便可启发人的

---

① 《王阳明全集》卷二十六《寄正宪男手墨二卷》,第 990 页。
② 当然,这并不是说阳明早年对万物一体论就缺乏关注。但是从理论上重构仁学一体论,则集中出现在 1525 年之后的一系列文献当中,如《亲民堂记》《重修山阴县学记》《答顾东桥书》《答聂文蔚》以及《大学问》等,这一现象值得注意。

本心本性,遂使人人之于良知实践都"功夫有得"。① 然须注意的是,其中提到阳明是以《大学》经典为论述主线,而非以综论天道人道的《易》《庸》为主轴,且与朱子特重《大学》的经典取向不谋而合,却是值得深思。当然,对于阳明的具体论述,仍需结合阳明遗著《大学问》来进行考察,此有待后述。

另一方面,对阳明而言,万物一体论不是理论上的一种设定而已,更是一种工夫指向,也是阳明一生付诸实践的思想动力。根据其门人的记述,阳明一生"冒天下之非诋推陷,万死一生,遑遑然不忘讲学",其因就在于阳明抱持着一种"一体同物之心"的信念。此处"一体"就是一体之仁,"同物"就是万物一体。在阳明门人的眼里,王阳明正是基于这一坚定的信念,所以才能做到"谆谆终身,至于毙而后已"。这说明"一体之仁"不只是概念,更是一种信念,是王阳明一生的学术活动、精神生活的动力源泉。

三 仁体即良知实体

就在稽山书院开讲之次年(1525),王阳明作《新民堂记》,集中阐发了"明德亲民合一"的思想,以为由此便可实现"大人之学"。关于"大人之学",王阳明从万物一体的角度进行了解释:"大人者,与天地万物为一体也。夫然后,能以天地万物为一体。"② 显然,此所谓"大人"亦即"仁者"之义,在其他场合,又与"圣人"同义,如阳明既讲"大人之心",又讲"圣人之心"。

同年,王阳明又连续撰述了《重修山阴县学记》以及《答顾东桥书》,阐发了万物一体的思想,后者末尾的一段文字后被独立抽出而命名为

---

① 《王阳明全集》卷三十五《阳明年谱》"嘉靖三年"条,第1290页。
② 《王阳明全集》卷七,第252页。

《拔本塞源论》，这是一篇被刘宗周颂扬为孟子之后"仅见此篇"的阐发万物一体思想的大文章。在《重修山阴县学记》当中，阳明从"圣人之心"的角度，明确指出："圣人之求尽其心也，以天地万物为一体也。"进而指出：天底之下，父子、君臣、夫妇、长幼、朋友等五伦若未能实现，都是"吾心未尽"的缘故，若能做到"尽心"，就可实现齐家治国平天下，因此"圣人之学不出乎尽心"，而结论是"圣人之学"的终极关怀就在于实现"以天地万物为一体"之境界。此处阳明将"万物一体"视作"圣人之心"（或"大人之心"）的先天存有来强调的，也就是说，圣人之"尽心"工夫固能以"万物一体"为指向目标，但其根源则在于圣人之心已经具备"以天地万物为一体"的仁体精神。由此可见，在阳明看来，"尽心"是仁体的呈现方式，因仁体即心体，可互摄亦可互显。正是在这个意义上，所以阳明特别强调"圣人之学不出乎尽心"。

另在《拔本塞源论》中，阳明亦从"圣人之心"讲起，并将"圣人之心"与"天下之人心"并列，认为两者本来并未"有异"，唯因"人心"易受"有我之私"或"物欲之蔽"的影响，遂致"人各有心"的分裂。于是，圣人"推其万物一体之仁以教天下"，最终可复归"心体之同然"。他说：

> 夫圣人之心，以天地万物为一体，其视天下之人，无外内远近，凡有血气，皆其昆弟赤子之亲，莫不欲安全而教养之，以遂其万物一体之念。天下之人心，其始亦非有异于圣人也，特其间于有我之私，隔于物欲之蔽，大者以小，通者以塞，人各有心，至有视其父子兄弟如仇雠者。圣人有忧之，是以推其天地万物一体之仁以教天下，使之皆有以克其私，去其蔽，以复其心体之同然。①

这里将"万物一体之仁"规定为圣人之心的本然状态，而且天下之人心在

---

① 《传习录》中《答顾东桥书》。本文以下凡引此篇，不再出注。

本来意义上亦与圣人之心是"同然"的,同样都先天地具备"一体之仁",这是由于"仁体"为任何人"性分之所固有,而非有假于外者"。

可见,阳明从心学立场出发,将"一体之仁"直接等同于"心体"或"性体"之本身,而一体之仁不仅是内在"心体",也是"万物一体"的实体存在。由此,一体之仁就不仅是"圣人之心"或"天下人心"的主观呈现,更是一种客观的本体存在。正是由于"一体之仁"而使宇宙万物能常处在"一体性""连续性"的联系当中,质言之,一体之仁就是宇宙万物有机联系中的"仁体",具有实在性。

阳明的遗著《大学问》也强调了"一体之仁"的实在性:

> 大人之能以天地万物为一体也,非意之也,其心之仁本若是,其与天地万物而为一也。岂惟大人,虽小人之心亦莫不然。……是其一体之仁也,虽小人之心亦必有之,是乃根于天命之性,而自然灵昭不昧者也,是故谓之"明德"。①

这里的"非意之""本若是""莫不然"等表述都是在强调一个观点:一体之仁并不有赖于后天人为的意识活动而存在,而是本来"若是"的,甚至是超越"大人"与"小人"之差异的普遍性存在。因此,即便是"小人之心",在本来意义上,也必存在"一体之仁"。理由很显然,因为一体之仁是本体实在,其实质就是"天命之性",就是"自然灵昭不昧者"(意同"良知"),也就是"明德"这一儒家伦理的基本德性,所以说,一体之仁即仁体、即良知、即天理,而仁体存在必具有普遍客观性。

进而言之,仁体的普遍客观性还表现为"其仁之与孺子而为一体也""其仁之与鸟兽而为一体也""其仁之与草木而为一体也""其仁之与瓦

---

① 《王阳明全集》卷二十六,第968页。本文以下凡引《大学问》,均见第967—972页,不再出注。

石而为一体也"；要之，一体之仁就是"天地万物一体之本然而已耳，非能于本体之外而有所增益之也"。此处"本体"即指一体之仁。按照这里的表述，不是说"人心"与草木瓦石为一体，而是说"仁体"与草木瓦石为一体，即"其仁与万物为一体"，故"仁"便具有了与宇宙万物同在的"本体"意义。因为本体是"本然"具足的，因此不能亦不可对此"有所增益"，反之，若可"增益"者则非本体而是经验现象物。至此可得出一个结论，王阳明的"一体之仁"是一项本体论的论述，正如上面提到的，仁心即天心，而天地之心这一宇宙本体才是万物一体得以成立的依据。

四　一体之仁的实践性

须指出，"一体之仁"还具有工夫实践的重要特征。因为一体之仁不仅是一种哲学观念，更与人的社会存在、生命实践密切相关，故必落实为道德或政治领域的工夫实践。重要的是，一体之仁可以贯通道德与政治的实践领域，将两者打通为一，这与阳明学的良知实践论这一思想品格是一脉相承的。

如上所示，阳明在《亲民堂记》便已提出"明德亲民合一"论，在阳明看来，"明德"领域的道德实践与"亲民"领域的政治实践并不存在任何阻隔。其后阳明在《大学问》中对此有更集中的阐发。《大学问》开端三章主要围绕"明明德""亲民""止于至善"的问题进行了富有独创性的思想诠释，其独创性就表现在阳明运用"一体之仁"的观念来贯穿《大学》"三纲领"的理论联系。他说：

> 明明德者，立其天地万物一体之体也；亲民者，达其天地万物一体之用也。故明明德必在于亲民，而亲民乃所以明其明德也。

这是说"一体之仁"有体用两个层面的表现，从"体"上讲，就是"明德"，从"用"上讲，就是"亲民"；由于"明明德"的道德实践必然展现为"亲民"的政治实践，因此"亲民"可以是实现"明其明德"的行为场所。

根据阳明在这里的讲法，明德亲民的联系是以"一体之仁"为基础的，这种联系又表现为"体用"关系。根据"有体必有用""由用以显体"这一宋明理学的思维模式，明德之"体"必展现为亲民之"用"，反之，亲民之"用"必呈现出明德之"体"。但是，这种"体用"论不是平行的逻辑关系，而是纵向的"即体达用""即用显体"的实践关系，故所谓"体用"必须建立在一体之仁的基础上才有可能。

在阳明看来，朱子便缺乏这一立论的基础，所以尽管朱子也说"明德为本，新民为末"[1]，试图以"本末"来建立明德亲民的联系，但在阳明看来，朱子之说并不成立，因为他是先将明德亲民预设为"两物"，然后再试图用"本末"来贯穿。应当说，阳明的判断是富有洞察力的，他在《大学问》中尖锐指出：

> ……而曰"明德为本，亲民为末"，其说亦未为不可，但不当分本末为两物耳。夫木之干谓之本，木之梢谓之末，惟其一物也，是以谓之本末。若曰两物，则既为两物矣，又何可以言本末乎？新民之意，既与亲民不同，则明德之功自与新民为二。若知明明德以亲其民，而亲民以明其明德，则明德亲民焉可析而为两乎？

依阳明，由于朱子缺乏"一体之仁"的观念，故其所谓"本末"就难以确立。按上述"木干木梢"之喻，阳明认为"一体之仁"是木，由此出发，才可说明德是木之干而亲民是木之梢，于是，明德亲民是同一棵树木上的分枝，而此树木则是喻指"一体之仁"。

因此，唯有从"一体之仁"出发，明德亲民才有可能同时落实：

---

[1] 《大学章句》第一章，《四书章句集注》，第3页。

> 是故亲吾之父，以及人之父，以及天下人之父，而后吾之仁实与
> 吾之父、人之父与天下人之父而为一体矣；实与之为一体，而后孝之
> 明德始明矣！亲吾之兄，以及人之兄，以及天下人之兄，而后吾之仁
> 实与吾之兄、人之兄与天下人之兄而为一体矣；实与之为一体，而后
> 弟之明德始明矣！君臣也，夫妇也，朋友也，以至于山川鬼神鸟兽草
> 木也，莫不实有以亲之，以达吾一体之仁，然后吾之明德始无不明，
> 而真能以天地万物为一体矣。夫是之谓明明德于天下，是之谓家齐
> 国治而天下平，是之谓尽性。

此处末尾出现的"以达吾一体之仁"，其实是前面观点论述的前提设定，因为，实践由亲民始，而后"明德始明矣"，由"吾之明德始无不明"而后"真能以天地万物为一体矣"，都须以一体之仁为前提，又是以实现一体之仁为旨归。

重要的是，由明德亲民的实践而最终实现治国平天下这一"外王"理想，也就等于"内圣"的实现，也就意味着"尽性"。按上引阳明所言，一体之仁就是"天命之性"，故仁体即性体，于是，"尽性"也就是一体之仁、万物一体的最终实现。

五 一体之仁的批判性

王阳明由"一体之仁"重构"万物一体论"，还蕴含着强烈的现实批判精神。在阳明所有的文章中最充满激情的一篇文字就是上面提到的《拔本塞源论》，而其激情则表现为痛批孔孟以降的末学支离，严斥追逐知识技能而导致人心失序等社会现象，为从根本上扭转这些错误的社会现象，阳明认为只有重新提振心体同然的一体之仁，以祛除有我之私、物欲之蔽，才有望实现"万物一体之仁"的理想社会。

阳明认为，在"心学纯明"的三代社会，人人都能做到"全其万物

一体之仁",因此人人"精神流贯、志气通达,而无有乎人己之分、物我之间",也就是说,在"心学纯明"的社会,绝不会存在人与人之间的纷争,人与自然、人与万物之间的疏离、割裂等一切现象,这里所说的"流贯""通达",其所以可能的依据便是"心体"亦即"仁体"。显然,王阳明采用的是一种历史倒叙法,从对现实状况的不满出发,遥想远古时代就是"一体之仁"的理想时代,进而以此为据,抨击"三代之衰""孔孟既没"之后的社会历史怪象,如"王道熄而霸术焻""圣学晦而邪说横",导致"教者"不复以一体之仁为"教"、"学者"不复以一体之仁为"学"。于是,"功利之心""功利之见"形成的"功利之毒"逐渐"沦浃于人之心髓,而习以成性也"。更为痛心疾首的是,这类现象"盖至于今"已经蔓延了"几千年矣",其具体表现为人人相矜、相轧、相争、相高、相取于知识、权势、私利、技能、声誉等一系列怪异现象,导致人己物我的关系完全割裂,一体之仁的精神丧失殆尽。

在《拔本塞源论》的最后,阳明表示现实虽不理想,"士生斯世"也不免陷入"劳苦而繁难""拘滞而险艰"的困境,但是世上有一条普世真理存在:"天理之在人心,终有所不可泯,而良知之明,万古一日。"因此,只要听到以"一体之仁"为旨趣的"'拔本塞源'之论",必然有人"恻然而悲,戚然而痛,愤然而起,沛然若决江河而有所不可御者矣!"阳明表示,他真正期待的就是这样的"豪杰之士"现世,除此之外,"吾谁与望乎"!这几乎就是孔子的"吾非斯人之徒与而谁与"的情怀表达。因此,王阳明的"一体之仁""万物一体"的思想充分体现出儒家传统的人文关怀精神,表明"一体之仁"不仅是宇宙万物的有机联系,更是人文社会的有机联系。

至此可以看出,王阳明的万物一体论充满对社会沉沦、知识割裂以及士人堕落等现象的批判精神,在这个意义上可以说,王阳明的万物一体论又是社会批评理论。阳明通过这一理论的阐发,表达出一种深切的期盼:通过社会批评以促使人们反省、重现发现良知、铲除功利之毒、回归仁学传统,进而重建一体之仁的人文社会。

六 结语：天下视域的伦理学

从理论形态看，"万物一体"与"天人合一"这组概念具有"家族相似性"。尽管在历史上，这两个概念的正式出现是迟至11世纪才有的事，然而依余英时之说，"天人合一"的观念在中国每一个时代（从先秦到宋明）的主流思潮中都构成了怀德海所谓的"基本预设"之一，可谓是"中国思想史上一个重要的基调"。①的确，按照其师钱穆的晚年定论，"天人合一"的观念"实是整个中国传统文化思想之归宿处"，故他"深信中国文化对世界人类未来求生存之贡献，主要亦即在此"。②

钱穆在此虽未提及"万物一体"问题，然而余英时在考察先秦时代"天人合一"问题时，却以"万物一体"观为例来论证轴心时代哲学突破之后的春秋时期出现了一种新"天人合一"观。他指出这种新"天人合一"观主要有三种典型的观点表述，即本文开头所引的孟子、庄子和惠施的三段话。③如果说"万物皆备于我"这一孟子的说法乃是新"天人合一"观的典型表述，那么万物一体也可以说是"中国思想史上一个重要的基调"。④然而，16世纪才出现的王阳明"一体之仁"的思想究竟应当如何在历史上加以定位呢？

向来认为，程颢和阳明的万物一体论可以上溯至孟子的"万物皆备于我"。然而，三者之间的观点论述是存在异同的，其异者不必多言，就

①　余英时：《论天人之际：中国古代思想起源试探》，台北：台湾联经出版公司，2014年，第172页。

②　关于钱穆的晚年定论参见余英时：《论天人之际：中国古代思想起源试探》，第72—73页。

③　余英时：《论天人之际：中国古代思想起源试探》，第186—187页。

④　天人合一与万物一体是否具有理论上的整合性，似可另说。不过，余英时指出"新'天人合一'观"的"天"乃是"道一气世界"，因此在实践上便由"绝地天通"的问题转换为如何与"道"融合为一的问题（参见余英时：《论天人之际：中国古代思想起源试探》，第184页）。这是一项重要论断。

其同者而言,则可以"仁"字来归纳。在孟子"万物皆备于我。反身而诚,乐莫大焉。强恕而行,求仁莫近焉"的这段表述中,"诚""恕""仁"显然都是儒家的核心价值,特别是"仁"构成了孟子"万物一体"观的归趣所在,因为"万物皆备于我"必然指向"求仁"。可见,由程颢"仁者浑然与物同体"到王阳明"万物一体之仁",都与孟子"万物皆备于我"具有思想同源性,已是不可争辩的事实,因为其中的关键就在于"仁"。

不过,"万物皆备"一说,素称难解。因为从哲学上看,人与物例如人与山川草木是无法相融为一的,而且人与神或人与"他者"在终极意义上也同样难以实现相融无间、合为一体(除了某些神秘主义宗教外)。另一方面,如果仅从内心建立与世界的联系显然也是不够的,唯有意识到自身是处于"存有的全体"之中才是重要的。[1]至于孟子所言"万物皆备",其实与"求仁"实践有关,这就与其通过"尽心知性知天"的工夫实践,打通天道人心的思想理路是吻合的。

可是,朱子却试图将孟子"万物皆备于我"做存在论命题来理解,他表示万物本身无法融入主体之我当中,因此唯有在"物"之后添一"理"字——即万物之理皆备于我,其义始通。他的理由是"理"才是"无一不具于性分之内"的实体存在。[2]然而这是一种理学式的存在论解释,将万物的同一性诉诸"理"的同一性,反映了朱子理学的思维方式。在我们看来,理解孟子"万物皆备"说的关键不在于"理"而在于"仁",这也是把握儒学传统中的"天人合一"[3]或"万物一体"观的关键所在。

尽管阳明的万物一体论源自孟子,但事实很明显,依阳明,"一体之

---

[1] 雅斯贝尔斯(Karl Jaspers, 1883—1969)认为轴心突破后的"哲学家"才具备了意识到自身处于"存有的全体"之中的能力。转引自上引余氏书,第41页。

[2] 《孟子集注》卷十三,《四书章句集注》,第350页。

[3] 尽管自程颢说出"天人本无二,不必言合"以来,宋明道学思潮中直言"天人合一"者并不多见,查《王阳明全集》并未出现"天人合一"一词,相比之下,"万物一体"则俯拾皆是。然而这并不意味着"天人合一"的观念从此消失,其实在明代心学传统中,有关天道与人道、天心与人心、天理与良知的整体性思考从未绝迹则是可以肯定的。

仁"才是万物一体论成立的依据，正是由于"一体之仁"才使万物与人类、天道与人性构成了一体同在的"同一性"。同时，由于"一体之仁"就是仁体也是良知天理，故阳明学万物一体论具有仁学存在论的普遍意义。另一方面不可忽视的是，"一体之仁"又具有工夫指向的实践意义，既指向仁者的精神境界，更是指向一体之仁的社会共同体的重建。

从根本上说，阳明学基于"一体之仁"所重建的"万物一体论"也就是"仁学一体论"，正是在仁学意义上，仁体被置于存有的连续性维度之中，展现出人与万物的一体连续性。重要的是，根据"一体之仁"的人文精神，阳明强调了"一夫不获，若己推而纳诸沟中"[1]，"使有一物失所，便是吾仁有未尽处"[2]的观点，这个观点表达可谓是儒家的天下主义伦理学。因为，对儒家而言，所谓"天下"，主要不是"溥天之下，莫非王土"这类的王权论主张，而是一种宇宙论，更是一种伦理学；而对阳明来说，"天下"则可从良知立论，因为良知本体正是"天下古今之所同也"[3]，可以超越时空的限制，故其良知心学其实就是一种天下主义的普遍伦理学，不是那种基于民族学或国族论意义上的特殊道德论。

须强调的是，仁学一体论所展现的"天下主义"人文精神，正可包容多元性的"他者"，而多元"他者"的差异性不是被"一体"所吞没或抹杀，相反，"一体"与"多元"可以构成"多元一体性"的具体关系，因为其基础是"一体之仁"。要之，这种以"一体之仁"为旨归的普遍伦理学或可使个体性的良知实践凝聚成共建人类共同体的伦理基础；但是，这种"一体之仁"的普遍性并不是从特殊道德传统当中抽象得出，从而覆盖特殊性，相反，仁学普遍性适可安顿各种道德的特殊性，因为它源自而又扎根于道德传统的具体性。

最后须指出，仁学一体论的理论意义在于：天道性命是一体同在，人

---

① 《传习录》中，第179条。
② 《传习录》上，第89条。
③ 《传习录》中，第179条。

己物我更无隔阂，道德生命与宇宙生命不可分割。而其理论的实践意义则在于：基于"一体之仁"的伦理普遍性立场，重建宇宙万物与人类社会的整体联系，即重建文明世界的互为他者、彼此包容的整体性和一体性，进而推动不同文明以及文化传统的对话，既可展现人类伦理生活的丰富性，又可促进朝着"一体之仁"的方向前行，以求实现个人的道德理想人格以及人与宇宙万物和谐共存的理想世界。

（原载《哲学研究》2017 年第 1 期）

心学道统论
——以"颜子没而圣学亡"为中心

【内容提要】王阳明的"颜子没而圣学亡"这句论断有悖于理学道统论所建构的"孟轲死，圣人之学不传"的道统传承谱系，被认为是儒学史上的"千古大公案"（王畿语）。阳明及其弟子王畿从良知心学的立场出发，通过对颜子学的重新解释以重建"心学道统论"，强调道统须建立在"心体"的观念基础之上，由于心体是普遍超越的，故道统不再受时空局限而具有不断传承下去的"连续性"，但这种连续又不是"个人化"的私密传统，而应具有向任何人都敞开的"开放性"；它作为儒学精神传统既是历史文化的产物，同时存在于人们"生身受命"的过程中，故道统又具有"实践性"；道统也绝不是少数掌握儒家经典的知识权威才有资格接续，更不是拥有"政统"的政治权威者可以独占，因而道统具有独立于知识领域和政治领域的"独立性"。

引言："道统"何以成了问题

"道统"者，儒家圣人之道之统绪也，这是历来的解释，按今天的说法，儒家道统是指儒学精神或儒学价值之传统。历史上，自唐代韩愈（768—824）提出道统说以来，道统便成了儒家文化的精神与价值的象征。他在《原道》一文中明确宣称"斯吾所谓道也,非向所谓老与佛之道也",于是,儒家的道统重建便意味着须通过排斥佛老,以使儒学在思想文化的舞台上重新占据主角的地位;另一方面,道统经历了尧舜至孔孟代代相传的传承谱系,直至"轲之死,不得其传焉"[1],从而发生了道统中断。由此,韩愈的原型道统论便具有两个基本特质:一是道统在重建过程中,具有"排他性";一是道统在历史发展过程中,具有"非连续性"。

宋初元丰八年(1085)程颢卒后,其弟程颐及其程门弟子开始宣扬一种新道统论,既继承了韩愈的道统谱系的说法,同时又没有将韩愈列入其中,认为孟子之后能重新接续道统者非程颢莫属。[2]南宋淳熙六年(1179)以及淳熙十六年(1189),朱熹在上疏文及《中庸章句序》中则将周(周敦颐)、程(程颢、程颐)安排在孟子继任者的位置上,历来以为宋代道学史上的儒家道统论得以确立便以此为标志。程朱道学的新道统论(又称理学道统论)亦有两项基本特质:一方面,"道"即儒家圣人之道,具有不同于佛老之道的"独立性"与"排他性";另一方面,"道"存在于圣人之学当中,由于圣学传统时断时续,从而使道统具有"非连续"中的"连续性"。

但是在20世纪50年代以降随着海外"当代新儒学"的兴起,出现了重建"道统"的思想主张,而在近三十年来,围绕道统问题,我们至少可

---

① 钱仲联、马茂元校点:《韩愈全集·文集》卷一《原道》,上海:上海古籍出版社,1997年,第122页。

② 程颐《明道先生墓表》:"周公没,圣人之道不行;孟轲死,圣人之学不传。……圣人之道得先生(按:程颢)而后明。"(《二程集》,第640页)程颐《明道先生行状》亦载:"孟子没而圣学不传,(程颢)以兴起斯文为己任。"(同上书,第638页)又,程门弟子刘立之亦说:"自孟轲没,圣学失传。……先生(按:程颢)杰然自立于千载之后,芟辟榛秽,开示本原,圣人之庭户晓然可入,学士大夫始知所。"(同上书,第329页)程门弟子朱光庭指出:"呜呼!道之不明不行也久矣。自子思笔之于书,其后孟子倡之。轲死而不得其传……自孟轲以来,千有余岁,先王大道得先生而后传。"(同上书,第332页)北宋末胡安国(1074—1138)在一篇奏疏中竭力表彰二程:"然孔孟之道不传久矣,自颐兄弟始发明之,而后其道可学而至也。"(同上书,第348页)这些思想动向表明自11世纪以降,在宋代道学内部出现了一种新道统论,认为中断一千余年的道统至二程得以复续。

以找到两个影响较大、方向对立的"道统"论述及其批判：

一是以为道统叙述作为学术思想史的建构，其真实性和可靠性是令人怀疑的。理由很明显，由尧舜至孔孟在时间上相隔数千年，我们何以能根据确凿的经验史料来证实这一史学建构为"信史"？既然无法以史料为基础来证实这段俨如"家谱"一般代代相传、有名有姓的谱系史，便必然发生道统的时续时断的奇怪现象，于是"道统"便不免成了后世儒者借以作为自己的"主义"主张的一种口实而不免大幅增强了此说的随意性、神秘性，甚至有将道统"私有化"之可能。[1]

一是以为儒家的道统论述并不是严格意义上的学术史的谱系建构，而是儒学精神史的一项重建，意在强调圣人之道作为中国传统文化的一种精神存在必然具有绵延不绝的传承历史，以此证明儒家圣人之道拥有犹如"万古一日"一般的永恒性、普遍性。也正由此，故在"天下无道"的社会时代，"道"之传授虽然会发生一时中断的现象，但是只要坚信"道"之存在的永恒性和普遍性，我们就不必担心"道"会消失死亡，相应地，我们更要重新树立起"天下无道"必然会趋向"天下有道"的信念，终有一天，"道统"作为儒学价值观之体现的文化传统必能重现光明。

上述两种不同的解释取向正反映了现代学术界的两种不同声音，前者代表了"思想史家"的见解，而后者则代表了"哲学家"（狭义当代新儒家）的见解。由前者之见，所谓"道统"只能理解为中国文化的"大传统"，而有"文化大传统即是道统"说，以为唯有如此，道统说才能获得文化思想史意义上的"客观"性，既不至于陷道统于"一线单传"的危险之

---

[1] 清中期袁牧（1716—1797）尖刻地指出"'道统'两字是腐儒习气语"，韩愈宣扬"道统"，其用心"隐然以道统自居也"，而踵韩愈之后的朱子，其用心同样"亦欲居之"而已（《小仓山房尺牍》卷六《答是仲明》，《丛书集成三编》第77册，台北：新文丰出版公司，1987年，第540页）。顺便一提，方克立批评当代新儒家（又称海外新儒家），认为当代新儒家固执道统观念，其用心在于"自居'道统'"。参见方克立：《展望儒学的未来前景必须正视的两个问题》，《天津社会科学》1991年第1期。

境,也不至于再有"中断之虞"。① 依后者之见,道统可由中国的"心性之学"或"德性之学"为代表,大致有两说为证:一则如 1958 年新儒家《宣言》开宗明义所言"心性之学乃中国文化之神髓所在",而此中国文化自有"一脉相承之统绪","此即所谓道统之相传";一则如牟宗三言简意赅的定义:"中国'德性之学'之传统即名曰'道统'。"② 要之,道统原本是一精神史概念,虽然不能脱离文化传统而言,但是此文化之"神髓"表现为特殊的"心性之学"或"德性之学",故道统的内涵必存在于心性传统之内。对此,有学者指出,这种道统观有可能变为儒学传统的"秘传",只不过是当代新儒家自以为是的一种标签,即只有极少数对心性价值之源的本体界有"内证"(圣域)体验之人的专利,对于绝大多数芸芸众生处于第二义以下的现象界(凡境)之人而言,则并无资格与"道统"发生任何联系。③

由钱穆至余英时对新儒家的心性道统论的质疑与批评,也促使当代新儒家不得不做出相应的反省,例如就在余英时发表《钱穆与新儒家》一文引发学界激烈"震荡"之际,李明辉撰文在提出批评性回应的同时,也不得不坦承"道统谱系之建立并无本质的意义"④,这一宣示表明作者充分意识到中国文化之"统"并不能"抽象地说",而应当置于"历史发展的具体过程中始能言'统'",这就意味着"道统"并不存在什么"秘传"的神

① 钱穆:《中国学术通义》,台北:台湾学生书局,1993 年增订本,第 94 页。按:余英时称钱穆此说为"思想史家的道统观",有别于"哲学家的道统观"(指狭义新儒家如熊十力、牟宗三等人的道统观),参见其著:《钱穆与新儒家》,原载《犹记风吹水上鳞》,台北:三民书局,1991 年;收入《钱穆与中国文化》,桂林:广西师范大学出版社,2006 年,第 46 页。

② 参见唐君毅:《中华文化与当今世界》所收《为中国文化敬告世界人士宣言》,台北:台湾学生书局,1975 年,第 876—877 页;牟宗三:《生命的学问》,台北:三民书局,1970 年,第 61 页。

③ 余英时:《钱穆与中国文化》,第 69 页。

④ 李明辉:《当代新儒家的道统论》,1993 年 8 月在香港"第三十四届亚洲及北非研究国际会议"宣读,后载《鹅湖月刊》1994 年 2 月第 224 期,收入其著:《当代儒学的自我转化》,台北:"中研院"中国文哲研究所,1995 年;北京:中国社会科学出版社,2001 年,第 153 页。

秘性，而可以作为儒家文化的精神史概念来理解。当然，李的这个说法并不意味其放弃了牟宗三在"外工"三书及在《略论道统、学统、政统》[①]一文中有关"三统"叙述的基本预设。

在李明辉一文发表的次年，另一位重量级新儒家代表人物刘述先对余文做出了更全面系统的响应，明确表示"我并不赞成多说道统"，理由是"多说道统，容易表现成为一种'我比你神圣'（holier than thou）的态度，徒然引起反感，并没有什么好处"。他根据自己的观察，20世纪80年代以降，"当代新儒家的重心，由于种种原因，逐渐由道统的担负，转移到学统的开拓、政统的关怀"[②]。这个观察结果令人寻味。然而刘的这个说法或与牟宗三的一个固有观点有关，即牟先生认为中国文化传统已发展出成熟的"道统"，但是虽有"治道"却无"政道"，虽有学术传统却缺乏知识系统，导致"政统"与"学统"向来并不发达的后果，故有必要经过"良知自我坎陷"以"开出"新外王，即"政统"与"学统"（特指现代意义上的民主与科学）。[③]

须提及的是，刘述先之师方东美（1899—1977）对儒家道统观历来很反感，且有严厉批评："讲'道统'，易生肤浅、专断、偏颇的流弊；讲学统则无此病。"他断言宋儒道统观在理论上没有任何建设性，因为它"既不是批评性的，也不是研究性的，而是一种武断的信仰"。故其主张当以

---

① "外王"三书，系指牟宗三的《历史哲学》《政道与治道》《道德的理想主义》，而《略论道统、学统、政统》一文则见《生命的学问》。

② 刘述先：《当代新儒家的超越内省》，原载《中国文哲哲学通讯》第五卷，1995年9月第3期；《中国文化》1995年12月第12期，后收入刘述先：《儒家哲学研究：问题、方法及未来开展》，上海：上海古籍出版社，2010年，第89、93页。

③ 关于牟宗三以及当代新儒家的三统说、"坎陷"说、"开出"说的相关评论，参见刘述先主编：《当代新儒学论文集：外王篇》，台北：文津出版社，1991年；杨祖汉主编：《儒学与当今世界》，台北：文津出版社，1994年；李明辉主编：《牟宗三先生与中国哲学之重建》，台北：文津出版社，1996年。有关牟宗三对"内圣外王"的现代阐释，可参见李明辉：《儒学与现代意识》"序言"，台北：文津出版社，1991年。

"学统"代"道统"或"称'道统'不如称'学统'"的观点。① 不过，促使刘述先反省道统问题的机缘是否与方东美有关，不得而知，但与其20世纪90年代回应余英时的新儒家批判则有直接关联。事实上，早期刘述先在朱子哲学研究过程中，仍相当坚决地以为儒家道统必须"当作一种慧解的印证看待"，而与"考古、历史、考据的问题都不是十分相干的问题"②，此"慧解"一说亦即余英时屡屡批评的新儒家将道统传承当作个人心性之"体证"的观点。同样，此后一句所谓道统与"历史"的问题不甚相干之说，也极易引起"思想史家的道统观"论者的反感。然而值得注意的是，同为哲学史家的陈荣捷对道统的了解却与刘述先可谓不谋而合，尽管与钱穆相比，陈荣捷的学术趋向与当代新儒家的距离更远，他从来没有获得过"当代新儒家"（广义）的"殊荣"。陈荣捷指出：

> 道统之绪，在基本上乃为哲学性之统系而非历史性或经籍上之系列。进一步言之，即道统之观念，乃起自新儒学发展之哲学性内在需要。③

这是说，道统属于"哲学性"的观念，而与"历史性或经籍上之系列"不相干，这与上引刘述先的观点如出一辙。应当说，此有关道统的"定义"是可以充分理解和接受的。因为事实的确如此，从根本上说，儒学的道统观乃一哲学性的观念建构，而非历史学意义上的史实重建，更无法根据"字义明而义理明"的考据方法来证实。当然，与刘、陈两人之见

---

① 方东美：《新儒家哲学十八讲》，台北：黎明文化事业公司，1983年，第35、51页；大陆简体字版：北京：中华书局，2012年版，第31、47页。按：该书主要汇编自1976年在辅仁大学最后一学期的讲义，其中以第一至第四讲的大量篇幅，力斥宋儒及至"今儒"所建之"道统"之虚妄而主张重建"学统"，然于"政统"则并无一语涉及。

② 刘述先：《朱子哲学思想的发展与完成》，台北：台湾学生书局，1982年，第425—426页。

③ 陈荣捷：《朱熹集新儒学之大成》第二节"道统观念之完成"，载《朱学论集》，台北：台湾学生书局，1982年，第17页。

解不同的余英时也不至于天真地认为"道统"必诉诸"考古、历史、考据"的问题领域始能成真，余之所以对新儒家道统论深表不满，意在借此问题来批评新儒家往往容易堕于"良知的傲慢"，而在这种批评的背后当有更复杂的学术分歧等因素存在，对此，我们已不必做无谓的揣测了。

对于大陆学者而言，有关当代新儒家"道统"论的形成及其发展等问题，往往有"不识庐山真面目"之感，其原因不是"只缘身在此山中"。相反，恰恰是"身在此山外"，即大陆学者与 20 世纪 50 年代以来港台新儒家的历史隔阂与思想错位所致，而这种隔阂感、错位感之产生，与不同的学术取向、政治背景有很大关联，如何消解这些不同，唯有不断加强对话、互相学习。至于当代新儒家的某些学者依然提倡道学政（道统、学统、正统）"三统并建"说，则不免令人疑虑。倘若我们对刘述先不宜"多说道统"的主张取赞同之立场，那么似乎就不必重弹"并建"的老调。

本文将本着"学术性儒学"的研究立场 ①，旨在考察王阳明及其弟子王畿的心学道统论的思想内涵及其重建过程，指出二王的道统论将圣人之道、圣人之学的问题置于心学视域中加以重新审视，在基本认同儒家道统的"独立性"及"连续性"的同时，更为强调道统作为儒学文化精神具有内在于人心及日常生活之中的"普遍性""开放性"以及"实践性"等重要特征，并力图揭示心学道统论的既不同于韩愈原型道统论，又有别于程朱理学道统论的思想特质及其理论意义。在今天，通过回访心学道

---

① 刘述先对历史上的儒学形态曾有三分说：精神的儒家（spiritual Confucianism）、政治化的儒家（politicized Confucianism）、民间的儒家（popular Confucianism）。参见其文：《儒学的理想与实际——近时东亚发展之成就与限制之反省》，原刊《鹅湖月刊》总第 292 期，1999 年 10 月，载其著：《儒家哲学研究：问题、方法与未来开展》，第 400 页。按：刘述先认为"道统"主要存在于"精神的儒家"，而"政统"则存在于"政治化的儒家"（《当代新儒家的超越内省》，同上书，第 81 页）。陈来在"当前新儒学的三种存在方式"的讨论中，提出"学术儒学""文化儒学""民间儒学"三分法，其中"学术儒学"盖指当今对传统儒学进行学术研究的一种形态（陈来著，翟奎凤编：《陈来儒学思想录：时代的回应和思考》，上海：华东师范大学出版社，2014 年，第 105 页）。我以为"学术性儒学"应当涵指儒学的历史形态，包含对儒学的学术思想研究，特别是儒家的经学传统构成其重要内涵之一。

统论这一重要传统，可以从中汲取批判性的思想资源，或有助于我们反思道学政"三统并建"何以可能等问题。

一 心学谜案："颜子没而圣学亡"

明正德六年（1511），王阳明在《别湛甘泉序·壬申》一文中提出了一个惊世骇俗的观点："颜子没而圣人之学亡。"[①] 不妨称之为心学道统论。须指出，阳明的这个论断距其"龙场悟道"仅隔三年，故必定与其悟道有重要关联。那么何以是"谜案"呢？因为就在这句判断之后，阳明接着又说"曾子唯一贯之旨传之孟轲终，又二千余年而周程续"。无疑地，这是人们耳熟能详的程朱理学的经典道统论述，即理学道统论。于是，在心学道统论与理学道统论之间，存在难以兼容的解释困难，构成观念上的紧张。此即说，倘若"颜子没而圣学亡"为真，那么曾子至孟子的道统传授又如何可能？进言之，周程又何以可能复续孟子而非颜子以来的失传之道统？更有甚者，阳明良知教难道不是从孟子学而是从颜子学那里接续而来的吗？不得不说，"颜子没而圣学亡"构成了阳明心学史上的一大谜案，若按王畿的看法，岂止是心学"谜案"，更是儒学史上的"千古大公案"。（详后）

所以，若干年后的阳明南京讲学期间（1514年前后）[②]，其弟子陆澄便

---

① 《王阳明全集》卷七，第230页。按：《全集》题作"壬申"（1512），据《阳明年谱》，辛未（1511）十月，阳明送别甘泉。管见所及，对阳明"颜子没而圣学亡"之命题进行专题探讨的论文仅有两篇，吕妙芬：《颜子之传：一个为阳明学争取正统的声音》，《汉学研究》第十五卷第1期，1997年6月，后收入其著：《阳明学士人社群——历史、思想与实践》，台北："中研院"近代史研究所，2003年；［日］柴田笃：《"颜子没而圣学亡"を意味するもの——宋明思想史における颜回》，《日本中國學會報》第51集，1999年。吕文将此命题置于阳明学派的自我定位这一独特问题领域来加以审视，而柴田一文侧重于考察宋明思想史上有关颜子之学的历史地位问题。有关阳明后学王畿对心学道统论的重构问题，两文都不免有所忽略。

② 参见《传习录》上第44条"澄在鸿胪寺"条，据《阳明年谱》，正德九年（1514）四月，阳明升南京鸿胪寺卿。

对阳明此说表示了"不能无疑"的怀疑态度,对此,阳明则以"见圣道之全者惟颜子"①作答。王畿则坦承"师云'颜子没而圣人之学亡',此是险语"②,以为若非善解便可能导致重大误解:似乎阳明良知教与孟子并无任何思想关联,甚至可以将孟子剔除在道统谱系之外。另一方面,王畿对此"险语"提出了独到的心学诠释,充分揭示了阳明这项新道统论述的义理所在。故就结论言,上述"谜案"的谜底就在王畿的心学阐释当中。

为方便后面的讨论,我们先将《别湛甘泉序》的原文要旨摘录如下:

> 颜子没而圣人之学亡。曾子唯一贯之旨传之孟轲终,又二千余年而周程续。自是而后,言益详,道益晦,析理益精,学益支离无本,而事于外者益繁以难。……而世之学者,章绘句琢以夸俗,诡心色取,相饰以伪,谓圣人之道劳苦无功,非复人之所可为,而徒取辩于言词之间。古之人有终身不能究者,今吾皆能言其略,自以为若是亦足矣,而圣人之学遂废。则今之所大患者,岂非记诵词章之习!而弊之所从来,无亦言之太详、析之太精者之过欤!夫杨墨老释,学仁义,求性命,不得其道而偏焉,固非若今之学者以仁义为不可学,性命之为无益也。居今之时而有学仁义,求性命,外记诵辞章而不为者,虽其陷于杨墨老释之偏,吾犹且以为贤,彼其心犹求以自得也。夫求以自得,而后可与之言学圣人之道。某幼不问学,陷溺于邪僻者二十年,而始究心于老释。赖天之灵,因有所觉,始乃沿周程之说求之,而若有得焉。顾一二同志之外,莫予翼也,岌岌乎仆而后兴。……③

---

① 《传习录》上,第77条。

② 《王畿集》卷一《抚州拟岘台会语》,第16页。另一位阳明大弟子邹守益(1491—1562)也透露当时学者对阳明"颜子没而圣学亡"的观点"往往疑之"(邹守益:《东廓邹先生文集》卷四《正学书院记》,《四库全书存目丛书》集部第66册,第29页)。

③ 《王阳明全集》卷七,第230—231页。

这段话所含之信息非常丰富。从中可以看到，阳明晚年发明"致良知"之后，于嘉靖四年（1525）向友人透露的"赖天之灵，偶复有见，诚千古之一快"①的愉悦心情其实早在十余年前既已表露无遗了。因为1511年《别湛甘泉序》所说"赖天之灵，因有所觉"与1525年《书魏师孟卷》所言"赖天之灵，偶复有见"并非二事，应当都是指"吾良知二字，自龙场已后，便已不出此意"②这场生命彻悟。设若上述两篇文献中的"赖天之灵"是分指两次思想觉悟，则恐怕反而是令人费解的。明确了《别湛甘泉序》这篇文字的思想背景，我们有理由断定"颜子没而圣学亡"必是阳明在领悟了良知之后才有的道统新论。

由此，我们对阳明为何说"颜子没而圣人之学亡"的孤心苦诣便可有所了解。无疑地，这里的"圣人之学"与多次出现的"圣人之道"基本同义，是贯穿整篇文字的核心概念。在阳明的观念当中，"圣人之学"是与那些追求"析理益精，学益支离""章绘句琢""记诵词章"之学正相背反的根本学问，即孔孟儒家以仁义性命为根本追求的"自得"之学。由此反观"颜子没"一句，则颜子之学应当就是原本意义上的圣人之学。问题是，难道曾子传孟子的"唯一贯之旨"就不是圣人之学吗？

"一贯之旨"典出《论语·里仁》："子曰：'参乎！吾道一以贯之。'曾子曰：'唯。'"历来以为，这里的"道"即指圣人之道，孔子将这层道理传给曾子，而曾子之后能接续此"道"者便是孟子。这些都早已是儒学史的一般常识。而韩愈的道统论只说孔传孟，而在孔孟之间既不见曾子更不见颜子之名。可见，在韩愈的道统论述中，孔孟之间的传承并不见曾子及颜子之名，直至淳熙十六年（1189）朱子《中庸章句序》才将儒家道统理论化③，朱子首先肯定了早期中国传统文化史上"盖自上古圣神继天立

---

① 《王阳明全集》卷八《书魏师孟卷·乙酉》，第280页。

② 《王阳明全集》卷四十一《刻文录叙说》，第1575页。

③ 20世纪80年代，陈荣捷谓"朱子于淳熙十六年第一次采用道统一词"（《朱熹集新儒学之大成》，载《朱学论集》，第17页），从文献学的角度言，此说并不严密。据考，（转下页）

极，而道统之传有自来矣"的道统观，继而明确指出孔子之后，"惟颜氏、曾氏之传得其宗"，其后传至子思、孟子而发生中断，至宋初二程始得以"续夫千载不传之绪"。可见，颜、曾并列于道统谱系当中，这是朱子的固有观点。只是相对于曾子传子思而有《中庸》（应当亦含《大学》）之作而言，至于颜子在道统史上留下了哪些具体的思想遗产，《中庸章句序》并未明言。这就在道学史上，留下了颜子所传究为何学的一大"公案"。

反观阳明所言"颜子没而圣人之学亡。曾子唯一贯之旨传之孟轲终，又二千余年而周程续"两句，其实也没有透露出颜子之学的具体内容，相比之下，曾子至孟子之间，则有明确的"一贯之旨"的传道内容。这就涉及阳明对颜子之学究竟持何看法的问题，对此问题的了解才是解开阳明何以判定"颜子没而圣学亡"之谜的关键。

二 "见道"：阳明的颜子解释

我们先从陆澄的质疑说起，陆的记录如下：

> 问："'颜子没而圣学亡'，此语不能无疑。"先生曰："见圣道之全者惟颜子。观'喟然一叹'，可见其谓'夫子循循然善诱人，博我以文，约我以礼'，是见破后如此说。博文约礼，如何是善诱人？学者须思之。道之全体，圣人亦难以语人，须是学者自修自悟，颜子'虽欲从之，末由也已'，即'文王望道未见'意。望道未见，乃是真见。

（接上页）绍兴三十二年（1162）朱子《壬午应诏封事》已有"自古圣人口授心传"之说，淳熙六年（1179）朱子在牒文中已明确使用"心传道统"一词（《晦庵先生朱文公文集》卷九十九《又牒》，《朱子全书》第 25 册，第 4582 页）。此外，乾道六年（1170）李元纲《圣门事业图》有"传道正统"之说，钱大昕（1728—1804）《十驾斋养新录》卷十八《道统》甚至断言"道统"概念"始见于李元纲《圣门事业图》"，但是严格说来，李元纲并未使用"道统"一词。上述史实表明"道统"概念早于 1189 年便已出现，但有关"道统"问题的理论化阐述则是至《中庸章句序》始见完备，这应当是毋庸置疑的。

颜子没,而圣学之正派遂不尽传矣。"①

其中的关键词是"圣道之全"或"道之全体",阳明指出尽管"道之全体,圣人亦难以语人",但是颜子却能见"圣道之全"。何以见得呢? 阳明以《论语·子罕》"颜渊喟然叹曰"章为例来加以说明。该章共由三句组成:

> 颜渊喟然叹曰:"仰之弥高,钻之弥坚;瞻之在前,忽焉在后。夫子循循然善诱人,博我以文,约我以礼。欲罢不能,既竭吾才,如有所立卓尔,虽欲从之,末由也已。"

除首句以外,其余两句均见诸上引阳明与陆澄的对话中。阳明特别强调"博文约礼"的重要性,要求"学者须思之",即省思孔子劝导颜子("善诱人")的真意所在。依阳明的判断,"博文约礼"必与"圣道"有关。其实,按程朱之见,"博我以文"与"约我以礼"分属"格物致知"与"克己复礼"两种工夫,也是颜子传孔子之学的"最切当处"。②然在阳明看来,"博文约礼"并不是单纯的工夫次第问题,更是涉及"道之全体"的根本问题,而"道体"不属于见闻之知,不是依靠传授可得,道体甚至就是心体本身,故唯有通过"心悟"才能体认。至于颜子所言"虽欲从之,末由也已",一般以为这是颜子"无所用其力"之义。③但阳明却认为颜子此语与"文王望道未见"之意同,进而提出了一个重要判断:"望道未见,乃是真见。"④故阳明的结论是:颜子所谓"虽欲从之,末由也已",乃是

---

① 《传习录》上,第77条。
② 《论语集注·子罕》,《四书章句集注》,第111页。
③ 同上书,第112页。
④ 按:阳明在乙亥(1515)所撰《见斋说》一文中也明确指出:"神无方而道无体,仁者见之谓之仁,知者见之谓之知。是有方体者也,见之而未尽者也。颜子'则如有所立,卓尔'。夫谓之'如',则非有也;谓之'有',则非无也。是故'虽欲从之,末由也已'。故夫颜氏之子为庶几也。文王'望道而未之见',斯真见也已。"(《王阳明全集》卷七,第262页)

"颜子见得道体后,方才如此说"。①

那么,何谓"望道未见"呢?典出《孟子·离娄下》:"文王视民如伤,望道而未之见。"一般以为,这是对文王爱民之深、求道之切的一种描述。依朱熹,其中的"而"字为"如"字义,此句是说"望之犹若未见",用以形容文王"不自满足"之意。②但阳明则解读"未见"为道不可见,进而下一转语,唯有"未见"才是"真见",以此套用到颜子"末由也已"一句的解释,则本义为无所用其力的"末由"两字被解释成如同"未见"一般。由此,"末由也已"并不意味颜子的能力有缺或才力不够,相反,恰恰表明颜子已能见"道体"之全。换句话说,"末由也已"应这样理解:无所用力才是真正之大用的体现。经此一转换诠释,"末由也已"变成了积极的意义而非消极的"著力不得"(程颐语)之义,由此反证颜子才是"见圣道之全者",如同"望道未见,乃是真见"一般。重要的是,颜子之见"道之全体",是其"自修自悟"的结果,不是从孔子的语言传授得来的,因为道体是"难以语人"的。

"道体"何以"难以语人"呢?这里涉及阳明心学中有关"无"的问题思考。这一问题所涉义理颇为繁复,非本文论旨所在,不宜展开讨论。质言之,道体之不可言,犹如阳明所说的良知心体"无知无不知""无觉无不觉"一般,良知心体的呈现过程必是即用见体的过程,而此一过程是自修自悟之过程,而非依靠语言、借助知识所能实现的。尽管良知具有内在于人心的道德判断力,但良知又不只是停留于现象界的存在,而是如天理一般的超越性存在。就此而言,道体、心体或良知天理,都属同质同层的存在,具有抽象普遍之特质,不受任何有限的语言知识所局限,在这个意义上,所以说"义理无定在,无穷尽"③,甚至不能用通常语言中的善

① 陈荣捷整理:《传习录拾遗》,第 26 条。关于阳明评价颜子真见"道体",又见《传习录拾遗》,第 34 条。

② 《孟子集注·离娄下》,《四书章句集注》,第 294 页。

③ 《传习录》上,第 22 条。

恶概念来规定心体，所以说"无善无恶心之体"。要之，心体的无定在性，必可推出道体的不可言性。

阳明曾经运用比喻的方法，指出："圣如尧舜，然尧舜之上，善无尽；恶如桀纣，然桀纣之下，恶无尽。使桀纣未死，恶宁止此乎？使善有尽时，文王何以'望道而未之见'？"①这里对文王"望道未见"的解释前提就是上引的一句话："义理无定在，无穷尽。"什么是"无定在，无穷尽"呢？阳明以"圣如尧舜""恶如桀纣"为例，意在表明尧舜之善或桀纣之恶是无穷无尽而无"定在"可见的，尽管文王能做到"视民如伤"，但道之所在却是无法限定的（犹如尧舜之善道是无穷尽的）。这是阳明用文王"望道未见"来论证"义理无定在"这层义理，似与颜子的问题无关。然而若将这段记录与上引陆澄所录的对话合观，那么，阳明之所以说"颜子没而圣人之学亡"的理由已经很显然，颜子虽已"见圣道之全"，但又恍若"未见"，而"未见"才是"真见"，即意味着颜子对圣人之道或圣人之学已有了深切的体悟，只是无法用语言表述出来。阳明在1525年专门为表彰颜子而作的《博约说》一文中更明确地指出：

> 昔者颜子之始学于夫子也，盖亦未知道之无方体形像也，而以为有方体形像也；未知道之无穷尽止极也，而以为有穷尽止极也；是犹后儒之见事事物物皆有定理者也，是以求之仰钻瞻忽之间，而莫得其所谓。及闻夫子博约之训，既竭吾才以求之，然后知天下之事虽千变万化，而皆不出于此心之一理；然后知殊途而同归，百虑而一致，然后知斯道之本无方体形像，而不可以方体形像求之也；本无穷尽止极，而不可以穷尽止极求之也。是故"虽欲从之，末由也已"。盖颜子至是而始有真实之见矣。②

---

① 《传习录》上，第22条。
② 《王阳明全集》卷七《博约说·乙酉》，第267页。

所谓"事事物物皆有定理",乃是著名的朱子语,表明"理"是客观外在的也是一定不变的。而阳明所言"义理无定在""道无方体形像"则是针对朱子理学的一种批判,此亦无须赘述。重要的是,"真实之见"一句与颜子"见圣道之全"。所指当是同一个意思。故对阳明而言,其结论必然是:"颜子没而圣学之正派遂不尽传矣。"

既然说"圣学之正派",那么就意味着在"正派"之外另有其他各派存在。儒学史上,有"儒分为八"之说,自不待言。然阳明所属意者不在单纯的学派之分,而在于"正"与"不正"之分。若按正邪不两立的世俗标准,既然颜子所传为"圣学之正派",那么就意味着曾子所传不能是"圣学之正派"。但问题显然并不这么简单。阳明在《象山文集序》一方面强调"至宋周程二子,始复追寻孔颜之宗",另一方面却说周程之后的陆象山便是"真有以接孟子之传"者,而在《拔本塞源论》这篇著名的文字中,阳明仍然坚持"孔孟既没,圣学晦而邪说横"的传统观点。[①] 种种迹象表明,在阳明看来,似乎"孔颜之宗"与"孔孟之传"属于异词同义,两者并无根本差异,不仅颜子属"圣学之正派",孟子亦属道统之正传。看来,问题不在于颜与孟而在于颜与曾的思想差异。也就是说,颜、孟应当都是圣人之学或圣人之道的传承者,颜子为"见道"者,孟子则是良知的创辟者,更是阳明自觉承接之对象,在"圣人之学,心学也"[②]的前提下,颜孟两人均属心学而无疑。

于是,就有两个问题值得思考:一是曾子所传的"一贯之旨"究为何事?一是良知学作为圣人之学,其根源既可追溯至孟子,是否亦与颜子存在直接关联,从而将良知学上溯至"孔颜之宗"?事实上,关于曾子所传"一贯之旨"的问题,阳明提出了完全不同于朱子的解释:

① 分别参见《王阳明全集》卷七《象山文集序》,第 245 页;《传习录》中,第 143 条。
② 《王阳明全集》卷七《象山文集序》,第 245 页。

国英问:"曾子三省虽切,恐是未闻一贯时工夫。"先生曰:"一贯是夫子见曾子未得用功之要,故告之。学者果能忠恕上用功,岂不是一贯?一如树之根本,贯如树之枝叶,未种根何枝叶之可得?体用一源,体未立,用安从生?谓'曾子于其用处盖已随事精察而力行之,但未知其体之一'(按:语见朱子《论语集注·里仁》),此恐未尽。"①

"三省"即曾子语:"吾日三省吾身。"(《论语·学而》)"一贯"即曾子所言"夫子之道,忠恕而已矣"。然在阳明看来,孔子觉察到曾子"未得用功之要",故特意告以"一贯"之旨,并不意味曾子已经做到"一贯",倘若学者真能在忠恕上贯彻用功,自能实现"一贯"。那么何谓"一贯"呢?阳明以"树"为例指出:"一"即树之"根本","贯"即"树之枝叶";若无树之根又何来树之枝叶?显然,"一"是根本,"贯"是发用之结果。阳明进而以"体用一源"(原为程颐语)这一理学观念为依据,并根据体立而用生的原则,指出曾子虽能在"忠恕上用功",但并未洞见忠恕之"体",未得"一贯"之要,故终与孔子"一贯之旨"尚有一间之未达。由此可以推断,曾子所传"一贯之旨"未必完备,其中必存在某种断层。至此,我们终于对阳明为何强调"颜子没而圣人之学亡"以及"颜子没而圣学之正派遂不尽传"的真意有所了解。因为在阳明看来,唯有颜子才是"见圣道之全者",而曾子连"一贯之旨"尚有未达,故两相比较,高低立判。

一般认为,阳明良知教直接源自孟子,故在道统史上,阳明学原本应归属于孟子,这一点毋庸置疑。但是倘若"见圣道之全者"的颜子于良知之学已有体悟,则情况便会发生重大改观。何以见得呢?我们先来看一段对话:

---

① 《传习录》上,第112条。

　　黄诚甫问"汝与回也孰愈"章，先生曰："子贡多学而识，在闻见上用功，颜子在心地上用功，故圣人问以启之。而子贡所对又只在知见上，故圣人叹惜之，非许之也。"①

"汝与回也孰愈"章，见《论语·公冶长》："子谓子贡曰：'女与回也孰愈？'对曰：'赐（子贡）也，何敢望回？回也，闻一以知十，赐也，闻一以知二。'子曰：'弗如也。吾与女弗如也。'"此即颜子"闻一知十"的著名典故。至于子贡"多学而识"，则见《论语·卫灵公》："子曰：'赐也，女以予为多学而识之者与？'对曰：'然，非与？'曰：'非也，予一以贯之。'"阳明将上述两段记录合而观之，并对"汝与回也孰愈"章提出了别有深意的解释，即他根据"心地上"与"闻见上"这一判断立场来分判颜子与子贡，认定颜子是在心地上用功，而子贡则是在闻见上用功。此所谓"心地"，即阳明学的特殊概念——良知心体而无疑。问题在于若就"汝与回也孰愈"章的叙述脉络看，何以断定孔子已然了解颜子"在心地上用功"，故"问以启之"？另一方面，又为何认定子贡的为学趋向在于"多学而识"？

　　显然，对于这两个问题，我们很难根据史实材料来做出解答，因为阳明的解释与其说是对史实真相的复原，还不如说是在进行义理判断。而任何一种义理判断，必有判断者的观念或立场作为支撑。就阳明言，根据他的思想立场，孔门之中大致存在两种根本的分歧：一是颜子一派，既能见"圣道之全"而又能在"心地上用功"；一是子贡之流，既不能见"道之全体"，而在工夫上唯求"多学而识"，落入"闻见"或"知见"的窠臼中。对于颜子一派，阳明认定其为"圣学之正派"，而对于子贡一派，在阳明的意识中，隐然可见强调"道问学"传统的朱熹理学之影子。在阳明看来，孔子对子贡深感惋惜，就意味着追求"多学而识"必非孔门正宗，而以朱熹理学为代表的章句训诂之学正属于"在闻见上"用功之一派。

――――――――――

① 《传习录》上，第 113 条。

至此可见，阳明提出"颜子没而圣学亡"，其根本用意之一在于将自己的良知心学与程朱理学划清界限，并将心学源头追溯至孔颜正派。

那么，具体而言，颜子在"心地上用功"究为何指呢？显然，即便我们翻遍《论语》全书，也不可能找到"心地"一词。所以，我们只能顺着阳明重读《论语》的思路来考察这一问题。于是就不难发现，其实颜子的"不迁怒，不贰过"之工夫，便是"心地上用功"的实例。阳明说："颜子'不迁怒，不贰过'，亦是有未发之中，始能。"①依阳明，"未发之中"便是良知本身②，故颜子能做到"不迁不贰"，正说明他已能在良知心体上用功，否则的话，断无可能。何以见得呢？例如阳明运用《易传》有关颜子的记录，力证颜子已对良知有根本的把握，即：

> 孔子无不知而作，颜子有不善未尝不知。此是圣学真血脉路。③

孔子语见《论语·述而》："盖有不知而作之者，我无是也。多闻，择其善者而从之，多见而识之，知之次也。"对此，阳明解释道："'盖有不知而作之者，我无是也'，是犹孟子'是非之心，人皆有之'之义也。此言正所以明德性之良知，非由于闻见耳。若曰'多闻，择其善者而从之，多见而识之'，则是专求诸见闻之末，而已落在第二义矣。"④可见，孔子"无不知"之"知"正指良知而绝不能是"多见而识"之知。颜子语见《易传·系辞上》："颜氏之学，其庶几乎！有不善未尝不知，知之未尝复行也。"依阳明的解读，其中的两个"知"正是指良知而言。也正由此，所以阳明下了一个非常重的断语："真血脉路。"

---

① 《传习录》上，第 114 条。

② 如："性无不善，故知无不良，良知即是未发之中，即是廓然大公、寂然不动之本体，人人之所同具者也。"（《传习录》中，第 155 条）

③ 《传习录》下，第 259 条。

④ 《传习录》中，第 140 条。

至此可见，根据阳明的解释，颜子虽未使用"良知"语，但对良知宗旨已有根本了解，故能在德行践履上，真正做到"未尝不知""未尝复行"。阳明之所以说颜子之学乃是"圣学之正派"，至此已经和盘托出其内中的奥秘。[①]

三　王畿的心学道统论重建

以上阳明对颜子学的诠释，为王门后学定了一个基调，但是问题并没有就此终结。在王门弟子中，王畿的颜子解释显然有"青出于蓝而胜于蓝"的特色，他不仅在心学理路上进一步确定了颜子在儒家道统史上的地位，他甚至对颜子表露出一种"心有戚戚焉"的认同感，以为他自己主张的"先天之学""顿悟之学"，都可从颜子那里找到根源。不免令人感到王畿隐然有自比颜子之意。

众所周知，嘉靖六年（1527）"天泉证道"之际，围绕"四句教"问题，王畿根据自己的理解，主张在本体上直接"悟入"，从而提出了著名的"四无说"。对此，阳明一方面用"顿悟之学"一词来指称王畿之说，另一方面又告诫王畿："本体功夫，一悟尽透"是连颜子、程明道也"不敢承当"的方法，所以今后切不可"轻易望人"。[②] 在这里，阳明特意提到"顿悟"及"颜子"，值得注意。从中可看出阳明表示认同王畿之说属于顿悟之学，甚至认为颜子学也应归属（或接近）于顿悟之学。当然王畿方面的有关"天泉证道"的记录不可全盘照收，其中已有其个人的见解因素，而且阳明对王畿的批评亦表明，阳明担心王畿思想或有可能流入"狂荡"一路，这些都是不可否认的。但不管怎么说，阳明并不回避"悟"的问题，上面提到阳明认定颜子能通过"自修自悟"而"真见"道体，也充分说明

---

①　另可参见己卯（1519）王阳明与陈九川的对话，其中涉及颜子"未尝不知"的问题，见《传习录》下，第201条。

②　分别参见《传习录》下，第315条；《王畿集》卷一《天泉证道纪》，第2页。

阳明很重视"自悟",而他在晚年更是提出了"心悟"①这一重要观点,并为王畿所继承。

然在王畿看来,他的"顿悟之学"其实与颜子学具有同源性。例如他对颜子的"未尝不知""未尝复行"赞赏备至,以为这是"古今学术毫厘之辨"的关键处,甚至就是他自己主张的"一念自反,即得本心"的顿悟之学,他说:

> 孔门之学,颜子"有不善未尝不知,知之未尝复行",此德性之知,谓之"屡空",空其意识,不远之复也。子贡"多学而亿中",以学为识,以闻为知,意识累之也。此古今学术毫厘之辨也,知此则知先师致良知之旨,惟在复其心体之本然,一洗后儒支离之习,虽愚昧得之,可以立跻圣地,千圣之秘藏也。所幸良知在人,千古一日,譬之古鉴翳于尘沙,明本未尝亡,一念自反,即得本心,存乎其人也。②

在王畿对孔门的判教中,子贡"多学而识"完全不属正流,唯有颜子之"知"才是正脉,因为此"知"正是"德性之知",即先师阳明的"良知之旨";而颜子之"复"乃是"空其意识,不远之复",即先师阳明的"惟在复其心体之本然"之"复"。更重要的是,良知之在人心,犹如"千古一日",永远光明而不会消亡的,因此致良知工夫不必依赖所谓"学识""闻知"这类"支离之习",只需"一念自反,即得本心",即便是"愚昧"之人,只要做到这一点,也可"立跻圣地"。从中我们可以感到王畿已然将颜子学提到了阳明学的高度来加以评估。

那么,何谓"一念自反"呢?所谓"一念",这是王畿思想中的一个核心概念,又称"最初一念""一念初机"或"一念正念",意指"先天心体",

---

① 《王阳明全集》卷七《大学古本序·戊寅》,第243页。
② 《王畿集》卷八《意识解》,第192页。

实即心体本身。王畿力主为学须在"先天心体上用功"，也就是要求做到
"一念自反"。用另外一种说法，又叫作"才动即觉，才觉即化"。其曰：

> 颜子不失此最初一念，不远而复，才动即觉，才觉即化，故曰
> "颜子其庶几乎"，学之的也。
>
> 颜子心如止水，才动即觉，才觉即化，不待远而后复，纯乎道谊，
> 一毫功利之私无所撄于其中，所谓知之上也。……颜子心如止水，
> 才动即觉，才觉即化，不待远而后复，纯乎道谊，一毫功利之私无所
> 撄于其中，所谓知之上也。
>
> 颜子有"不善未尝不知，知之未尝复行"，皆指功夫而言也。人
> 知"未尝复行"为难，不知"未尝不知"为尤难。颜子心如明镜止水，
> 纤尘微波，才动即觉，才觉即化，不待远而后复，所谓庶几也。[①]

以上三段反复出现"才动即觉，才觉即化"的说法，用以解释颜子
"未尝不知""未尝复行"的确切意义，甚至断然肯定颜子"心如止水""不
失最初一念"，并以"学之的也"来定位颜子学的正宗地位，从中可见王
畿自身的观念立场，这在阳明的颜子诠释中是未曾有的。重要的是，"才
动即觉，才觉即化"的前提是"已见本体"。故王畿直称："颜子已见本
体，故直示以用功之目。"[②]他对颜子"末由也已"也进行了重新解释："颜
子至此，始有真实之见矣。是即'望道未见'之意，非'未达一间'也。
'喟然一叹'，千圣绝学，颜子没而学遂亡矣。"[③]推翻了程朱以"未达一间"
来解释颜子"末由也已"的传统观点。其云颜子"真实之见"，即指"见
道"，当然是继承阳明"望道未见，乃是真见"的诠释思路而来，但王畿将

---

① 《王畿集》卷五《南雍诸友鸡鸣凭虚阁会语》，第 112 页；卷二《水西同志会籍》，第
36 页；卷五《与阳和张子问答》，第 124 页。

② 《王畿集》卷五《与阳和张子问答》，第 124 页。

③ 《王畿集》卷三《书累语简端录》，第 74 页。

颜子学提升至"千圣绝学"的高度，并称颜子已洞见"本体"，将此与阳明良知学置于同一条"学脉"中来加以肯定，则显然是王畿的颜子新解。

由于"才动即觉，才觉即化"须落实在心体上才有可能，而心之本体原是一种"先天"存在，不能为后天"意识"所转，故在此意义上，颜子学又可称为"先天之学"。王畿指出：

> 正心，先天之学也；诚意，后天之学也。……颜子不远复，才动即觉，才觉即化，便是先天之学。

> 吾人甘心不学则已，学则当以颜子为宗。颜子"不远而复"，且道颜子是何学？乃孔门易简直截根源、先天之学，非可以知解想象而求者也。[①]

所谓"先天之学"，意指"从先天立根"的心学根本工夫，而不同于"动于意始有不善"之后着手用功的"后天之学"。而"先天之学"既是王畿对儒家心学的一种本质描述，也是其对自己思想的一种定位，他在此用以指称颜子学，充分表明在王畿的心目中，颜子之学几近圣学而无疑。

所谓"学则当以颜子为宗"，也很耐人寻味。按理说，儒家心学传统的理想人格当以孔孟为榜样，而且颜子年仅三十二而卒，在儒家经典史上并未留下任何可供后人学习的典籍，曾子至子思则不同，若按宋儒以来的通常说法，在他们一系中至少留下了《大学》和《中庸》（还有《孝经》历来以为与曾子一系有关），所以若说为学当以何人为宗，那么孔、曾、思、孟中的任何一人应当都可成为首选。如今说为学"当以颜子为宗"，则恐怕在王畿之前从未有人敢如此主张。那么，王畿的理由何在呢？其实就在上引这段话的后面，王畿接着指出，正是由于后人不了解"颜子是何学"，所以引发了一系列思想危机，直至阳明良知学现世才终

[①] 《王畿集》卷十六《陆五台赠言》，第445页；卷九《答茅治卿》，第230页。

于扳回局面，他说：

> 自此义不明，后世所传，惟以闻见臆识为学，揣摩依仿，影响补凑，种种嗜欲，反与假借包藏，不肯归根反源，以收扫荡廓清之绩，是殆壅阏灵明而重增障蔽也。沿流以至于今，其滥觞又甚矣，岂不可哀也哉？先师一生苦心，将良知两字信手拈出，直是承接尧舜孔颜命脉，而其言则出于孟氏，非其所杜撰也。世儒不此之察，顾一倡群和，哄然指以为禅，将易简宗旨反堕于支离繁难而不自觉，岂不重可哀也哉？①

可见，王畿的判教标准其实很简明，在他看来，自孔子之后就只有两条路径可走，一条是简易直截之学，一条是闻见知识之学，前者以颜子为代表，被称为"尧舜孔颜命脉"，后者则以子贡、子张等人为代表②，流衍所至变而为支离繁难之学；阳明拈出良知两字，便是要扭转后世支离之学的错误方向，而直接"承接尧舜孔颜命脉"，况且良知两字出自孟子之口而非阳明"杜撰"。

至此，我们终于明白王畿对"颜子没而圣学亡"的解释，完全依据他对"孔颜命脉"的独到理解。诚然，"孔颜命脉"这个说法的提出，使得孟子在道统史上的地位有点尴尬。③不过，王畿一方面承认孟子良知说对阳明有启发之功，另一方面又强调阳明良知学其实可以上超孟子而直达孔

---

① 《王畿集》卷九《答茅治卿》，第 230 页。

② 例如："颜子没而圣学亡，后世所传，乃子贡一派学术。"（《王畿集》卷十《答吴悟斋》，第 248—249 页）

③ 其实，在宋初既已出现"孔颜"并称，在周敦颐至二程之间就有"孔颜乐处"的传授史，朱子甚至断言周敦颐的"道学渊懿，得传于天，上继孔颜，下启程氏"（《晦庵先生朱文公文集》卷八十六《奉安濂溪先生祠文》，《朱子全书》第 24 册，第 4038 页）。然而朱子对孔颜乐处的问题相当谨慎，并不认为寻孔颜之乐应当是为学的首要工夫。上揭柴田笃的论文对此问题有较清晰的梳理。

子。他说：

> （良知）其说虽出于孟轲氏，而端绪实原于孔子。其曰："吾有知
> 乎哉？无知也。"（《论语·子罕》）"盖有不知而作，我无是也。"（《论
> 语·述而》）言良知无知而无不知也，而知识闻见不与焉。师以一人
> 超悟之见，呶呶其间，欲以挽回千百年之染习，盖亦难矣。①

这里王畿援引了孔子的"无知"及"不知"两语，并将此解释成阳明良知学意义上的"无知无不知"②，而与子贡一派的"知识闻见"之学相距甚远。由此，良知两字虽出自孟子，然其渊源则可直溯孔子。当然，在孔孟之间还有颜子的存在，譬如备受孔子称赞的颜子"未尝不知"便完全属于这一良知传统。

现在，我们仍须回到"颜子没而圣学亡"何以成立的问题上来。王畿坦承阳明的"颜子没而圣学亡"之命题乃是"险语"，因为如此一来，就必然遇到曾子和孟子的地位如何安顿的问题，王畿指出关于这一点"此须心悟"，他说：

> 师云："颜子没而圣人之学亡。"此是险语。毕竟曾子、孟子所传
> 是何学？此须心悟，非言诠所能究也。略举其似。曾子、孟子尚有
> 门可入，有途可循，有绳约可守，颜子则是由乎不启之局，达乎无辙
> 之境，固乎无藤之缄。曾子、孟子犹为有一之可守，颜子则已忘矣。
> "喟然一叹"，盖悟后语，无高坚可著，无前后可据，欲罢而不能，欲
> 从而无由。非天下之至神，何足以语此？③

---

① 《王畿集》卷十三《阳明先生年谱序》，第 340 页。
② 《传习录》下，第 282 条。至于孔子"无知"与阳明"无知"有何义理关联，此不赘述，请参见吴震：《阳明后学研究（增订本）》第一章"无善无恶"。
③ 《王畿集》卷一《抚州拟岘台会语》，第 16 页。

这里"略举其似",是一个委婉的说法,但事实上却表明了王畿的思想立场。这是说,曾、孟与颜子均属圣人之学,但从工夫及其境界的角度看,曾、孟一派尚微有迹在,不像颜子已"达乎无辙之境",达到了无我、忘我的"至神"境界。他又说:

> "颜子没而圣学亡",此是千古大公案。曾子、孟子传得其宗,固皆圣人之学,而独归重于颜子者,何也?……颜子竭才于善诱之教,洞见道体活泼之机,而难以开口,姑以一言发之,谓之"如有"则非实也,谓之"卓尔"则非虚也。仰钻瞻忽,犹有从之之心,既悟之后,无虚无实,无阶级可循,无途辙可守,惟在默识,故曰"虽欲从之,末由也已",此真见也。曾子、孟子虽得其宗,犹为可循可守之学,与颜子所悟,微涉有迹,圣人精蕴惟颜子能发之。观夫"丧予"之恸,其所致意者深矣。谓之曰"圣学亡",未为过也。吾人从千百年后,妄意千百年以前公案,何异说梦?但恐吾人不能实用其力,以求觉悟,又增梦说矣。[1]

这段解释讲得更为清楚明确。一方面承认颜、曾、孟均为圣学,另一方面又坚持认为颜子在"洞见道体""既悟之后",已达至"无虚无实,无阶级可循,无途辙可守"的至高境界,所以"圣人精蕴惟颜子能发之",结论是即便说颜子之后"圣学亡,未为过也"。很显然,按王畿的判断,颜子学已得"圣人精蕴",不复有质疑的余地了。如果以今疑古,妄自揣测"千百年以前公案",则无疑徒增"梦说"而已。至此,至少对王畿而言,"颜子没而圣学亡"这一儒学史上的"千古大公案"已可宣告彻底的了结。

然而不得不说,我们透过上述王畿对颜子的解读,所看到的与其说是历史上真实存在的颜子,不如是经过王畿的创造性诠释而得以重构起

---

[1] 《王畿集》卷十六《别言赠梅纯甫》,第452页。

来的颜子图像，其中显然有王畿思想的身影，而他运用自己的那套心学语言及其概念回扣在颜子的身上，目的在于显示他对颜子之学甚至是整体儒学的理解才是唯一正解。当然从哲学上说，这种创造性诠释在建构理论之际往往是难以避免的，然而若从史学的角度看，这套诠释显然不是唯一的解释，而是存在争议的。

四 结语：心学道统论的特质及其意义

关于"颜子没而圣学亡"，至少可以从两个角度来审视，一是我们须了解阳明及王畿是如何从其心学思想的维度来提出合乎其义理脉络的解释；另一个角度则是透过这层义理诠释，进而将这一命题置于"道统"重建的脉络中来审视该命题所蕴含的另一层思想史的意义，以便弄清阳明及王畿竭力论证该命题的理论意图究竟何在的问题。这里将以王畿的道统论述作为主要检视对象，以略窥心学道统论的某些特质及其思想意义。

与阳明一样，王畿在口头上，并未使用过"道统"一词，经电子版检索得到这一结果时，不免有点意外。[1]然而这并不表明王畿缺乏道统观念，相反，他的道统意识十分强烈，例如他曾以非常坚定的语气强调指出：

> 一念灵明，直超尧舜，上继千百年道脉之传，始不负大丈夫出世一番也。[2]

王畿认为，儒家的"道脉之传"可以四字来归纳："一念灵明。"此所谓"一念"正与上述王畿所言"最初一念"与"一念自反"中的"一念"同义，盖指本心；"灵明"则源自阳明的"虚灵明觉"等概念，特指良知。质言

---

① 经查《王阳明全集》及《王畿集》两部电子文本，未见"道统"一词。仅在阳明《山东乡试录》一文中出现过一次，但并非阳明的表述而只是转述。

② 《王畿集》卷三《答南明汪子问》，第 68 页。

之，"一念灵明"实即良知本心的代名词。依王畿，"一念灵明"不仅与尧舜可以接上关系，也是从儒家"道脉"一路传承下来的。

须指出，道统之传或许有赖于个人的精神特质才有可能，如在王畿看来，其师阳明便具有这种特质，即所谓的"超然玄悟"，其曰："我阳明先师超然玄悟，会于天地鬼神之奥，首倡良知之说，以觉天下，千圣不传之绪，赖以复续。"[1] 但又须看到，王畿表彰阳明并非出于狭隘的护教心态，而是依据道统存在的客观性原则以及对"一念灵明"的绝对信念。[2] 从根本上说，道学传统是开放的，而非个人化的私密传统，故王畿强调每一位士大夫"出世一番"都应自觉承担起接续道统的任务。如若不然，则儒学便会失去普遍意义，道学传统也就会变成单线秘传而失去整体的意义。也正由此，故王畿一再强调阳明重新发现的良知心传既是道学史上"千古圣神斩关立脚真话头"，同时也是现实中的"吾人生身受命真灵窍"，更是我们每个人即刻当下的"入圣入神真血脉路"。[3]

要之，阳明、王畿的心学道统论不仅是儒学史意义上的一种重建（尽管在我们看来，是否是严格意义上的史学重建仍可质疑，但他们却深信自己的重建工作是符合史实的而绝不可能有任何虚构的成分），更是一种与现实生活、个体生命密不可分的理论重建，而理论重建必蕴含某种思想企图。就王畿而言，他显然是想通过对孔颜以来直至阳明的道统重建，告诉人们"千古圣神斩关立脚真话头，便是吾人生身受命真灵窍"，两者之间"非有二也"[4]，即儒学的价值和精神与个体的生命和生活不存在任何隔阂

---

[1] 《王畿集》卷十七《藏密轩说》，第 496 页。

[2] 如王畿曾明确指出："某非私一阳明先生，千圣之学脉，的然在是，不可得而异也。"（《王畿集》卷九《与潘水帘》，第 220 页）由此推论，阳明亦不能将道统"私人化"。荒木见悟准确地指出，王畿在道统问题上有一个重要想法，即"提倡应当回归到超越道统的境地"。（［日］荒木见悟：《道统论的衰退与新儒林传的展开》，吴震译，载吴震、［日］吾妻重二主编：《思想与文献——日本学者宋明儒学研究》，上海：华东师范大学出版社，2010 年，第 13 页）

[3] 《王畿集》卷十《答洪觉山》，第 262 页。

[4] 同上。

之可能。换句话说,"千古神圣"与吾人的"生身受命"属于同一条"真血脉路"上的存在连续体,彼此之间是互相贯通的,而此所谓"血脉"也正是"道统"之表征,而此所谓"道统"也正是在"吾人生身受命"中得以展现。

至此可以说,王畿重建心学道统的理论架构及其思想意义已经全盘托出。就其理论架构言,道统被奠基在心体良知之上,唯有赖于心体良知才能得以传承;就其思想意义言,由于良知是内在于人心的普遍存在,犹如"千古一日"一般,是永恒超越的,因此道统也就必然存在于所有人的心中,而这种存在必然是一种精神性存在而非"物化"存在。于是,道统的实质意义便只能是指儒学的精神与价值,道统传授也必然是心心相印的过程而不是指物物相授的关系。正如王畿弟子周汝登(1547—1629)所言:道学相传"非真有物可相授受之谓也"[1]。这是强调道统非"物化"的观点,值得重视。在后世对儒家道统的批评当中,有一种观点便以为道统被某些人或某些学派占为己有,当作一种私有物私相传授而已。从心学立场看,这种批评未必允当。

当然,周汝登的看法是承袭阳明、王畿而来,故他更强调道统相传其实有赖于人的良知自知,指出:"自古圣人无有一法与人,亦无一法从人而得见者。自见知者,自闻知者,自知而已。"[2]因此,对于《孟子》末章所言尧舜至孔子的两种传道方式"见而知之"与"闻而知之"[3],就应当做出相应的理解上的调整之后,才能获得善解,周汝登强调,无论是"见知"还是"闻知",其实都根源于"自知"而已。这个"自知"一说,值得注意,

---

[1] 周汝登:《东越证学录》卷四《越中会语》,台北:文海出版社,1970年,第289页。明初薛瑄(1389—1464)有类似表述:"道学相传,非有物以相授也。"(《读书续录》卷五,《四库全书》本)

[2] 《东越证学录》卷四,第288页。

[3] 按:根据《孟子·尽心下》末章所载,尧、舜之间的传道方式属"见而知之",而汤、文王、孔子各距前圣有"五百余岁"之间隔,故他们的传道方式则是"闻而知之"。关于孟子道统观,参见杨海文:《〈孟子〉末章与儒家道统论》,《国学学刊》2012年第2期;刘增光:《〈孟子〉末章与理学道统论》,《鹅湖学志》第51期,2013年12月。

其实它的来源，近可溯至阳明的"良知自知"说①，远则可上溯至颜子"知者自知"说，这一点被历来学者所忽视，故须介绍一段《荀子·子道》的记录："子曰：'回，知者若何？仁者若何？'颜渊对曰：'知者自知，仁者自爱。'子曰：'可谓明君子矣。'"尽管没有史料足以证明周汝登在运用"自知"概念时，是否明确地意识到颜子此说，但是在理路上应当承认两者之间的"自知"观念是可以相通。质言之，所谓"自知"，在心学的语境中，是说良知作为一种根源性意识必然自己意识到自己，用阳明的另一术语来说，就是"自觉"或"自证"，这是阳明心学的良知观念最为基本之特质。② 按照周汝登的上述说法，那么道统传授就必须建立在良知自知的基础上才有可能。这显然也应当是心学道统论的一项基本表述。

至此，心学道统论的基本特质已经十分明朗，我们不妨这样来归纳：1. 道统观必须建立在道体观念之上，之所以说颜子是孔子之后的真正传道者，就是因为他能洞见道体而不是其他原因；2. 道统观还必须建立在心体观念之上，由于心体即良知，所以颜子"未尝不知"之"知"必须理解为良知，据此才可认定颜子有资格成为儒家道统的真正传道者之一；3. "道体"或"心体"既是普遍超越的，又是内在于人心中的存在，因此，道统不会受限于一时一地而能永世传承下去，从而使道统具有"连续性"，同时这种连续性并不意味着"个人化"的私密传统。③

---

① 《传习录》下，第 320 条。

② 关于"良知自知"问题，参见吴震：《〈传习录〉精读》第六讲第三节"良知自知"，第 111—115 页；吴震：《略议耿宁对王阳明"良知自知"说的诠释》，《现代哲学》2015 年第 1 期，第 118—125 页。

③ 道统之传即"心传"，其实是朱子最早提出的一个观点，早在 1162 年与 1179 年朱子分别提出了"口授心传"与"心传道统"的概念，源自程颐《中庸》乃孔门传授心法（《河南程氏外书》卷十一，《二程集》，第 411 页）之说。当然朱子所谓"心传"乃是特指"十六字心传"，而不同于阳明的良知心体概念。只是朱子强调尧舜以来的道统传承之依据在于圣人能"尽此心之体而已"，"非得口传耳授密相付属也"（《晦庵先生朱文公文集》卷七十三《李公常语上》，《朱子全书》第 24 册，第 3525 页）。足见"心传"并不等于"密传"，在这一点上，阳明及王畿的心学立场与朱子毋宁是基本一致的。

基于上述考察，我们对心学道统论可以得出三点总的评估：第一，由于圣人之道存在于人心之中，故道统的存在及意义是向每个人的内心敞开的，它是一个开放的传统，从而具有"普遍性"和"开放性"，有关"道统"的答案不必向外去求"见知"或"闻知"而只需向内追寻"自知而已"；第二，心学道统观强调人们须立足于良知心体，去体悟和把握儒家文化传统的精神价值，因此道统之实质也就是儒学价值观，它既是历史文化的产物，同时存在于我们每个人"生身受命"的过程中，并在安身立命的实践中得以展现，凸显出道统的"实践性"品格；也正由此，第三，道统的存在绝不是少数掌握儒家经典的知识权威才有资格接续，更不是拥有"君统"或"政统"的政治权威者可以独占，从而使道统具有独立于知识领域或政治领域的"独立性"。

最后可以肯定地指出，宋代以来的儒家新道统不再是古代圣王代代相传的原始"道统"，也不再具备早期中国"官师合一"（即"政教合一"）的象征意义，这是自朱子奠定儒家新道统观以来既已明朗的一个重要特质，即"治统"或"政统"必须置于"道统"之下而不能倒过来[①]，这也正是儒家士人（特别是宋明时代）在政治上力主"以道抗势"的优秀传统。在这一点上，阳明、王畿不仅与朱子保持完全一致，更是向前推进了一步，因为心学道统论显然更强调排除任何威权意识而向所有人开放，并且始终与君统或治统保持一定距离，并不认为道的价值须从帝王政治（王权）那里获取保证，更不会有道学政"三统并建"的主张，而是坚信"道"是儒学价值的最终根源，"行道"实践的终极目标就在于实现"天下有道"，作为儒学精神史的"道统"观念正是为"行道"实践服务的。

---

① 余英时援引元代杨维桢（1296—1370）《三史正统辨》所言"道统者，治统之所在也。……君子可以观治统之所在矣"，进而断言：杨的道统观"可以说是理学政治思想史上一个划时代的标志。……明清以下儒者论'道统'与'治统'的关系，无论采取何种政治立场，大体上都不能越出这句论断的范围"。而朱熹重建道统的微言大义就在于"极力抬高'道学'的精神权威，逼使君权就范"。（余英时：《朱熹的历史世界——宋代士大夫政治文化的研究》上篇"绪说"，北京：生活·读书·新知三联书店，2004年，第17、23页）此说值得重视。

　　然而在后人看来，心学道统论势必对治统或政统的权威构成威胁。及至晚明，就有人批评心学的狂妄心态主要就表现为欲将道统凌驾于治统之上，认为其流之蔽必导致"小人之中庸日炽，而乱臣贼子将起于斯文之中"[①]，其矛头所指便是心学道统论。清代以降，复主道统与治统合一者几成主流，如熊赐履（1635—1709）、李光地（1642—1718）、李绂（1675—1750）等无不如此，这是由于清初以来官方意识形态以朱子学为正统之标榜，故对心学道统论必须进行彻底的清算，同时也是为了响应康熙帝的自诩："一道同风"[②]——意谓当今盛世已呈现出圣人之道一统天下之气象，而康熙自身便是圣人的象征，相应地，道学政"三统"亦已集于康熙一身之上，以至于宋明以来的理学道统论或心学道统论所蕴含的以"道统"制约"政统"的思想精神趋于湮没不彰。及至清中叶，主张"史学经世"的章学诚（1738—1801）不仅力主恢复上古时代"官师合一"的传统，一反宋明理学建构起来的以"道统"制衡"政统"的思想趋向，更是欲将师统、治统与教统（即学统）"三统"并建于"时王"之一身，这种论调就不免有"媚时"之嫌，也反映出与政治极权主义相结合的文化保守立场。不过，这一问题已逸出本文论旨范围，唯有按下不表了。[③]

（原载《浙江大学学报（人文社会科学版）》2017 年第 3 期）

---

　　① 管志道（1536—1608）：《师门求正牍》卷上《"文王既没文不在兹乎"训义》，明刻本，第 15 页上。又如管志道指出儒家道统论至朱熹而为之一变，其后果是"遂认帝王之道统，匹夫可得与"（《孟义订测》，《四库全书存目丛书》经部第 157 册，第 703 页）。关于管志道的道统思想，参见［日］荒木见悟：《明末宗教思想研究——管東溟の生涯とその思想》，东京：创文社，1979 年，第 160—161 页。

　　② 康熙《性理大全序》中语，转引自［日］荒木见悟：《道统论的衰退与新儒林传的展开》，载上揭《思想与文献——日本学者宋明儒学研究》，第 41 页。荒木指出，在清儒看来，"阳明学具有与治统不符的毒素"（同上）。这是很有见地的论断。

　　③ 参见吴震：《章学诚是"近代"意义上的"学者"吗——评山口久和〈章学诚的知识论〉》，《南国学术》2014 年第 1 期，第 146—162 页。

从泰州学派看江南儒学的世俗性转化

【内容提要】从历史上看，儒学作为中国传统文化的主流，自汉代以降就逐渐形成了全域性特征，同时又有扎根于地方社会而呈现出内在多元性特色，即儒学在不同的历史时期或区域社会，有着多元发展的可能性。近年来，"江南儒学"的提出，旨在表明儒学理论并不是色调单一、观念固化的形态，它作为一整套"文化—思想"系统带有丰富的历史性和地方性之特征。在中晚明时代，以泰州学派为代表的阳明心学，其思想主要在民间兴起而构成了中晚明江南儒学的一道亮丽风景。从阳明学的"四民异业而同道"到王艮的"道即事""百姓日用即道"等注重日常伦理观念的提出，助推了精英儒学向社会基层、乡村社区的迅速渗透，由此加速了儒学世俗化的转向，值得我们加以适当的理论关切。

何谓"江南"，在史学意义上对此的定义性描述历来并不十分清晰和确定。本文从当代的视角来反观江南，取一个宽泛性的"定义"：江南主要是指以江浙沪为中心的接近于"长江三角洲"这一区域性概念。① 从历

---

① 近年，葛剑雄指出"江南"概念有一番长时段的历史沿革，最终形成了广狭两方面的含义，其狭义是指江苏、浙江（含上海地区）；其广义是指江苏、浙江以外，还包括安徽长江以南以及江西长江面的部分县区。参见葛剑雄：《上海一直是江南的上海》，《解放日报》2019年6月12日"解放周末"（网络版：https://www.sohu.com/a/320277190_701640）。（转下页）

史上看，至少在南北朝、唐代中叶以及南宋的历史时期，相继发生了经济中心和政治中心的南移现象，带动了江南地域政治、经济及文化等多样化的深层发展。由于明代一直存在以北京（时称京师）为主、以南京（时称留都）为次的两大政治中心这一特殊现象，于是，以南京次中心为辐射圈，江南地域的经济文化发展出现了前所未有的繁荣景象，这一现象大致始于16世纪明代中叶，直至整个清代仍有不断持续的发展，即便在乾嘉考据学风盛行的时期，以苏州、常州、扬州以及安徽等地为中心的吴派、皖派以及后起的常州学派等学术圈几乎都集中在江南地域，形成了独特而又色彩斑斓的江南文化现象。

近代以来直至当代，江南地域的经济文化发展在某些特定的历史时段，起到了助推甚至引领中国"现代化"转型的作用。故近年来，学术界开始提出"江南儒学"这一概念，并将之引入儒学研究领域，为儒学的整体性研究注入地方性色彩，同时也由区域性儒学研究以充实中国传统文化研究的内在多元性格局。[①] 所以，江南儒学研究领域已渐成雏形这一当今学术现象，很值得关注。[②]

本文聚焦于明代江南儒学，特指以江南地域为核心所形成的儒家文化现象。我们将考察的历史时间段限定在明代中晚期，即16世纪初至17世纪中叶明代灭亡为止。在这一历史时期，江南儒学主要出现了一股以阳明学为主的心学思潮，构成了整个中晚明时期的思想现象，这是大

（接上页）当然，此前学界对"江南"概念已有丰富考察，此仅举两例：周振鹤：《释江南》，载《中华文史论丛》第49辑，上海：上海古籍出版社，1992年（又见其著：《随无涯之旅》，北京：生活·读书·新知三联书店，1996年）；王家范主编：《明清江南史研究三十年（1978—2008）》，上海：上海古籍出版社，2010年。

①　内在多元性相对于外在多元性而言，在宋明时代，朱子学和阳明学为代表的新儒学的文献和知识已向周边东亚地域扩散，形成了朝鲜儒学或江户儒学等区域性儒学，相应地，也就形成了东亚地域儒家文化的外在多元性格局，成为当今跨文化东亚儒学的一个研究领域，这里不论。参见吴震：《东亚儒学问题新探》。

②　参见何俊：《江南儒学的提出、义旨与分段》，《复旦学报（社会科学版）》2019年第4期。

家耳熟能详的史实。当我们将阳明学思想运动置于中晚明江南地域的背景中来考察的时候，会发现历来由上层社会的儒家精英所主导的思想活动出现了往基层社会下渗的现象，加速了儒学的世俗性转化，这一现象的形成或有一个较漫长的过程，其中也有一些特殊而又丰富的各种表现，特别是作为民间儒学的阳明后学之一支的泰州学派在其思想推演过程中儒学世俗化的表现显得尤为突出，因而具有一定的典型意义。

一 儒学传统历来就有"世俗性"特质

从儒学发生的历史渊源看，在上古中国"轴心突破"的时代，孔子开创的儒学就已实现了人文主义转向，由夏商时代的"尊神""尚鬼"的宗教意识转向以"仁义""道德"（荀子语）为主要关怀的人文意识得以觉醒和张扬，经汉唐经学时代，及至 11 世纪宋代新儒学运动的推展，一直到 16 世纪阳明心学的出现，儒学人文主义精神得到了全方位多层次的开拓，不仅经典知识的版图得以改写，而且哲学思辨的义理建构得到了强化；与此同时，在中晚明的心学时代也出现了一些微妙而重大的变化，即以经典知识为象征的儒学精神性传统由精英社会向世俗社会发生转移，注重良知实践的心学思想在强调成圣成贤的理想境界之同时，将这一思想精神往下层社会渗透，与当时中晚明社会的商业文化、通俗文化（包括各种稗官小说、宗教劝善书、家庭日用类书等）的发展相融合，表现出儒学的精神性与世俗性的汇通。[①]这一通道的打开，或可从社会经济史的角度来获得一定的理解，但若从思想文化史的角度以观，则可说与阳明学高调宣扬的良知既是个体性存在，又是社会性存在这一思想特质有重要关

---

① 参见吴震：《明末清初劝善运动思想研究》，台北：台大出版中心，2009 年（上海人民出版社 2016 年修订版）；王正华：《生活、知识与文化商品：晚明福建版"日用类书"与其书画门》，《中央研究院近代史研究所集刊》第 41 期，2003 年。

联，也与阳明学及其后学所大力提倡的"四民异业而同道"①"四民异业而同学"②的思想开放性不无关系，正是这一思想表述，预示着明代中期以降特别是明清之际，不同社会阶层之间的转移、互动开始变得十分频繁，由此带来的一个现象是："菁英文化和通俗文化之间的界限也不断游移且变得相当模糊。"③

历史表明，阳明心学在晚明社会已成为一场思想运动，继阳明之后的泰州学派对于这场运动的发展起到了推波助澜的作用，泰州学派开创者王艮提出的"道即事"这一观点，认为"天道"就存在于人伦日常的世界当中，这就与宋代道学历来强调的"天即理也"（二程语）的抽象规定略显不同，更强调天道就在社会伦理乃至家庭伦理的层面得以展现其自身的价值，这一思想诉求显然更容易在民间社会得到推广，由此迎来了近世中国第二次儒家文化发展的高潮，其最鲜明的特质在于：儒学加速了世俗化的深刻转变。这就涉及何谓儒学世俗性等问题。

概言之，西方文化史上的所谓"世俗"，原本是相对于"神圣"而言的一个概念，在 18 世纪欧洲启蒙运动以及宗教改革运动出现了宗教"祛魅化"之后，宗教信仰变得越来越私人化，随之引发了人文主义世俗化的转向，由此带来的后果是西方"现代性"问题的出现，其影响所及至今仍在全球蔓延。④然而就中国传统文化的语境看，"世俗"一词早在先秦时代

---

① 《王阳明全集》卷二十五《节庵方公墓表·乙酉》，第 941 页。余英时认为阳明的这个思想肯定了"商人的社会价值"，可谓是"新儒学伦理史上的一件大事"（余英时：《士与中国文化》，上海：上海人民出版社，1987 年，第 527 页）。这个论断值得重视。

② 阳明弟子邹守益在回应"商可学乎"的提问时，引用了阳明"异业而同道"的观点，并提出四民"异业而同学"的主张，参见《邹守益集》卷十五《示诸生九条》，南京：凤凰出版社，2007 年，第 728 页。

③ 白谦慎：《傅山的世界：十七世纪中国书法的嬗变》，北京：生活·读书·新知三联书店，2006 年，第 11 页。

④ 参见［美］詹姆斯·施密特编：《启蒙运动与现代性：18 世纪与 20 世纪的对话》，徐向东、卢华萍译，上海：上海人民出版社，2005 年。

已大量出现①，相当于今天所说的"社会"，而并不是与"精神"或"神圣"相对而言的概念，毋宁说，儒家的"世俗"性概念可以容纳精神人文主义。② 其实，儒学自诞生之初起，世俗性便与之相伴而生，因为儒学在根本上就不是制度性宗教的精神体系，而是强调成己成物的人文教化的精神体系，因而具有贴近日常人伦生活的基本特质，儒学的修身养性学说在强调转化自我的同时，更强调这种转化必须紧扣人生日常的伦理实践，从个人、家庭进而扩展至社会乃至天下国家，从家庭人伦的"亲亲"之爱经由社会治理的"仁民"实践最后实现以天下为关怀的"爱物"——以物世界为对象的博爱精神，同样，个体性的"存心""养性"最终达至"事天"（孟子语）的实践过程，预设了儒家人文主义精神的归趣在于：在实现"个体转化"的同时，向"他者"推广扩充，终以实现"社会转化"为理想目标。儒学的这一思想归趣表明，个体精神性必落实在世俗社会始能得以全面实现其自身的价值。

从一个狭义的儒家心性论的角度看，从孟子向王阳明的思想过渡或可说有其思想逻辑发展的必然性，因为在孟子提出"不学不虑"的良知学说以及"人人皆可为尧舜"作为精神性的思想主导之后，到了阳明心学那里有了更深一层的理论推进，从"人人胸中有仲尼"到"不离日用常行内"（阳明语）等观点作为一种思想口号，表明良知作为人的精神性本体本应是一种社会性的普遍存在，既存在于个体性的心灵当中，又存在于社会性的行为当中，故与人的社会生活方式密不可分。根据心学这一基本思想，儒学作为一种成己之学，在本质上就必然落实为一种不离人伦日用的生活方式。当然，这并不意味着宋明理学（亦含心学）缺乏有关宇宙本体、人性本质等问题的哲学性思维趣向，而是说儒学的精神传

---

① 如《孟子》出现过 2 次，《荀子》至少出现过 16 次。

② 近年来，杜维明关注西方现代性的世俗人文主义问题，汲取儒家传统文化的资源，提出了"精神人文主义"的理论建构问题，很值得关注。参见陈来主编：《儒学第三期的人文精神：杜维明先生八十寿庆文集》，北京：人民出版社，2019 年。

统更关注的是人伦世界以及生活世界，同时也表明儒家哲学从来不是高悬于社会伦常日用之外的抽象言说而已，它是一种注重人之德性以及社会教化的文化形态，其本身便具有贴近人伦生活之基本特征，讲求在伦常日用中践行仁义、彰显德性乃至化民成俗。

二 作为民间儒学的泰州学派更关注"化民成俗"

儒学的世俗性并不意谓儒学的非精神性，因为精神性与世俗性的二元对立并不适合对儒家文化以及阳明心学的客观认知。从学术史的角度看，不必讳言，汉唐儒学的经学化和知识化所带来的后果是儒学精英化或小众化，儒学被奉为一种专深的经典知识而在文字训诂领域受到极大的关注，对于中国传统的知识体系起到了型塑的作用；另一方面，隋唐之后以及崇尚汉学的清代儒学，经典知识被视作应对科举考试的进阶之梯的现象也非常突出，随之带来的一个后果便是，儒学被当作一种客观知识，而渐渐与身心实践发生了脱节。比较而言，宋明时代的新儒学则展现出不同的样态，面对魏晋玄学、隋唐佛学的理论冲击，儒学如何对此做出回应和调适，才是宋代新儒学兴起之初不得不面临的一场思想突破。

作为宋代新儒学运动的结晶，形成了史称"宋明理学"这一特殊理论形态，这一思想运动自发轫开始，儒学便与玄学和佛学形成了某种意义上的"理论竞争"。特别是表现为儒佛两教之争的思想现象，关于这场思想之争，直到16世纪仍然没有偃旗息鼓的迹象，在阳明门下就有学者以为佛老擅长"上一截"（指形上学）而儒家却甘愿"下一截"的学问，对于这个说法，王阳明断然指出："若论圣人大中至正之道，彻上彻下，只是一贯，更有甚上一截、下一截？"[1] 他的意思很明显，"形上学"是一种具有普遍性的哲学理论形态，儒学自有儒学的"形上学"，佛老也有佛老

––––––––––

[1] 《传习录》上，第49条。

的"形上学"，但绝非佛老所能独揽。这说明，注重儒学社会教化功能的心学家仍然重视儒学的理论性、精神性这一面。从广义宋明理学的角度看，所谓形上学，主要指贯通"性与天道"、实现"道德性命"的根本学问，而这一理论趣向正表明宋明理学并不缺乏哲学性的问题思考，由此构成了精神儒学或学术儒学的基本旨趣，而作为地方性知识的江南儒学无疑也共享着这一儒学精神性的思想资源。

然而在心学理论强调良知本体为人心本有而现成的同时，更关注个体良知如何外化为社会实践的问题，即如何充分发挥儒学的社会教化功能以推动"致良知"的思想运动，这应当是阳明心学面临的时代课题。在阳明后学当中，王艮开创的泰州学派呈现出儒学世俗性的浓厚色彩。这个学派的人员构成和讲学风格显得与精英儒家很不一样，在中晚明时代有突出的异样表现，按清代考据学家焦循（1763—1820）的说法，明代讲学的主要对象是"盐丁、樵夫、窑匠、卖油佣、网巾匠、戍卒、农夫、商贾、胥吏"等等，这批人全部是"一介细民，不读书者也"；但就是这样一群社会底层的人，掀起了一股讲学风潮，而且竟然"以师道自居"，难以想象的是，"当时贵官大吏，均俯首事之"，结果是"天下汹汹，举国若狂"。[①]当焦循这样说的时候，在他的观念中，"贵官大吏"等儒家精英与本来与读书无缘的"一介细民"存在一道不可逾越的藩篱，而在他头脑里浮现的大概是泰州学派成员在民间社会大力推动讲学的形象，因为很显然，这里列举的第一条"盐丁"正是王艮的身份，而"樵夫、窑匠"等出身的人物更是泰州学派群体中所常见的。[②]不管怎么说，焦循的上述颇有针对性的批判性说法充分反映了明代讲学活动的社会现象可谓儒学史上从来未曾有的，从一个侧面反映了以王艮为首的泰州学派思想具有贴近底

---

① 《易余籥录》卷十二，《焦循诗文集》，刘建臻点校，扬州：广陵书社，2009 年，第 821—822 页。

② 这一形象大致与黄宗羲在《明儒学案·泰州学案》中的描述是吻合的。参见黄宗羲：《明儒学案》卷三十二至卷三十六。

层社会的平民化色彩；与此同时，将目光专注于基层社会的讲学教化，对于志在社会治理的士大夫官员来说，也不失为一种有效的手段，有助于将那些"一介细民，不读书者"凝聚起来。当然我们也应看到，尽管晚明已然是一个"多元"的时代①，但是在社会上真正有能力鼓动讲学的其实主要仍是一批身居官位的儒家士大夫或有一定社会地位的在乡士绅。

不过，王艮虽是一介布衣而且据说年轻时"目不识丁"，但他通过奋发努力的自学，特别是在机缘巧合得以拜阳明为师之后，便抱有一种成圣成贤的理想，关于儒家思想形成了自己的一套独特想法，在继承阳明心学的良知理论的同时，更关注如何将这套良知学说向乡村社区进行推广，在他看来，儒家经典所揭示的圣人之道就存在于日常人伦生活当中，作为儒家士大夫也理应在自己的政治生活以及日常生活中，将儒学的思想精神贯彻到底，故他甚至提出了"出，则必为帝者师；处，则必为天下万世师"②这一在时人眼里显得很奇特的观点，但这无疑是宋代以来新儒学历史上首次对儒家"出处"问题的一个大胆主张。表明"出"就要有一种成为"帝者师"的政治担当，"处"则要有一种成为"万世师"的社会担当。就王艮自身而言，作为一介布衣，所谓"出"未必有望，这只能是对儒家士人的一种期待，所谓"处"则应该是人人有望成就的目标。由此可见，以王艮为首的泰州学派的思想体现出一种强烈的社会担当意识，在他们对儒学的认知中，儒学必须适应社会政治的全面发展，不但要改变自己，也要改善社会，同样，阳明学的良知理论也有必要化作整个社群的行为动力。

如果我们将泰州学派视作阳明后学中的一支，而且其成员大多来自社会底层，其讲学活动也大多在乡村社区，那么可以说，泰州学派在所有

---

① 白谦慎通过对前沿研究已有成果的考察和归纳，得出"晚明：一个多元的时代"这一结论，是有相当说服力的一个说法，参见其著：《傅山的世界：十七世纪中国书法的嬗变》，第8—13页。

② 《王心斋先生遗集》卷一《答问补遗》，民国元年刊袁承业编校本，第19页。

阳明后学的各流派当中，应当是最为鲜明地表现出儒学世俗化、日常化、平民化之特色的一个学派，从其思想形态而言，无疑属于民间儒学的形态，这与其思想追求更注重"化民成俗"有着密不可分的关联。

三 泰州学派思想中的精神性和世俗性特质

归结而言，如下数端最能体现泰州学派的思想性以及世俗性特征：

第一，良知现成说。在王艮看来，阳明学所说的良知作为人之所以为人的心性本体原是"人人具足""不假外求""不须防检"的，而且具有"见见成成，自自在在"[①]的自足圆满性。这一良知为心体本有的"现成说"固然与阳明学的良知"当下"性、"见在"性的理论建构有内在关联。然而，从语义学上讲，由于"现成"一词含有时态上已然完成而不必诉诸工夫实践这一含义，故现成良知说就会被解读成：人人都已充分具备圆满自足的良知本体，只要顺其本心良知的发动便可保证行为的正当性，于是，格物致知、博学审问等一套工夫实践也就可以抛诸脑后、一切放下。在阳明后学的思想发展过程中之所以演变出种种激烈争辩——例如良知与知识之辩、现成良知是否等同现成圣人之辩等便是典型的案例。

第二，日用即道说。根据阳明心学理论，良知不仅是人心本有的现成存在，具有对是非善恶的道德判断力，而且它本身就像"天理"一般，普遍存在于人的日常行为过程中，王艮受其影响，进一步推演出"百姓日用即道"的观点，突出了良知存在具有不离日用的世俗性特征，发展了阳明的良知"不离日用常行内"的思想。相应地，在伦理实践上，致良知无非就是在"人伦日用之间举而措之"（王艮语）的事情；反之，若将良知视作玄妙高深的抽象理论，津津乐道于对良知本体的概念论证，则反而有悖于阳明良知学的根本旨趣。王艮的再传弟子罗汝芳（1515—1588）是一

① 《王心斋先生遗集》卷一《答问补遗》，第19页。

位官员士大夫，他在一次社会讲学上，公然提出"捧茶童子却是道也"[①]的观点，引起了热烈的议论，这也说明阳明学主张的良知当下存在、王艮所说的"百姓日用即道"的这种通俗化的讲法在晚明时代引发了广泛的思想效应，很容易在庶民社会得以推广普及。儒学的世俗性转化也正由此得以不断蔓延和推展。

第三，满街圣人说。在王艮与王阳明的一场对话中，王艮提出了"满街人都是圣人"的观点，王阳明对此提出了委婉的批评：你见满街人是圣人，满街人到看你是圣人。[②]显示出阳明对满街圣人说有理论上的担忧：人人皆可为尧舜的这一孟子观点不能与人人都是现成圣人画上等号。然而实际上，从阳明晚年屡次强调"心之良知是谓圣"[③]等心学观点来看，"满街圣人"说应是阳明心学的题中应有之义。只是经王艮及其弟子的渲染和传播，"满街圣人"说成了泰州学派的一个思想标识。也正由此，泰州学派乃至阳明学本身在晚明招致了批判性反弹，有以为这一思想意味着将人人本具成圣的可能性被解读成每个人都已充分展现出圣人的现实性，如此，则可能导致"诬圣"（聂豹语）的严重后果。事实上，从孟子的"圣人与我同类"经宋代理学所宣扬的"圣人可学而至"（程颐语），再到阳明学的"心之良知是谓圣"，其中贯穿着一条儒学所主张的"即凡而圣"的内在理路，只是经由阳明学的思想渲染，儒学的这一思想传统得到了极大的张扬，由"满街圣人"说，进而推导出"圣凡一律""圣凡平等"[④]等观念主张，于是，圣凡之间的知识落差变得不再重要，重要的是"成

---

① 罗汝芳：《明道录》卷三，京都：中文出版社"和刻近世汉籍丛刊"（无出版年），第108页。

② 《传习录》下，第313条。

③ 《王阳明全集》卷六《答季明德·丙戌》，第213页；卷八《书魏师孟卷·乙酉》，第280页。

④ 阳明弟子王畿指出："善与人同，是圣凡皆是平等。"（引自《念庵罗先生文集》卷五《冬游记》，雍正元年刻本）另参见吴震：《阳明后学研究（增订本）》序章"现成良知——阳明学及其后学的思想展开"，第27页。

圣"的信念是否坚定。所以，"满街圣人"与其说是对满街人都是"现成圣人"①的直接肯定，还不如说满街人都有成圣的潜在可能性。成就圣人作为儒家预设的理想人格的境界目标，固然需要一套严密的工夫实践才有可能，但其前提却是能否坚信"圣人"如同"良知"一般，是在任何人的内心中作为本质而存在的这一信念，依照阳明心学的理路，这才是实现圣人之理想境界的本体论预设。

第四，格物安身说。王艮的"淮南格物"说，是以安身立本来诠释"格物"，提出了不尽同于阳明以"正心"为要旨的格物说，成为王艮思想的一大亮点。其核心观点是：根据《大学》"物有本末"的基本观点，结合《大学》的"自天子以至于庶人，壹是皆以修身为本"的经典表述，因此，格物工夫必须"以身为本，家国天下为末"，由安身以立本，进而实现家齐、国治、天下平，其中的关键就在于"立本安身"或"尊身立本"，通过安身保身，最终能使人人都成为"天地万物主"（王艮语）。王艮的以"修身"为本的格物说在后世竟得到了较积极的回应，儒家精英刘宗周甚至认定唯有"淮南格物"说对格物的解释最为妥切，当代新儒家唐君毅对此也有基本的认同。②但在我们看来，以身为本的淮南格物说固然是对儒家修身传统的一种接续和阐扬，然而很显然，这其实就是阳明学主张的"格物之功只在身心上做"③的心学观点。④

---

① 东林党人顾宪成弟子史孟麟指出："人心有见成的良知，天下无见成的圣人。"（顾宪成：《顾端文公遗书》所收《当下绎·过去未来》，清康熙年刊本）晚明儒学殿军刘宗周也有类似观点，指出："自古无现成的圣人。"（《刘子全书》卷一《人谱·证人要旨》）

② 刘宗周断言："后儒格物之说，当以淮南为正。"（《刘子全书》卷十二《学言·下》）清儒全祖望也指出：王艮"其言格物，则最不可易。戴山先生（刘宗周）亦主之"。（《经史问答》卷七《大学中庸孟子问目答庐镐三十二条》，《全祖望集汇校集注》，朱铸禹集汇校集注，上海：上海古籍出版社，2000 年，第 1962 页）唐君毅谓：王艮的格物说"的然而无疑，同于吾人之说，以异于朱子、阳明之以物为事者也"。（唐君毅：《中国哲学原论·导论篇》，北京：中国社会科学出版社，2005 年，第 198 页）

③ 《传习录》下，第 318 条。

④ 关于王艮提出"淮南格物"说的时间及其内涵，参见吴震：《泰州学派研究》，北京：中国人民大学出版社，2009 年，第 99 页以下。

第五，乐学乐道说。孔子有"乐以忘忧"、孟子有"反身而诚，乐莫大焉"之说，主张人生应追求精神上的愉悦，这种精神愉悦也就是世俗幸福，进言之，幸福意味着带有莫大愉悦感的精神境界，反映了儒学入世主义的终极关怀。阳明非常欣赏孔子的"吾与点也"以及颜子"居陋巷而不改其乐"的快乐精神，提出了"乐是心之本体"的命题，认为一个人追求精神上的最大愉悦就源自人心的良知本体，而基于道德本心的致良知实践才是实现人生"快乐"的要津，反过来说，"乐"须以道德实践为基础，王阳明进而揭示了"为善最乐"[①]这一思想命题，这一思想反映了儒学由行善而"积德"（荀子语）的乐观主义人生态度，表达了人生幸福根源于伦理实践这一重要观念。这是对中国思想史上有关"德福"问题的理论回应，先秦时代出现的"德为福基"（《国语》）的德福观至此获得了一项心学解答。在接续阳明学这一思想精神的基础上，王艮撰述了一篇著名的文章《乐学歌》，其中提出了"乐即学，学即乐"之说，其子王襞由此发展出"乐即道也，乐即心也"的思想命题[②]，这是将"乐"提升到"学"和"道"的高度做了充分的肯定，而这些观点表述明快简捷、朗朗上口，构成了泰州学派的一种家风传统。

最后须指出，在晚明心学时代出现的这一追求精神快乐的积极人生观甚至对 20 世纪初的精英知识人梁漱溟产生了深刻影响，成为其由佛归儒的一大思想契机，他甚至认为这是中国传统文化的精神所在，与强调超脱痛苦、烦闷的西方宗教及印度思想的传统恰成鲜明对照，进而对传统中国以伦理为本位的社会历史进行了深入思考，而他之所以投身于乡村社会改造运动，竟然与他从泰州学派的思想行动中获得的灵感有关。[③]

---

① 《王阳明全集》卷二十五《为善最乐文·丁亥》，第 925 页。

② 《东厓王先生遗集》卷上《诗引》，《四库全书存目丛书》集部第 146 册，第 674—675 页。

③ 梁漱溟：《东西文化及其哲学》，《梁漱溟全集》第一卷，济南：山东人民出版社，1989 年，第 465 页。

这就表明儒学的精神性并不排斥世俗性，而儒学的世俗性同样可以与精神性传统构成积极互动的关系，换言之，精英儒学与民间儒学本不是对立之两级，相反，在某种意义上，民间儒学能为精英儒学注入鲜活的动力。现代新儒家梁漱溟用自己的思想和行动证明了这一点。

四　对民间儒学的文化现象须注入必要的理论关切

明代心学的思想活力在江南地域的发展及其伴随而生的儒学世俗化转向在当代有何启示意义，需要透过理论与历史相结合的纵深考察才能得以彰显。

须指出，明代尤其是 16 世纪后的中晚明时代以讲学为形式的学术思想活动固然是推动儒学世俗化的动因之一，但"讲学"本身却是儒学的一大传统，只是到了中晚明时代，这一传统在很大程度上得以被重新激活。事实上，中晚明时代的讲学活动得以蓬勃发展的重要思想依据就在于孔子曾表达的"四大忧"中的一条"学之不讲，是吾忧也"。[①] 甚至对阳明后学推动的讲学风气不无批评的东林党等一批学者，也注意到"讲学"是历来的儒学传统，对此不得不表示认同，所以他们自己也纷纷在北京建"首善书院"或在无锡建"东林书院"，大力举行讲学活动，甚至出现了一股"居官讲学"的风潮。[②] 尽管这股风潮与心学讲学在讲学内容上并不一致，但同样助长了晚明社会的讲学之风。

---

① 孔子"四大忧"的完整表述是："德之不修，学之不讲，闻义不能徙，不善不能改，是吾忧也。"（《论语·学而》）

② 例如阳明后学周汝登就主张应当在"朝署之间"推行讲学（《东越证学录》卷七《天真讲学图序赠紫亭甘公》，第 535 页）。东林党人冯从吾更是竭力主张："讲学正所以修职业也。精言之，必讲学提醒其忠君爱国之本心，然后肯修。"（《冯少墟续集》卷二《都门稿语录》，清康熙十四年重刻本）另参见吴震：《明代知识界讲学活动系年：1522—1602》，上海：学林出版社，2003 年；[日] 小野和子：《明季党社考》，李庆、张荣湄译，上海：上海古籍出版社，2006 年。

　　然而，关于阳明学在社会上大力推动讲学活动以及泰州学派的民间讲学究竟应做如何评估，特别是有关泰州学派的思想定位等问题，自晚明时代起，就存在各种不同的说法。大致而言，晚明以来对心学讲学以及泰州学派的负面评价几乎成为主流意见，入清之后以黄宗羲等人的思想史观为代表，泰州学派被视作儒家正统的叛逆，甚至明亡的原因也应当归咎于晚明的社会讲学。[①]近代以来，对泰州学派的历史评价则发生了翻转，首先是吴虞、刘师培、梁漱溟等人对泰州学派有积极肯定，稍后，嵇文甫、侯外庐等思想史家对泰州学派则有更高的赞赏，认为泰州学之思想具有近代启蒙的意义。

　　在我们看来，明清之际的儒学家在痛自反省明亡教训之时，对泰州学派乃至晚明心学思潮的激烈批判其实是源自儒家精英主义的立场，反映了正统士大夫对平民化、世俗化儒学的一种反感情绪，清代之后的学术主流逐渐转向文史考据，上面提到的清代中期考据学家焦循对泰州学以及明代学术的批评则更是表现出一种"知识傲慢"，认为明代学术在整体上打断了古代以来的儒学传统，导致了两大严重后果：学术亡与国家亡。[②]但是，若按阳明学对所谓学术思想的"正统"与"异端"的区分，应当以"与愚夫愚妇同的是为同德，与愚夫愚妇异的是为异端"（《传习录》下）这一观点为判准，则基于草根平民的泰州学派的思想学术活动便不

---

①　例如在顾炎武看来，明亡之因正在于晚明讲学，故他反其道而行之，竭力主张"今日只当著书，不当讲学"。对此，康有为有激烈批评："故国朝读书之博，风俗之坏，亭林为功之首，亦罪之魁也。"康有为认为当今之时，正应"昌言追孔子讲学之旧"，大力鼓动讲学之风。参见《长兴学记》，载《康有为学术著作选》，北京：中华书局，1988 年，第 5—6 页。

②　例如焦循断言宋明以来的学术导致了"古学几亡"的结局（《雕菰集》卷十三《与孙渊如观察论考据著作书》，《焦循诗文集》，第 246 页），同时也是"国遂以亡"（《易余籥录》卷十一，《焦循诗文集》，第 803 页）的主要原因。这反映出传统士大夫有一种固执的观念，以为学术与国家的兴衰处在一种因果链的关系之中，清代乾嘉考据学家对此显然是深信不疑的。不仅如此，甚至在他们的观念中，总以为宋明的义理之学打断了中国历史文化的传统，而唯有汉以前的传统经学才是能起到维系国家命运的真学术，这种观念无疑忽视了两个重要的方面：一方面，学术思想有其自身的独立性而不必依附于任何外在的国家权威；另一方面，学术思想也会随着时代的发展而发生深刻的历史转变。

能定位为所谓的"异端"。对思想人物及其学术观点的不同评判不仅涉及观点立场或学术取向的问题，更关涉到对儒家文化的思想实质及其历史发展如何认知的问题。由此以观，乾嘉时期汉学家对明代思想学术的全然否定，其实正表明晚明以来儒学世俗化的历史发展已呈彻底扭转之势，在明代中晚期得以兴盛的民间儒学又一次被重新扭转至以清代考据学为主流形态的所谓精英儒学或学术儒学的轨道，儒学世俗化也被儒学经典化、知识化所取代。

平实而论，从现代的角度出发，可以说泰州王学作为民间儒学的一种形态，对于展现儒学在民间社会的教化精神的确发挥了重要作用，然而若将其与西方近代启蒙思想进行比附，由此断定其思想对儒学传统的价值观产生了颠覆性的作用，这种说法只是基于后设的思想立场所做的评价，并不完全符合思想史实。的确，儒学平民化、世俗化作为儒学深入民间社会的一种特殊表现形态，具有不同于以经典注疏为主要形态的学术儒学或精英儒学的思想特色，然而以泰州学为代表的民间儒学在重建儒学的伦理价值及社会秩序等根本问题上，其实并没有逸出儒家文化以及儒家伦理的传统范围，无论是阳明心学还是泰州王学，他们力图打破精英知识权威对经典的诠释垄断，更注重根植于人心的良知德性对自己道德行为的规范，反而在社会道德观念上加强了严肃主义的诉求[1]，这就说明泰州学派通过民间讲学所推动的儒学世俗性转化，其根本旨趣并不在于松动乃至颠覆儒家传统价值观，相反，他们的思想诉求正在于用儒家文化来重整基层社会的伦理秩序、改善乡村社团的民风习俗。

总之，由阳明学演化而出的泰州学派的草根化运动推动了明代思想的多元性、开放性的发展趋向，这一趋向发端于16世纪初的江南地区，

---

[1] 参见王汎森：《晚明清初的一种道德严格主义》，载《晚明清初思想十论》，上海：复旦大学出版社，2004年。这种道德严肃主义的诉求也反映在晚明清初劝善运动的思潮当中，参见吴震：《颜茂猷思想研究——17世纪晚明劝善运动的一项个案考察》导论"中国历史上劝善思想的一般考察"，北京：东方出版社，2015年，第1—48页。

但却逐渐呈现出向其他地域蔓延的态势,从而助推了阳明学跨地域的全国性影响①;而且随着以民间讲学为特色的心学思潮的掀起,儒学思想发生了化理论为常识、化思想为行动的深刻转化,对于儒学世俗化的推进具有突出的典型意义。在弘扬传统文化的当下,我们在重视知识儒学或学术儒学之研究的同时,也应将目光投向各具地方特色的民间儒学,对历史上泰州学派以及江南儒学的思想文化现象有必要在学术上加以适当的理论关切。

(原载《中国心学》第 2 辑,商务印书馆 2022 年 8 月)

---

① 向来被认为是泰州学派传人的李贽(1527—1602)就说过"当时阳明先生门徒遍天下"(《焚书》卷二《为黄安二上人三首》,北京:中华书局,1975 年,第 80 页)。这个说法亦见《明史·儒林传》,只是在"门徒遍天下"的后面,又加了一句"流行逾百年",用以概括阳明学在晚明时代的盛况。另参见本书《李贽思想的重新定位》篇。

阳明学时代何以"异端"纷呈?
——以杨慈湖在明代的重新出场为例

【内容提要】朱子"却是杨敬仲文字可毁"的一句棒喝不啻是对杨慈湖宣判了"死刑"。故在宋末明初的很长一段时期内,慈湖著作及其思想几乎处于湮没无闻的状态。然而随着阳明学在 16 世纪 20 年代的涌现,一向被视作异端人物的慈湖之书忽然现世,自此以往,在朱子学与阳明学的两大思想阵营之间,就慈湖思想展开了激烈的论辩。这是一场没有结论的论辩,因为这场论辩更多地具有象征意义,象征着在阳明学的时代,各种观点即便是"异端"思想也有可能在学术舞台上纷纷出场。反过来说,正是由于阳明学的出现,独尊天下的朱子学遭遇了前所未有的"危机",从而为各种思想的多元展现提供了可能。

象山心学又称"江西之学"(朱子语),由宋至明,尽管有各种调和朱陆的论调出现,然而宋末明初的整个学界被朱子学所笼罩,象山心学始终处在主流学术的边缘则是不争的事实。象山学由江西传入浙江有赖于其弟子,即"甬上四先生",特别是杨简(号慈湖,1141—1225)思想在明代中期的重新出场,无疑对于推动象山心学的跨地域影响以及为"浙学"注入新元素发挥了重要作用。但是早在朱子的年代,不仅象山学被认定已经坠入禅学，而且其弟子杨简的思想更是走向了极端，因而朱子发出了一声棒喝："却是杨敬仲文字可毁！"① 故在宋末明初的很长一段时期内，杨简著作及其思想几乎处于湮没无闻的状态。

然而到了明代中期，情况发生了激剧的转变。就在 1515 年，王阳明作《朱子晚年定论》(刊刻在 1518 年)，力主朱陆早异晚同论，认定朱陆思想殊途而同归，试图以此而为几百年来诉讼纷纭的朱陆之辩画上句号(尽管其结果又引发了新一轮的朱陆之辩)。1520 年，阳明在提出致良知说的同一年，作《象山文集序》，其中他明确提出"圣人之学，心学也"的著名论断，将象山学认定为"孟氏之学"，从而第一次明确了象山学即"圣人之学"的历史地位②，为心学思潮的推波助澜奠定了基调。

一种思想观点汇为一种社会思潮，而一个人物在一种社会思潮中成为关注的焦点，往往需要许多外在条件的复合作用始有可能，例如书籍的出版和流行便是诸多外在条件中的重要因素。就在 1520 年，陆象山的《象山文集》在江西出版之后不久，其弟子杨简的《慈湖遗书》在浙江刊行，差不多同时，王阳明的《传习录》中卷也相继问世。上述一系列心学书籍出版之学术动向深刻表明 16 世纪 20 年代的明代中国学术界，一场与朱子理学构成挑战的心学思潮正在暗中涌动。在此期间，慈湖思想的出场以及由此引发的思想论战，尤值关注。对此思想现象进行梳理和考察，可以揭示出心学思想发展的曲折过程，也可以帮助我们了解在阳明学的展开过程中何以被认定为"异端"的思想人物会层出不穷。③

---

① 《朱子语类》卷一百二十四，第 2985 页。

② 《王阳明全集》卷七《象山文集序·庚辰》，第 245 页。

③ 关于杨慈湖的前沿研究仅举三例，[日]荒木见悟：《陈北溪与杨慈湖》，载广岛大学《哲学》第 6 号，1956 年；[日]岛田虔次：《杨慈湖》，载京都大学《东洋史研究》第 24 卷第 4 号，1966 年；[日]牛尾弘孝：《杨慈湖的思想》，载九州大学《中国论集》第 1 号，1975 年。

一 《慈湖遗书》的出现

历来以为，与象山相比，慈湖思想的心学色彩更为鲜明。不过，自宋末以来，慈湖的存在几乎从思想界的舞台上完全消失，为表彰象山而不遗余力的王阳明，在其《传习录》中提及慈湖却只有一条，而且只是简短的两句话：一方面说"杨慈湖不为无见"，对慈湖思想做了基本肯定；另一方面又批评慈湖思想不免"又着在无声无臭上见了"。[①] 这表明阳明对慈湖思想是有基本了解的。

如所周知，宋末以降陆学不振，慈湖著作虽然存世，然而被重新挖掘并刊刻行世则要到嘉靖初年以后。[②] 现在，我们通常使用的《慈湖遗书》十八卷和《续集》二卷本[③]，乃是嘉靖四年（1525）由秦钺刊刻。秦钺的生平事迹不详，出身浙江慈溪，与慈湖为同乡，故其刊刻《遗书》的直接动机恐怕是为了表彰同乡先贤。

根据记载，王阳明和湛若水（号甘泉）曾分别从阳明弟子顾应祥（字惟贤，1483—1565）那里得到过《慈湖全集》。[④] 根据湛甘泉《杨子折衷序》，该书刊刻以来的"数年之间"，慈湖之说"盛行如炽"[⑤]，为杜绝其说的泛滥，故有《杨子折衷》之作。据崔铣（号后渠，1478—1541）《杨子折

① 《传习录》下，第 310 条。关于阳明与慈湖的思想关联，参见［日］楠本正继：《宋明时代儒学思想的研究》（千叶：广池学园出版部，1962 年）第一章第四节"陆门"附注。

② 关于慈湖遗书的文献学考察，参见张寿镛：《慈湖著述考》，载《四明丛书》第 4 集第 1 册《慈湖遗书》卷末附录。

③ 《四明丛书》第 4 集第 1 册所收，以下分别简称《遗书》《续集》。近年，董平点校《杨简全集》十册，已由浙江大学出版社出版（2016 年）。不过，本文仍使用《四明丛书》本。

④ 详见《王阳明全集》卷二十一《与顾惟贤》及《湛甘泉先生文集》卷十七《杨子折衷序》（清康熙二十年刻本。以下简称《甘泉集》）。另据《明儒学案》卷十四《尚书顾箬溪先生应祥》，顾应祥对阳明后学的思想动向有所不满，对《传习续录》的文本有所质疑，著《传习录疑》；他对王畿《致知议略》（《王畿集》卷六）一文的思想也有批评。

⑤ 《甘泉集》卷十七。

衷序》①,《杨子折衷》撰于 1539 年前。

其实,比甘泉的慈湖批判更早,在 1533 年左右,罗钦顺(号整庵)就已经关注杨慈湖,他的《困知记续》下卷开首的十余条便是专门针对慈湖的批评,其第一条载"癸巳(1533)春,偶得《慈湖遗书》",并在"阅之累月"之后,感叹道:"痛哉,禅学之误人也,一至此乎!"②如同朱子指斥象山为"禅"一样,在朱子学者的眼里,心学便几乎等同于禅学。只是在整庵看来,杨慈湖陷入禅学的情况更为严重。

在《困知记续》下卷末,有整庵自跋,落款"嘉靖癸巳夏五月戊申",据此可知,慈湖思想开始受到朱子学阵营的批判,大致始于是年。不过,从整庵获得《慈湖遗书》的经过看,该书的编刻者被隐去其名:

> 《慈湖遗书》不知何人所编。初止十八卷,有目录可考,皆自诸稿中选出。《续集》二卷,又不知出自何人。……今其书忽传于世。有识之士固能灼见其非,亦何庸多辨?惟是区区过虑,自有所不能已尔。③

其云"十八卷"和"二卷"之数,恰与秦钺所刻一致,当为秦钺刻本而无疑。然而由其编者之名被隐秘以及"忽传于世"的记述来看,慈湖其人在当时学界的名声似乎不佳,故有必要将编者之名隐而不露。④

不管怎么说,本来默默无闻的杨慈湖,在 16 世纪 20 年代的突然现世,触动了某些人的敏感神经,掀起了一股可谓是"慈湖批判"的声浪,却不得不令人深思慈湖思想究竟有何"魅力",竟在当时发生了"一石激起千

---

① 《甘泉集》卷二十四卷首。

② 《困知记》,第 78 页。

③ 《困知记续》,第 85 页。

④ 例如在崔后渠看来,慈湖之书的出版显然有贬低朱子学的思想企图,以至于不知编者为谁:"杨简者,子静之徒也。……未久,皆绝不传。近年忽梓其书,崇尚之者乃陋程朱。已朽之物,重为道蠹。彼何人哉?"(《甘泉集》卷二十四《杨子折衷序》)

层浪"的效应？很显然，其思想得以流行的主要原因无疑与阳明学的思想风气有关，换种角度说，慈湖之所以遭遇批判，显然也是为了批判阳明心学特别是阳明后学。

二　季彭山的慈湖批判

1533 年，罗整庵撰《困知记续》下卷，为嘉靖以后思想界的慈湖批判点燃了导火索。直至 30 年代末，湛甘泉及崔后渠等人也加入了批判的阵营。然而，针对这些慈湖批判，阳明心学阵营却没有什么正面的反批判，相反，在阳明后学内部竟出现了呼应的声音。

如阳明门人季本（号彭山，1485—1563）便加入了慈湖批判的行列。根据他的记述，在 1534 年左右，慈湖著作在南京一带出现，同门中人受其影响，故而提倡所谓"自然流行"之说，以为为学宗旨就在于"自然"两字，似乎实践工夫已不再需要刻苦的努力，甚至有人对于先秦告子"生之谓性"的命题也试图进行重估，以为将自然生命的"生"认定为性的观点应当肯定，而对于"生"所内含的人欲问题却视若罔闻，对此，季本严肃指出，这类观点必将导致"流于欲而不知"的严重后果；三年后，彭山撰《龙惕书》，提出为学当以"警惕"（《周易》乾卦爻辞）为宗的观点。[①] 在他看来，关于良知本体"自然流行"之现象，需要有一种高度集中的精神意识来对此发挥"主宰"作用，而儒学思想资源中的"惕若""慎独"等观点正可以作为"自然之主宰"而引起重视，他断言："故圣人言学，不贵自然而贵于慎独。正恐一入自然，则易流于欲耳。"[②] 可见，彭山很重视慎独工夫，他将《中庸》《大学》的"君子慎其独"的慎独观念与《周易》的"惕若"说联系起来，以此反对阳明后学中受慈湖影响而主张的"自然"观点。

---

① 《季彭山先生文集》卷一《赠都阃杨君擢清浪参将序》，载《北京图书馆古籍珍本丛刊》第 106 册，北京：书目文献出版社，1988 年。以下简称《彭山集》。

② 《明儒学案》卷十三《知府季彭山先生本·说理会编》，第 273 页。

其实从哲学史的角度看,"自然"观念也许最早源自老子道家,及至宋明新儒学的时代,相对于"人为"意识或后天操作而言的"自然"概念,盖指事物存在本然如是的理想状态,例如"天理自然"几乎就是宋明理学家的一项共识,因为天理作为一种本体存在,不可设想它是一种"非自然"的存在。同样,对阳明而言,他的良知概念也可用"自然"来加以描述,彰显出良知心体的道德判断是"自然而然"的而不须假借任何的外力,是心体本身必然如是的一种能力。

举例来说,最典型的一个说法见诸徐爱所录的《传习录》上卷第 8 条:"知是心之本体,心自然会知。见父自然知孝,见兄自然知弟,见孺子入井自然知恻隐,此便是良知,不假外求。"这里重复出现四次的"自然知"显然就是指良知的一种"自知"能力,故在阳明,"良知自知"便是其良知学说的一个基本特质。及至晚年,阳明更强调:"良知之体洞然明白,自然是是非非,纤毫莫遁。"[1] 此处所谓"自然",同样是指良知作为道德判断力具有一种发自心体的必然不容已的力量。不过若从工夫论的角度看,与"圣人生知安行,是自然的"[2] 有所不同,作为一般学者却需要做一番刻苦的"勉然"工夫。彭山所以反对"自然"而强调"警惕",显然与此问题意识密切相关。[3]

当然,在慈湖的心学系统中,心体"自然"乃是其应有之义。[4] 不过,在 16 世纪 30 年代的南京,"以自然为宗"的思想风气与其归因于慈湖,还不如归因于阳明。从理论上说,在工夫论层面强调警惕或敬畏而反对率性自然,固然反映出彭山的良苦用心,但是,倘若由此而拒斥良知"自

---

① 《传习录》中,第 187 条。

② 《传习录》下,第 291 条。

③ 据阳明弟子胡瀚的说法,彭山批判"自然"的矛头所指乃是泰州学派的王艮,其云:"汝止(王心斋)以自然为宗,季明德又矫之以龙惕。"(《明儒学案》卷十五《教谕胡今山先生瀚》,第 330 页)故在晚明时代,竟有"王泰州即阳明之慈湖也"(顾宪成:《小心斋札记》卷三)之说。

④ 《遗书》卷二《复礼斋记》。

然知"（良知自知）的根本特质，则不免矫枉过正，从而割裂了本体"自然"与工夫"勉然"的有机联系，导致警惕与自然、主宰与流行的二分对立。也正由此，他的主张几乎没有获得阳明其他弟子的认同，只有聂豹一人对此表示"深信之"而已。[1]

对于彭山撰述《龙惕书》，王畿表示了同情的了解，认为这是彭山"深惩近时学者过用慈湖之弊"而作的；然另一方面，龙溪觉得彭山的批评有点用力过猛了，对其主张"警惕时未可自然"的观点表示不敢苟同，因为从根本上说，"夫学当以自然为宗"，这是心学基本立场而不能松动，龙溪反驳道："警惕者，自然之用。戒谨恐惧，未尝致纤毫力，有所恐惧则便不得其正。"[2]此处所谓自然之用，盖指良知本体自然之发用。在龙溪看来，良知自然是良知本体的本然应有之状态，其发用流行之际，才可努力落实警惕之工夫，这是第一点；第二点更重要，龙溪认为即便着手警惕之功（如谨慎恐惧），然而任何警惕必指向特定的对象，如何使警惕意识不在心体上落下丝毫痕迹，才是问题的关键，若按《大学》的说法，此正所谓"有所恐惧则不得其正"之义，认为源自心体的警惕也应当而且可以做到顺其心体的自然发动。在此意义上，龙溪主张"夫学当以自然为宗"。

三　王龙溪的慈湖评价

湛甘泉的《杨子折衷》在阳明后学圈内有一定影响，王龙溪在给甘泉弟子洪觉山的书信中，也谈了他的读后感，对慈湖思想提出了基本肯定的看法：

---

[1] 《彭山集》卷一。另可参见《聂双江先生文集》（以下简称《双江集》）卷四《送彭山季子擢长沙序》，卷十三《括言》等。

[2] 《王畿集》卷九《答季彭山龙镜书》。

> 《杨子折衷》近得请观。慈湖立论，诚有过当处。其间精义亦自在，不以瑕瑜相掩可也。①

"瑕瑜不掩"的说法，一般属于正面肯定的一种措辞，这表明了龙溪对慈湖的基本认识。

那么，龙溪对慈湖思想又有哪些具体的了解和评价呢？这就不得不提慈湖思想的一个核心观点："不起意。"关于这一问题，龙溪在与彭山的辩论中，曾以"杨慈湖的不起意说"为例，指出"善用之，未为不是"②，表示了基本肯定。须指出的是，"不起意"是慈湖基于心之本体的观念而提出的重要观点，他说："心之精神，无方无体，至静而虚明，有变化而无营为。"③意思是说，心体是一种"至静而虚明"的存在，心体发用虽有"变化"，但其本身并不意味着可以允许人为意识的操控，意识一旦发动，便不免为外物所牵引，沦落对象世界之中，于是便容易产生"千失万过"的后果，他说：

> 此心本无过，动于意斯有过。意动于声色，故有过；意动于货利，故有过；意动于物我，故有过。千失万过，皆由意动而生。④

可见，慈湖对意念活动非常警惕。基于此，慈湖对孔子"毋意毋必毋固毋我"的"四毋"说（《论语·子罕》）赞赏备至，以为他自己的"不起意"说便根源于此。⑤他甚至断言："凡意动，皆害道。凡意皆勿。"⑥正是他的这一"不起意"主张遭到了后人的种种批评，如崔后渠认为这一观点无疑是

---

① 《王畿集》卷十《答洪觉山》。
② 《王畿集》卷九《答季彭山龙镜书》。
③ 《遗书》卷二《申义堂记》。
④ 《遗书》卷二《临安府学记》。
⑤ 《遗书》卷二《绝四记》。
⑥ 《遗书》卷二《咏春堂记》。

主张"灭意"①，湛甘泉也认为这是有悖于儒学"诚意"说的荒谬言论："杨慈湖欲去意，遂非诚意等语，为非圣经。"②

王龙溪在一次会讲中，遇到有人提出这样一个问题：崔后渠《杨子折衷序》"以慈湖为灭意"的判断与慈湖的"不起意之本旨同否"？对此，龙溪的回答有点微妙，他首先指出"意是本心自然之用……未尝有所起也"，这是说，作为本心"自然之用"的意虽有所起而实又未尝起；进而断言"离心起意即为妄"。③这是说，意作为心之发动，若依心体而发，乃为真实之意，否则便是虚妄之意。可见，龙溪肯定了意为本心自然之用的观点，缘心起意不可无，离心起意不可有。至于崔后渠批评慈湖"不起意"为"灭意"，龙溪的反驳是："本心自清自明，虚灵变化，妙应无方，原未尝起，何待于灭？"④这个说法与慈湖相当接近，都强调心体至虚至灵故妙用无穷。只是龙溪更明确地强调任何意识都源自心体本身而不是无缘无故产生的，故工夫的关键在于"正心"，即所谓"先天正心之学"，若等到心体发动之后的意识层面上着手做"诚意"工夫则已落为后手，即所谓"后天诚意之学"。当然这是龙溪思想的独到创发，已非慈湖所能言。龙溪正是依据这一思路，认定心体本身无所谓起意不起意，在这个意义上，"不起意"也就不意味着什么"灭意"。

然而在阳明门下，对于"不起意"也有另一种解释，认为其中的"意"字当作"私意"来理解，故在"不起私意"的前提下，"不起意"亦可成立，如邹守益指出："慈湖所谓'不起意'者，不起私意也。"⑤在这一问题上，罗整庵也有类似看法，他对孔子"毋意"说就做了这样的解释："圣人所

---

①　崔后渠：《杨子折衷序》。

②　《甘泉集》卷七《答邹东廓司成》。

③　《龙溪会语》卷五《南游会纪》。按：《龙溪会语》见《王畿集》附录。

④　《龙溪会语》卷五《南游会纪》的这段话又见诸《王畿集》卷五《慈湖精舍会语》的前半部分。比较之下，后者较前者的文字表述更为洗练，显然有修饰的痕迹。

⑤　《东廓邹先生文集》卷五《答曾弘之》，明隆庆六年刻本。以下简称《东廓集》。

谓'无意',无私意耳。"① 但是依慈湖的理解,此"意"并非特指"私意",而是泛指所有的对象化意识,故意识一旦发动,其流转变化就难以掌控,也就可能发生偏离心体正规的"千失万过",最终导致"害道"之结果。这是慈湖对"意"的基本认识,由此也可理解他强调"绝意"的思想缘由了。显然,在慈湖的观念中,意是所有错误过失乃至罪恶之根源,唯有弃绝其意才是拯救自我的妙方,因此,甚至连"诚意"也显得毫无必要。

与慈湖不同,龙溪在后天用功的工夫论意义上,仍然承认"诚意"的必要性;只是本体论问题上,龙溪坚持"无善无恶是谓至善"这一阳明以来的心学观点,进而指出:"善与恶对,心本无恶,虽善意亦不可得而名,是谓至善,有善可为是谓义袭,非慊于心也。"② 基于此,龙溪认为"不起意"的"意"既非"善意"也非"恶意",对慈湖之说表示了理解和认同,指出:"知'不起意'之说,则知今日诚意致知之旨矣。"甚至断然指出:"知慈湖'不起意'之义,则知良知矣。"③ 对慈湖思想之评价不可谓不高。

的确,在阳明心学的系统中,在心体上不能有"一念留滞",即便是善的意念也不可执着,如阳明曾说:"心体上着不得一念留滞。……这一念不但是私念,便好的念头,亦着不得些子。"④ 龙溪显然深谙阳明此说的意蕴,他对意识问题也有重要关怀,甚至撰述《意识解》,提出了"绝意去识"的主张,这才是龙溪说出"知慈湖'不起意'之义,则知良知矣"这句话的思想缘由,然而其对意识问题的看法又不尽同于慈湖,而是在阳明学的意义上有更深一层的推进。龙溪在心体寂然、意是心体应感之迹的前提下指出:

---

① 《困知记续》卷下,第 81 页。不过,这个解释其实是沿袭朱子而来,参见《论语集注·子罕第九》。

② 《龙溪会语》卷五《南游会纪》。

③ 《龙溪会语》卷五《南游会纪》;《王畿集》卷五《慈湖精舍会语》。

④ 《传习录》下,第 335 条。

> 故圣学之要，莫先于绝意去识。绝意非无意也，去识非无识也。
> 意统于心，心为之主，则意为诚意，非意象之纷纭矣。①

所谓"绝意去识"，看似惊世骇俗②，然而根据上述引文的脉络，其关键词显然是"意统于心，心为之主"。这个说法表明"绝意"是要求意识返归本心，由心体为其做主。故所谓"绝意"，不是简单地等同于"灭意"，归根结底，是对意识活动做返本清源的工夫要求，以使良知心体真正成为意识的主宰，由此，依体而起之意便是真正的"诚意"。可见，龙溪并没有像慈湖那样走向极端，连"诚意"工夫也一并加以否认。

然而问题是，一方面说"绝意"，另一方面又将此与"诚意"联系了起来，那么，由"绝意"而返本至"意统于心，心为之主"的工夫又如何可能？这对龙溪而言，其实就是"即本体便是工夫"的顿悟之说，他指出：

> 无意之意是为诚意，无知之知是为致知，无物之物是为格物，即本体便是功夫，只从无处一了百当，易简直截，更无剩欠，顿悟之学也。③

这段叙述其实是龙溪晚年对 1527 年 9 月 "天泉证道"围绕阳明"四句教"而发生的一场论辩的回忆文字，龙溪当时提出了"四无说"，欲为阳明的"四句教"进一言。个中义理曲折，此处不赘。

尽管龙溪承认慈湖思想自有"精义"所在，但是龙溪对慈湖也有批评。在他看来，"无意"说原是圣人教法，而非慈湖的创见，慈湖的问题出在"脱却主脑，莽荡无据，自以为无意无必，而不足以经纶裁制"，故龙溪对于当时学界出现的"慈湖热"表示"诚有所不可"④，显示出他对慈湖

---

① 《王畿集》卷八《意识解》。
② 对龙溪此说，同门邹东廓有所批评："越中之论，诚有过高者。忘言绝意之辨，向亦骇之。"（《东廓集》卷五《复聂双江文蔚》）所谓"忘言绝意"，当是龙溪之语。
③ 《龙溪会语》卷三《东游问答》。
④ 以上参见《答季彭山龙镜书》。

思想的局限性有清醒的认识。[①] 就龙溪而言，他所主张的"无意"不是通过排斥意识，以回归寂然不动之心体，而是指在良知心体上不能有丝毫的思虑安排，换言之，不是意识安排下的有意作为，而是要求自然顺从心体而动，这才是真正的"无意"。由此立场出发，故龙溪断定："将古人教法尽与破调，则'不起意'三字亦剩语矣。"[②]

四　阳明后学的多种回应

饶有兴味的是，在阳明后学的思想圈，对季彭山的"警惕"说深以为然的聂双江在思想观点上不仅与龙溪格格不入，他甚至以揶揄的语气批评龙溪之学的实质无非就是"慈湖之学"，他说：

> 其（龙溪）曰："心体本正，才要正心，便有正心之病。"此慈湖之言，便是慈湖之学。[③]

此说看似突兀也很尖锐，但如果我们了解了上述慈湖"不起意"说以及龙溪对此的分析和判断，那么，也就不难理解双江何出此言了。原来，在双江看来，龙溪主张"才要正心，便有正心之病"的观点，无疑就是慈湖"不起意"说的翻版而已。

当然，我们也可为龙溪辩护。龙溪之意只是强调"心体本正"，故工夫须落实在心体发动之后的"诚意"上。这原来就是阳明的主张，而不是龙溪的突发奇想。事实上，对龙溪而言，正如我们在上面所看到的那样，

---

① 将慈湖与龙溪视作宋明思想的一种动向加以比较性考察，可参见楠本正继的《陆王学派思想的发展》（载《楠本正继先生中国哲学研究》，东京：国士馆大学附属图书馆，1975年）以及上引岛田虔次的论文。

② 《龙溪会语》卷五《南游会纪》。

③ 《双江集》卷十一《答王龙溪》。

他在"天泉证道"之际所说的"顿悟之学"是一种"即本体便是工夫"的先天正心之学;另一方面,他也意识到这种工夫须建立在对心体的彻底了悟的基础之上的"先天之学"而非一般人所能做到,因此,正心之学又不排除诚意之学,认为心体发动之后落实诚意工夫,也是致良知工夫的一个方面,尽管这属于"后天之学"。从这个角度看,指责龙溪之学源自慈湖并不公平。

然而,双江却进而批评道:"'才说正心便属意',犹俗论云:'才说止至善便属物,才说戒惧便属赌闻。'"① 这是针对龙溪的又一项指控,显示双江对立足于心体的所谓正心工夫的高度重视。双江还以阳明的说法"正心只是诚意工夫里面体当自家心体,常要鉴空衡平,这便是未发之中"② 为据,强调指出:

> 是圣学致正心焉,尽之矣。诚意以下乃为困知勉行者,开方便法门。今曰"舍了诚意,更无正心工夫可用"③,不惟背其师说,其于孟子之言,背亦远也。④

这里的批评涉及双江与龙溪在思想上的一些义理纠缠,不宜细述。要而言之,将龙溪比作慈湖从而进行贬斥的这种批评方式,恐怕发端于双江,而且从中可以窥见,慈湖是被作为反面人物来看待的。

且不论双江对龙溪的这种批评在理论上是否有效,但在双江的观念中隐伏着一条重要思路,即如何在寂然不动之心体上立住脚跟,以收摄外化的意识活动,这才是为学工夫之根本所在,用其思想术语言之,即所谓"归寂"。故其思想在阳明后学中向来被归属于"归寂"一派。依其思

---

① 《双江集》卷十一《答王龙溪》。
② 《传习录》上,第119条。
③ 此句为龙溪语,见《王畿集》卷六《致知议辨》。
④ 《双江集》卷十一《答王龙溪》。

路，诚意只是"方便法门"而非究竟法。然而由于双江过于偏重"寂体"而不免忽视感应层面的问题，于是，导致寂感割裂、体用殊绝的理论后果，招致了阳明后学各派人物的批评。因为双江的"归寂"说显然在根本上有违于阳明学的寂感一体、体用一源、内外合一的基本立场。

另一位深受双江"归寂"说之影响的罗洪先在早年时期也曾被慈湖思想所吸引①，他在给龙溪的一封书信中，阐述了这样的想法：慈湖主张的"无意"说，归根结底不过是一种"意见"而已，一个人若能到达豁然了悟的境地，固然可以实现这一理想目标，但这必须以艰苦的工夫努力为前提始有可能，然而现实社会中那些推崇慈湖思想者却未见有任何的工夫努力，便想要从各种意识纠缠中"解脱"出来，此一思想现象正令人堪忧。②也就是说，不是简单地拒斥"无意"说，而是在设定"无意"为追求目标之前，须不断做出实践的努力。围绕慈湖问题，念庵所表明的这个观点也许是针对龙溪主张"顿悟之学"而提出的批评。③

那么，被视作阳明后学修正派的钱德洪（号绪山）对慈湖又有什么看法呢？他在1545年所作的《慈湖书院记》一文中，首先称赞慈湖为"直超上悟者"，进而以阳明的良知说为出发点，指出一旦意念发动则有陷入有意安排的可能，从而对心体自然的洞察力造成妨碍，对"不起意"说表示了一定程度的理解。④他指出：

> 真性流行，莫非自然，稍一起意，即如太虚中忽作云翳。此"不起意"之教，不为不尽。⑤

---

① 《双江集》卷八《寄王龙溪》第2书。

② 《明儒学案》卷十八《念庵论学书·答王龙溪》，第409页。按：此书未见《念庵集》。

③ 据传在1532年左右，在北京的一次讲会上，围绕慈湖《己易》的"血气有强弱，人心无强弱。思虑有断续，人心无断续"（《遗书》卷七）之说，念庵与龙溪曾有过一番讨论。可见，在当时的心学氛围中，有关意识连续性问题是一大理论热点（参见《甘泉集》卷十三《金台问答》）。

④ 《慈湖遗书》新增附录。

⑤ 《明儒学案》卷十一《员外钱绪山先生德洪·会语》，第229页。

这里的"真性流行"亦可作"真心流行"或"心体流行"，在宋明理学的语境中，又叫作"天命流行"（如朱子），表明本体存在的流行发用是一自然不容已的过程，而不涉及任何后天人为意识的安排操控，因此，无论是从本体上还是从发用上，都必然是"自然"的。具体到阳明心学的语境而言，如同良知本体"自然会知"一般，意谓良知自知不是后天意识的第二次反思的结果，而是良知本体的当下直接的"自然"展现。在这个意义上，绪山认为慈湖所说"不起意"是完全可以理解的。

另一方面，绪山对慈湖思想也有批评，认为其思想中的某些观点确有严重弊端，不得不加以警惕：

> 慈湖欲人领悟太速，遂将洗心、正心、惩忿、窒欲等语，俱谓非圣人之言。[1]是特以宗庙百官为到家之人指说，而不知在道之人尚涉程途也。[2]

这里涉及慈湖的另一重要观点，即其认为心体是必然纯粹的而容不得任何后天经验现象包括意识萌动等因素的掺杂，故他认定《大学》《中庸》的一些重要观念如"正心""惩忿窒欲"等都是后人的杜撰，他甚至质疑《大学》文本的真实性。归结而言，在绪山看来，慈湖思想确有卓识，但其思想偏重于本体上的领悟，则不免令人难以适从。

总之，在阳明后学当中，人们对慈湖的看法呈现出多样性，有认同也有批判。激进派如龙溪一流的阳明后学也许对慈湖思想有更多的同情了解，但也绝非是慈湖思想的追随者；稳健派如绪山一流的阳明后学对慈湖思想也有意外的赞扬和肯定。至于那些朱子学者如罗钦顺、崔后渠以及对阳明后学之流变走向持批评态度的湛甘泉则对慈湖在社会上的突然

---

① 以上所引慈湖语，参见《遗书》卷十三《论大学》及《论中庸》等。
② 《明儒学案》卷十一《员外钱绪山先生德洪·会语》，第229页。

出现深感忧虑，对其批判可谓严厉之极。然不管怎么说，慈湖的重新出场犹如一座风向标，预示着中晚期思想发展必将迎来多元复杂的局面。换种角度看，正是由于阳明心学的产生和影响，使得以往被朱子学者认定为异端人物的思想也有了重新评估的机会。

五　心之精神是谓圣

慈湖曾经以第一发现者的口吻，充满激情地指出：

> 孔子斯言（按：指"心之精神是谓圣"），见之子思子之书，世又谓之《孔丛子》，世罕诵习。乌乎，圣人有如此切至之诲，而不载之《论语》，致学者求道于心外，岂不大害！某谨取而为集语，觊与我同志者，或未观《孔丛子》而偶见此书，庶早悟此心之即道，而不他求也。[1]

的确，也许在慈湖之前，谁也未曾注意到《孔丛子》一书中的"心之精神是谓圣"这句话的重要性。原因之一在于，自唐宋以来如朱子等人，认定《孔丛子》为汉人伪撰而非子思之作，几乎已成定论。故其中所载孔子语，是否为孔子所说则大可怀疑。这也是慈湖所言"世罕诵习"的缘由所在。

然而，现在慈湖却断定《孔丛子》为子思之作，其依据是其中所载的孔子一句话"心之精神是谓圣"，很显然，这与其说是文献考证，不如说是一种义理判断。而且慈湖的这一义理判断本身，也存在诸多解释的余地。例如何谓"心之精神"，便是一个需要解释的问题。在慈湖看来，心之精神无非就是其师象山所言的核心概念"本心"的同义词。正是由

---

[1] 《遗书》卷十五《泛论学》。

于拥有了"本心"的第一哲学概念，所以象山才能建构起"心即理""宇宙便是吾心"等一套心学理论。毋庸置疑的是，慈湖对象山本心概念的认同，是其所以对"心之精神是谓圣"有一种特殊感受的思想根源之所在。

所谓"心之精神是谓圣"，按照慈湖的理解，其实很简单，这句命题所要表达的无非就是"心即圣"的意思。慈湖之所以看重这句命题，原因在于打通圣凡之间的隔阂，重建圣凡一致的信念，应当是象山—慈湖一流的心学家在兹念兹的终极关怀。如果说"心即理"命题不免有些哲学的抽象，需要经过一番哲学的思辨论证才能让人接受，那么，"心之精神是谓圣"则几乎是一句大白话，是将人心精神与圣人品格直接画上等号，强调圣凡一致性。

到了阳明学的时代，"心之精神"一语也引起了关注。有学者认为，阳明晚年多次强调的"心之良知是谓圣"①即可能受到慈湖的启发，而非直接来源于《孔丛子》，尽管阳明特意将"精神"一词以良知来取代，但其语句的表述方式及其内涵的思想性则有相通之处。②事实上，良知作为心体存在，其含义所指便是人的主体精神或道德精神，这一点是毋庸置疑的。

值得重视的是，在阳明后学的思想展开过程中，不乏有人对"心之精神"一词颇为欣赏。例如对"不起意"说表示反对的聂双江却对"心之精神"一语并不反感。③龙溪弟子张元忭（号阳和，1538—1588）曾有本体即在工夫中见的著名命题，对乃师龙溪偏重顿悟之思想不无微词，然而张阳和对彭山《龙惕书》的观点却有认同④，而且对"心之精神是谓圣"也

---

① 《王阳明全集》卷六《答季明德·丙戌》，卷八《书魏师孟卷·乙酉》。特别是在前一封书信中，阳明这样说道："故区区近有'心之良知是谓圣'之说。"这表明该说的提出非泛泛之谈，而是阳明晚年苦心拈出的一句思想命题，值得重视。

② 参见［日］楠本正继：《宋明时代儒学思想的研究》第一章第四节"陆门"附注。

③ 《双江集》卷九《答董兆时》。

④ 《王畿集》卷五《云门问答》。

有同情的理解，他将慈湖与阳明的两句命题并列起来，并从圣凡一致的高度对此做出了肯定：

> 慈湖先生云："心之精神是谓圣。"阳明先生亦云："心之良知是谓圣。"夫心之良知即心之精神也。万事万物皆于此，无圣无凡，无古无今，无内外，无动静，一也。学者学此而已。……舍此不可以言学。[①]

在张阳和看来，良知即精神，两者就是同义词，而且"心之精神"或"心之良知"乃是一切学问的关键，这一判断充分反映了他对心学的基本理解。值得注意的是，双江及阳和在引述过程中，都不是将"心之精神"视作孔子语，而是直接看作慈湖的思想言论，这表明在当时学术界，人们大都认为"心之精神"足以构成慈湖思想的一大标志。

当然，对于慈湖批判者而言，他们对于慈湖的这句命题也绝不会放过，而是当作批判的标靶。整庵便批评道："若认精神以为道，则错矣。"他认为人心之"神"（即"精神"）只是人心具有"无所不通"的一种认知能力，然而"道"之在人心构成"道心"，"神"之在人心则构成"人心"，若对两者不做区别而画上等号则将一错百错。[②]就结论言，整庵的这个说法蹈袭的是朱子的观点，认为应严格区别人心与道心，如果简单地将人心等同于圣人之"道"，则是非常危险的。

湛甘泉也非常敏锐地观察到"慈湖立命，全在'心之精神'一句"，意谓慈湖思想的旨趣所在就是"心之精神"一语，但在甘泉看来，这句话"元非孔子之言，乃异教宗指也"[③]。因为他断定《孔丛子》是"子思之伪也"[④]而不是汉人伪作而已，故根本不值得采信。在甘泉看来，"心之精

---

① 《不二斋文选》卷二《再寄徐鲁源》，明万历三十一年刻本。
② 《困知记续》卷下，第 82 页。
③ 《甘泉集》卷十七《杨子折衷》。
④ 《甘泉集》卷十七《读崔后渠叙杨子折衷》。

神"根本不是儒学概念，他甚至断定："心之精神是谓圣，此一言最害道之甚。"① 而当甘泉下此断定之前，他似乎并不认为对《孔丛子》一书还需要做什么文献考证的工夫。

在嘉靖年间，对心学展开全面批判的陈建（号清澜，1527—1593）则做了一些考证的工夫，指出"心之精神"非孔子之言，而是出自庄子。② 崔后渠则根据慈湖的这句命题，断定其思想本质无非就是"师心自作"。③ "师心"一词，语见《庄子·人间世》，意指唯我自是的膨胀心理。在后渠看来，以慈湖为代表的心学家，无不有"师心自作"之弊，例如将人心直接等同于圣人，或者将人心良知直接与圣人画上等号，都不免导致"师心自作"的后果。若此，则阳明晚年的诗句"乾坤由我在，安用他求为？千圣皆过影，良知乃吾师"④ 恐怕亦难逃此咎。

但显而易见的是，这种批判往往缺乏对心学理论的深入了解，便轻易做出价值上的否定判断，这就导致将某种哲学理论的义理脉络与其思想价值混而不分的结局，这是晚明时代的心学批判常见之现象，却不得不令人深思。

六　结语

由上可见，16 世纪 30 年代，一位本来默默无闻的心学人物——杨慈湖竟然在社会上掀起了一场不小的波澜，围绕慈湖思想的各种问题，朱

---

① 《甘泉集》卷十七《杨子折衷》。

② 陈建：《学蔀通辨》卷四"后编上"。陈清澜所指乃是《庄子·天道篇》"而况精神，圣人之心静乎"一句。据日本学者金谷治的考证，"'况'下，诸本有'精神'二字，有断作'况精神'之说，亦有断作'况精神圣人'而将精神视为形容词的读法，两种读法都欠稳妥。今据王懋竑之说，视二字为衍字而删除"（《庄子》，东京：岩波书店，1998 年，第 146 页）。不过，在陈清澜看来，"精神"二字乃为主语，"心之精神是谓圣"无疑源自于此。

③ 崔后渠：《杨子折衷序》。

④ 《王阳明全集》卷三十四《年谱》"嘉靖六年九月条"。

子学或阳明学的思想阵营之间引发了种种思想争辩。这场论辩充分说明，随着阳明学的心学话语强势登场，明初以来享有独尊地位的朱子学权威已然开始动摇，与此思想现状相应，在此之前被视为异端的人物言论及其著作不断涌现，并构成无法阻挡的社会思潮。对此，湛甘泉曾无奈地感叹，社会上已出现了一种"厌常喜新"①的逆反心理；与之有同样感受的罗整庵，则指出慈湖思想得以重现于世，根源在于人们的"贪新忘旧"的心理作怪，慈湖的言论之谬误本不难识破，然而人们却"反从而为之役"——成为其思想俘虏，个中原因究竟何在？整庵也感到十分无奈。②

不过，另一位心学的激烈反对者魏校（号庄渠，1483—1543）则一眼洞穿慈湖出场的根源所在，不在于人们的猎奇心理，端在于阳明心学的流行："自阳明之说行，而慈湖之书复出。祸天下，殆天数邪！"③这一指控虽不完全符合思想史实，但也说对了一部分，因为不可否认的是，正是由于阳明心学的横空出世，宋代心学人物如杨慈湖才会被重现挖掘出来。只是他认定慈湖现世与阳明心学的盛行必将祸害天下，则显然有其思想立场的预设，不免言过其实了。顺便一提，魏庄渠对于甘泉的慈湖批评仍感意犹未尽，他模仿朱子的口吻，愤怒指出："慈湖之书，逆天侮圣人之书也。……此书不焚，不知颠了无限后生。"④直呼应当发起一场焚书运动，将慈湖论著付诸一炬。

然而须指出的是，一些思想批判者往往容易将批判对象在社会上的影响做无限放大，仿佛就在一夜之间，那些"异端"思想便将席卷天下，其后果必会造成人人都将质疑"圣经圣言"⑤的恶劣影响，然历史事实则

---

① 《甘泉集》卷十《问疑录》。
② 《困知记续》卷下，第 78 页。
③ 《庄渠遗书》卷四《答崔子钟》，《四库全书珍本》五集。
④ 同上。
⑤ 《困知记续》卷下。

未必尽然，相反，完全有可能是批评者出于某种护教心态的过敏反应。我们不妨举例来说明这一点。例如 30 年代，在南京做官的阳明弟子欧阳德（号南野）曾与唐顺之（号荆川，1507—1560）提到慈湖，然而荆川却对慈湖其人其事一无所知①，于是便向南野询问，而南野的回答也非常暧昧：他也只是从某位师友那里听说慈湖的思想既有弊端又有长处。②可见，在当时，唐荆川和欧阳南野对于慈湖究竟有何知识了解，是令人怀疑的。由此可见，慈湖思想虽在当时引发了不少关注，但其影响的范围也许很有限，对于整体读书人的知识阶层而言，慈湖的存在依然很渺小。事实上，慈湖思想的重新现世更多地具有象征意义，即象征着非正统的所谓"异端"思想已经随着阳明心学的发展而有了重新评估的可能。

若改变审视问题的角度，我们则不妨可以说，与那些竭力批判慈湖思想而欲将慈湖从学术思想界彻底铲除的愿望相反，具有讽刺意味的是，他们的批判却有可能导致另一种相反的效应：使得慈湖思想在社会上不胫而走。因此重要的不是一味地批判，而在于思想的反思。邹东廓所说的以下一段话便反映了这一点："今厌末学之玄妙，而并罪慈湖，慈湖有所不受矣。"③言外之意是说，与其将今时的思想流弊归罪于慈湖，还不如反思自己。

最后，以两条非常著名而意思却完全相反的慈湖评论来结束文本的讨论。一条出自被后人视作"异端之尤"的人物李贽之口："慈湖于宋儒中，独为第一了手好汉。"④一条则是对晚明心学施以严厉批评的刘宗周的话："象山不差，差于慈湖；阳明不差，差于龙溪。"⑤可见，对一个思想人

---

① 只是唐荆川后来编撰《诸儒语要》之际，收录了一些慈湖语录。

② 《欧阳南野先生文集》卷三《答唐荆川》，明嘉靖三十七年刻本。

③ 《东廓集》卷五《答曾广之》。

④ 《焚书》卷四《观音问·答澹然师》。

⑤ 《刘子全书》卷十三《会录》。将龙溪比附为慈湖的论调，在阳明后学的时代已经出现，例如甘泉弟子郭应奎批评龙溪时便指出："其又象山之有慈湖。"（《甘泉集》卷二十三《天关语通录》）

物进行历史定位往往会因思想立场的预设不同而呈现出差异性、多样性。更重要者，思想的差异性或多样性正可展示出思想的活力及其多元发展的可能性。在阳明心学的时代，何以会发生"异端"纷呈之现象，究其原因，或许就在于心学思想是给予时代以某种创造性的动力源泉。

（原载《浙江社会科学》2020 年第 1 期）

李贽思想的重新定位

【内容提要】16世纪晚明心学时代的李贽，是一个颇有争议性的人物，从当时到现代，一直如此。时人称他"背叛孔孟""名教罪人"，近人则以为他是"启蒙英雄"，是前近代中国启蒙思想运动的一面旗帜。其实，这两种看法都过高估计了李贽思想的历史地位。历史真相也许是，李贽只是晚明时代的悲剧性人物，其性格乖张、言论刻薄、愤世嫉俗，故难以容人；其思想承续了阳明学的批判性精神，与泰州学派推动的儒学世俗化运动的时代气息比较契合；然其学说思想缺乏理论系统性，故其思想对社会有多大深刻影响，却不宜过分夸大。若认定李贽是反传统的思想英雄则显然是源自现代性的观念预设或"启蒙情结"，而并非是真实的历史判断。若为李贽思想做历史定位则可说：近承王畿、远绍阳明、学主童心、融通三教。

　　公元1602年，万历三十年三月十五日，在都城北京的一所监狱里，一位76岁的老翁用一把剃刀隔断了自己的喉咙。在气息奄奄之际，狱吏问他为何自绝。老翁淡然答道："七十老翁何所求？"次晨，溘然长逝，这就是李贽。"七十老翁何所求"看似平淡，但其中透着些许悲凉。李贽是个悲观中人、性情中人，其性格暴烈，眼里揉不得沙子，在被捕后，已对凡俗尘世不再有任何的眷恋。

李贽之死，给世人以一种莫名的悲壮感，这是一个时代的悲剧。时人说他"背叛孔孟"（冯琦），其至是"名教之罪人"[1]，近人则将他视作晚明启蒙运动的一面旗帜。如何衡断李贽思想的历史定位，颇值深思。

一　事件

从思想史的角度看，李贽的死可谓是一场思想史事件。

李贽自刎一时间成为爆炸性新闻，很快传遍北京城，渐渐扩散至全国，在社会上引起了两种截然不同的反响。其中，可能多数人都认为他的死是罪有应得，例如后来成为"东林党"领袖的顾宪成便曾经嘲笑道：李贽在南京讲学时期，常以率性而行、"当下自然"为思想口号，但到了北京被人抓了后，"便手忙脚乱，没奈何却一刀自刎"，这怎么称得上是"当下自然"？[2] 更有一些夸张的说法，认为李贽的学说"好为惊世骇俗之论，务反宋儒道学之说。……后学如狂，不但儒教溃防，即释宗绳检，亦多所清弃"[3]，而其影响已到了"举国趋之若狂"的可怕地步，更严重者，"今日士风猖狂，实开于此"[4]。因此，李贽之死并不足为惜。最初向朝廷写报告，要求通令逮捕李贽所罗列的罪状主要有两条：一是思想问题，一是私生活问题。这是欲置人于死地的常用老套手法：在思想方面，李贽的言论著述"狂诞悖戾""惑乱人心"；在私生活方面，李贽勾引士人妻女乃至与妓女"白昼同浴"，行为不检点到了令人瞠目的地步。

不过，这份报告引起万历皇帝注意并被其批准，也许是最后一条耸人听闻的理由：李贽此人若只在地方上活动，其影响较有限，可据说此人

---

[1]　于孔兼：《愿学斋亿语》卷三，日本内阁文库藏明万历三十五年刻本，第43页。

[2]　《顾端文公遗书》卷十四《当下绎》，第17—18页。

[3]　沈瓒：《近事丛残》卷一《李卓吾》，载《明清珍本小说集》，北京：广业书社，1928年，第22页。

[4]　朱国桢：《涌幢小品》卷十六，北京：中华书局，1959年，第365页。

已到了距皇城脚下不足40里的通州,恐怕此人一旦进入京城,必带来扰乱人心的社会灾难,故须立即采取果断措施,将其捉拿归案,速速押送至原籍所在地,同时须将他的所有著作全部收缴,加以"烧毁",以免"贻祸后生",如此则"世道幸甚"。①

写这份报告的是后来被称为"东林党人"的张问达。向来以为,东林党有政治正义感,批评和对抗朝廷政治腐败很有一股勇气,但就是这样一批人,他们也容不得任何所谓的"异端"思想。同样,明末清初的所谓三大"进步"思想家顾炎武、王夫之、黄宗羲,他们对李贽的批判也丝毫不留情面,黄宗羲在《明儒学案》这部明代思想史的著作中,甚至完全无视李贽的存在,没有给他安排任何的位置,采取一字不提的策略。②

当然,为李贽打抱不平的人也不少,有些是朝廷的地方大员,如漕运总督刘东星、御史马经纶,大多为江南士人或心学派传人,如周汝登、陶望龄等。最著名的是公安三袁之一的袁中道,他撰写的《李温陵传》③列举了李贽为一般人所不及的五个特点,其中一条说李贽气节刚健,"不为人屈",李贽之死的主要原因是其"才太高,气太豪",道出李贽为人为学的强烈个性。张师绎在《李温陵外纪序》中说,李贽被捕后,因不堪忍受羞辱,故"引刀自裁",天底下不论识与不识者,无不闻之痛心、潸然泪下,且李贽的《焚书》《藏书》《说书》等书忽然变得"洛阳纸贵",人们都想一睹为快,这让人明白一个道理:"以语言文字杀天下士者,非徒无益,而反助之名。"④可见,17世纪的人也懂得一点社会心理学的道理:当朝以

---

① 顾炎武著,黄汝成集释:《日知录集释》卷十八《李贽》,上海:上海古籍出版社,1985年影印本,第1424—1426页。

② 只是在《明儒学案》卷十四,黄宗羲谈到阳明再传弟子徐用检的时候,提到李贽之名,称李贽在北京"折节向学"于徐用检,并从他那里得知王畿之名以及阳明之书。(《明儒学案》卷十四《浙中王门学案四》,第304页)

③ 袁中道:《珂雪斋近集文抄》卷八,转引自张建业:《李贽评传(修订本)》,福州:福建人民出版社,1992年,第274页。

④ 潘曾纮编:《李温陵外纪》卷首,台北:伟文图书出版社,1978年,第17页。

思想罪杀人，不但于事无补，反而使被封杀者名满天下。几十年之后，清初顾炎武也承认："虽奉严旨，而其书之行于人间自若也。"[1] 讲的也是社会心理的反弹效应。

在今天看来，李贽是中国思想史上的一位特立独行、具有强烈反叛精神的思想家。所以，20 世纪初的启蒙运动时期，李贽的名字从人们的历史记忆中被突然唤醒，人们纷纷颂扬他的反叛精神[2]，有日本学者称他为前近代中国的"近代思想"萌芽期的代表人物[3]，有中国学者则认为他是晚明启蒙思潮的一位勇敢斗士。[4] 那么，李贽究竟何许人也？

二　家世生平

1527 年，李贽出生于福建泉州的一个商人家庭。他的号有不少，最著名的是"卓吾"。李贽是一位堂堂正正的儒家士大夫，30 岁得中举人，但他放弃进士考试，以举人身份进入仕途，自称这是为了养家糊口所迫。他一生做了十几年的官，一直做到官衔正四品的云南姚安知府，也可算是地方高级官员。不过，他在三年任期结束后，厌倦了仕途生涯，竟然宣

---

① 《日知录》卷十八《李贽》，第 1426 页。又如李贽死后七年即 1609 年，焦竑（1540—1620）在《续藏书序》中说："宏甫（李贽）殁，遗书四出，学者争传诵之。"（《续藏书》卷首，北京：中华书局，1985 年，第 1 页）这便是社会心理的反弹所致。

② 例如，吴虞写于 1915 年的《明李卓吾别传》（《吴虞文录》卷下，上海：上海东亚图书馆，1921 年），铃木虎雄的《李卓吾年谱》（《支那学》第七卷 2 号、3 号，1934 年）。

③ 例如，[日] 岛田虔次：《中国近代思维的挫折》，东京：筑摩书房，1949 年。

④ 例如，1945 年的侯外庐《中国近世思想学说史》（重庆：三友书店，1945 年），后改名为《中国近代启蒙思想史》重版（北京：人民出版社，1993 年）。晚近以来的李贽研究则不胜枚举，仅举三例：张建业：《李贽评传（修订本）》；陈清辉：《李卓吾生平及其思想研究》，台北：文津出版社，1993 年；[日] 沟口雄三：《李卓吾：一个正统的异端》（原著日文版：《李卓吾：正统を歩む異端》，东京：集英社，1985 年），收入《沟口雄三著作集：李卓吾·两种阳明学》，孙军悦、李晓东译，北京：生活·读书·新知三联书店，2014 年。另作为史学研究的《万历十五年》，作者黄仁宇专辟一章"李贽：自相冲突的哲学家"，认为李贽的时代并不存在西方近代宗教改革或文艺复兴的历史条件，因此我们不能把李贽想象为"类似条件下的欧洲式的人物"（中华书局 2007 年增订本，第 190 页）。这是值得听取的意见。

布退出政坛,从此退隐江湖,时年 54 岁。

1581 年春,辞官之后,他不回福建老家安度晚年,而是从云南直接赶往湖北的黄安县,寄寓在亦师亦友的耿定理的家里。耿定理有一位兄长叫耿定向,是一位比李贽的官做得更大的朝廷大官员,也是当地的地方豪绅,在思想上,两人颇为不合,在此后的一段时期内发生了激烈的思想冲突,此当别论。在黄安期间,李贽在生活上,得到了耿氏家族以及周柳塘、梅国桢等其他朋友的资助,开始了他晚年讲学著述的生活。从 55 岁一直到逝世为止的二十多年间,他度过了一段安稳而又精彩的,也是最受争议的岁月。

按李贽自己对一生的评估,50 岁前后的两段人生判若两人。"五十以前真一类犬也",意思是说,50 岁以前,尽管有过一段仕宦生涯,但却活得像一条狗,50 岁以后,辞官隐退,才活得像一个人。李贽能说出这种话,无疑是对人生的深刻反思。依李贽对人生的思考,50 岁以后才是其人生的真正开始。在此过程中,1588 年,62 岁的时候,他又有一个惊人之举,剃发为僧,其因据说有一天,他突然觉得头很痒,又懒于梳理,但他素有洁癖,于是索性剃光头发,不过胡须还是留着。大约在此之前的1585 年,由于好友耿定理的逝世,又由于各种原因,他与耿定向之间发生了一些不愉快。于是,他便从黄安迁居麻城,1588 年他住进周柳塘等朋友为其修建的位于麻城龙潭湖的芝佛院。此后,他便以老僧自居。只是他照常喝酒、照常吃肉,名为出家,其实跟普通人的生活没什么两样。[1]

按照传统儒家的观念,人之体肤授诸父母,故不能毁伤,否则便是不孝。然而这种传统观念对晚年李贽而言,已没有任何管束的效力。对他

---

[1]　有个生动例子可作说明。1601 年,袁中道到通州看望李贽,劝其戒荤吃素,否则"恐阎王怪怒"。李贽不悦,直言:"孟子不云七十非肉不饱? 我老,又信儒教,复留须,是宜吃。……我一生病洁,凡世间酒色财半点污染我不得。今七十有五,素行质鬼神,鬼神决不以此见小丑,难问李老也。"(《续焚书》卷二《书小修卷后》,北京:中华书局,1975 年,第 68 页)这就是不信鬼不信邪而又自称笃信儒教的李贽。

而言，他之所以剃发为僧，并不意味着其在思想上皈依佛门，而是出于他向来讨厌受人管束，更不愿受那些个烦琐教条之管束的缘故，故索性住进寺庙，远离尘世，不受管束，以求安静。他的大部分著作便是在入住芝佛院期间完成并刊刻行世的。可见，晚年李贽，弃官隐居，快意人生，率真任性。

他晚年对自己的思想性格有段自我表白：称自己性格很急、外表高傲；喜欢写文字，但措辞鄙俗粗陋；内心狂妄、行为乖张且不喜社交；但待人却有一副热心肠，做事往往"随波逐流"，说话往往"口是心非"；因此，经常不受人待见，被人讨厌。[1] 他坦承"我平生不爱属人管"，因此，"受尽磨难，一生坎坷"；其一生即便以"大地为墨"，也难以写尽。[2] 可见，李贽是一位性格孤傲、行为乖张、言论大胆、冷眼看世界的"怪杰"，也是一位思想家，更是一位社会批评家。

那么，在 16 世纪中国，为什么会出现这么一位"异端"人物呢？

三　思想背景

我们有必要讲一下李贽所处的时代思想背景。众所周知，在 16 世纪，明代社会掀起了一场心学思想运动。这场运动发轫于 16 世纪 20 年代初，以阳明学的出现为标志，自此以往，王阳明的"门徒遍天下"，阳明学也"流传愈百年"（《明史·儒林传》）[3]，由于阳明心学"别立宗旨"，而与官方意识形态的朱子学"背驰"，大有取代朱子学的发展势头。不过，就在阳明学"其教大行"的另一方面，却也导致"其弊滋甚"（《明史·儒林传》）的后果，即阳明学有鼓动天下的思想效应，同时产生了许多思想

---

① 《焚书》卷三《自赞》，第 130 页。
② 《焚书》卷四《豫约·感慨平生》，第 187 页。
③ 按："门徒遍天下，流传愈百年"的前半句早在李贽的时代已是常识，如李贽就说过"当时阳明先生门徒遍天下"（《焚书》卷二《为黄安二上人三首》，第 80 页）。

流弊。李贽就身处在这种变幻纷纭、跌宕起伏的时代思潮的氛围中。

阳明学作为晚明的一场思想运动，与阳明后学的发展演变有着密切的关联。在阳明后学的发展史上，出现了各种有关阳明学的解释理论，导致了阳明王门的学派分化，正如清初思想家黄宗羲在《明儒学案》中的划分，主要有浙中王门、江右王门、泰州学派这三大派系，这是按照出身地域所做的划分，若按思想倾向来划分，又有左、中、右三派，特别是"王门左派"的王畿（浙中王门）以及王艮（泰州学派的开创者），在晚明社会的影响甚大，一般认为心学末流的各种思想流弊主要就是指"二王"。① 按黄宗羲的判断，阳明学因为有王畿和王艮而"风行天下"，同时又因为这两个人物而导致阳明学"渐失其传"。他还严厉指出，泰州学派的后人个个"能赤手以搏龙蛇"，最终导致的结局是"非名教之所能羁络矣"。② 可以想见，在正统士大夫的眼里，泰州学派的思想流弊十分严重，已经到了叛离儒家正统的严重地步。

当然，这不过是黄宗羲个人的思想判断，若放在今天，泰州学派的思想是否表明对儒学价值观的叛离，应当另做讨论。例如，有人反其道而行之，借用黄宗羲的上面这番话，倒过来解读，以此反证泰州学派中人，仿佛个个都是反叛儒家传统、敢于与时代倒行逆施的英雄人物。③ 这是不是有点过度解读呢？值得深思。

李贽的思想形成及其发展，与阳明后学有着种种直接或间接的关联。他最推崇的思想人物是王畿，其次则是王艮。他对王畿不吝赞美之词，对其做出了"三教宗师"④"圣代儒宗"⑤的极高评价，也称王艮在阳明门下

---

① 参见嵇文甫：《左派王学》，上海：开明书店，1934 年；吴震：《阳明后学研究（增订本）》。

② 《明儒学案》卷三十二《泰州学案》，第 703 页。

③ 参见张建业：《李贽评传（修订本）》；徐苏民：《李贽评传》，南京：南京大学出版社，2006 年。

④ 《续焚书》卷一《与焦弱侯》，第 25 页。

⑤ 《焚书》卷三《王龙溪先生告文》，第 121 页。

为"最英灵""真英雄"。① 当然，他还非常欣赏泰州传人王襞和罗汝芳等。不过，他真正接触到阳明学，是在 40 岁以后。据其回忆，他是在北京当礼部司务官时，受"友人李逢阳、徐用检之诱"，才得知"龙溪王先生语"以及"阳明王先生书"，其时已经"年甫四十"。②

但李贽"学无常师"，这是他自己说的一句"实语"。③ 故在师承上，与浙中王门或泰州学派都没有直接的传承关系。他与王艮之子王襞见过面，对他格外欣赏，甚至称其为"师"。但李贽向来不拘一格，他还称比他小 7 岁的朋友耿定理为"师"。这里的"师"，在很大程度上非指学术传承之"师"，而是指心有灵犀、气味相投的"心师"（李贽语）。更奇特的是，若在"原其心"而非"论其迹"的前提下，这意谓就其心灵处而非行事处着眼，那么，何心隐以及传说置其于死地的张居正这两位"二老皆吾师"④。可见，在师友观问题上，李贽秉持着一种非常开放的态度，而迥异于传统的师道友伦观念。⑤ 因此，我们不必在思想学派上把他视为泰州学派的传人，他只是在思想倾向上与泰州学派有一定的亲近性。

泰州学派的开创者王艮出身淮南的灶丁，是名副其实的一介草民，故其学派成员也往往来自社会下层，包括农夫、樵夫、陶匠以及小商人等，几乎各色人等都有。这些人聚集在一起，形成一种思想团体，在阳明良知学的旗帜下，在底层社会鼓动心学思想，产生一个非常特殊的现象，推动了经典知识的儒学走向民间，发生了儒学大众化、平民化的重要转向。这股思想新动向表明，儒学向来就有的世俗化特征，终于在 16 世纪晚明社会得到了进一步的凸显，反映出"后王阳明"时代的儒学思想已经由精英儒学向民间儒学发生深刻的转化。

---

① 《焚书》卷二《为黄安二上人三首》，第 80 页。

② 《阳明先生道学抄》附《阳明先生年谱后语》，载张建业主编：《李贽全集注》第 18 册，北京：社会科学出版社，2010 年，第 482—483 页。

③ 《焚书》卷二《为黄安二上人三首》，第 81 页。

④ 《焚书》卷一《答邓明府》，第 16 页。

⑤ 参见吴震：《泰州学派研究》，第 33—34 页。

王艮不但亲炙阳明门下，而且由于年龄较大、社会阅历较丰富，故在王门当中很有知名度。他把自己的儿子王襞送到浙江王畿那里，拜王畿为师；江右王门的右派人物罗洪先是位状元出身的大官员，他曾亲自到淮南去拜访王艮，聆听教诲，王艮赠以《大成学歌》，成为学林一时佳话。可见，王门中有不少士大夫对王艮都很尊重。

有趣的是，不仅李赞称赞王艮是"真英雄"，上面提到的李赞的思想对手耿定向也很推崇王艮，特意为王艮写了一篇传记，叫《王心斋先生传》，说王艮的学问深得"孔氏家法"，其思想归趣"不堕玄虚，袭然孔氏正脉"[①]，这是非常正面积极的评价。可见，王艮的思想影响所及，上到"王公名卿"即儒家士大夫，下至"樵竖陶工"即一般老百姓，产生了普遍效应。何以故？因为王艮讲学注重"修身立本"，这就很贴近"庶民"，所以能够"法天下""传后世"。[②]

切近庶民的学术观点还有另一层面的表现，即有关阳明良知学的问题。王艮与王阳明曾有一场很著名的对话，涉及良知普遍性的哲学问题。在这场对话中，王艮提出"满街都是圣人"[③]的著名观点，这个观点未免有点惊世骇俗。按照这个说法，无疑满街老百姓都是儒家最为推崇的至上人格——"圣人"。然而从思想层面看，这一命题蕴含的思想深意在于表明，每个人即便是普通百姓，其内心深处都充分具备成为圣人的内在本质，即"良知"。

不用说，良知乃是阳明学的一个思想标志，同时也是阳明后学的身份认同的一大标志。良知不是指某种好的知识，譬如能做一手好菜的料理知识，而是指每个人内心具备的善良的道德本心，是待人接物、为人处世的道德标准，而且是人人都有的好善恶恶的"自家准则"（王阳明语）。

① 《耿天台先生文集》卷十四《王心斋先生传》，台北：文海出版社，1970年，第1418页。

② 同上。

③ 《传习录》下，第313条。

在这个意义上，任何人不管其身份地位的高低贵贱，在良知面前一律平等。王艮对此当然有充分的领略，所以才会说出"满街都是圣人"这样的话。

显然，王艮的这个说法，讲了王阳明想讲而未讲，又不得不讲的思想命题。从哲学上看，这个命题是本体论命题，在晚明心学思潮中产生广泛影响，出现了诸如"圣凡一律""圣凡平等"乃至"无圣无凡"等命题，都是就本体立论的命题。若从工夫论的角度看，则可说"即凡成圣"或"即用求体"（王阳明语）。这也是王艮所强调的重点。例如，王艮所说的"百姓日用即道"便蕴含这层意思。这表明儒家所讲的圣人之道这类终极存在，其实就体现在普通百姓的日常生活中，而不是抽象高妙、难以把握的东西。说得平实一点，道即事，事即道（王艮语）。所以，天道良知不仅是人的生命本质，而且应当也必须落实为一种生活方式，因为它们就存在于人伦日用中，并通过人伦日用才能实现其本身的价值和意义。

四　童心真心

从王阳明到王艮，对儒家经典中"良知"概念的阐发，很贴近庶民生活，这显然对李贽有深刻影响。1582 年，李贽写了一篇重要文章《童心说》，专门阐发此义。

> 夫童心者，真心也。
>
> 夫童心者，绝假纯真，最初一念之本心也。
>
> 若夫失却童心，便失却真心；失却真心，便失却真人。[1]

---

[1]　以上三句，均见《焚书》卷三《童心说》，第 98 页。本篇以下凡引此文，见第 98—99 页，不再出注。

这些都是李贽在《童心说》开宗明义所讲的几句话。里面所说的"本心""真心"这类概念都是阳明心学的固有术语。李贽用"童心"做比喻，代指良心、本心，实质就是指良知。

良知概念来自孟子。孟子说："人之所不学而能者，其良能也；所不虑而知者，其良知也。"（《孟子·尽心上》）按此说法，人的良知良能不需要通过后天的学习思虑，而是天生具有的，这叫作"天赋"说。孟子认为，每个人的基本德性（如仁义礼智）是根诸本心而有的，是人之所以为人而区别于禽兽的天生丽质（基本德性），而且是超越经验的道德理性。

为证明这一点，孟子又说："孩提之童无不知爱其亲者，及其长也，无不知敬其兄也。"（《孟子·尽心上》）这里的"知"就是良知。这是说，孩提之童的"童子"无不知晓一个道理，即爱自己的亲人（这符合儒家德目"仁"）以及尊敬自己的兄长（这符合儒家德目"悌"）。所谓"爱"和"敬"的道德情感，其根源就在于良知，并构成良知的基本内涵。这表明自孟子以来，儒家就有一个基本观点，认为童子之心天生就具备良知本心，不仅如此，在后天的生长环境中，还必须不断扩充仁义礼智等道德本性。具体的步骤和做法有许多，但根本方法是尽心知性知天，存心养性事天。这是说，在实践上，立足心性，在境界上，上达天道，最终实现"天人合一"的终极目标。

如果上述说法是儒学的传统观念，那么，李贽强调童心即真心、即本心的说法，应当符合孟子以来直至阳明的心学传统。只是李贽的侧重点凸显了"真"的重要性。"真"这个字本身，在先秦时代其实并不是儒家所用的概念，而是道家喜欢的术语，如"真人"。但儒家历来强调的"诚"这一概念，其中应已内含"真"的含义。例如，"诚者，天之道""诚意""诚身"等命题中的"诚"，无非就是"真实无妄"（朱子语）之义；而王阳明将良知本心直接视作"真心"或"真己"，即真正的自己，同样是强调良知本心为最真实的存在。可见，李贽讲的童心、真心都可在阳明心学的语境中得到理解。

若进一步追溯，李贽的童心说与泰州学派的思想主张也有重要关联。举例来说，王艮有一个重要观点"即事是道"，认为"道"就在"事"中，上面提到的"百姓日用即道"命题便是由此推论而来。为进一步解释这个命题，王艮打了一个比方，譬如"僮仆之往来、视听、持行、泛应动作处，不假安排"①。这是说，你们看这位端茶待客的童仆的一举一动拿捏得恰到好处，丝毫不乱而又不假思索，这就说明即便没有多少学问知识的童仆，他的内心也有规矩准绳的"道"，并体现在具体的"往来、视听、持行"等日常行为中。根据黄宗羲的记载，据说坐在一旁的听众，闻之无不"爽然"②，顿时明白了"百姓日用即道"的道理。

王艮此说及其所举的案例，受到了泰州后学罗汝芳的关注。上面提到，罗汝芳也是李贽心仪的一位思想家。罗汝芳在与朋友的一场对话中，曾提出"捧茶童子却是道也"的命题，然身旁的一位友人却公开质疑道：难道此童子"小仆"也知道儒家的"戒慎恐惧"等为人处世的道理吗？稍停片刻，罗汝芳反问道：从茶房到这里的大厅一共有多少台阶？众答：共三层。罗汝芳接着说：大家看，这童子走过许多门槛阶梯，却没有打破一个茶碗，此为何故？若童子什么都不知，他又"如何会捧茶"？且"捧茶"动作又何以能做到纹丝不乱、确切无误？话到此处，罗汝芳挑明了一个观点："童子日用捧茶"的"知"就是孟子说的"不虑而知"，这个"知"就是"天之知"。③ 至此，一旁听众才终于明白"童子捧茶即是道"所内含的哲理。此所谓"天之知"，实即阳明心学的良知。

不论是"日用百姓即道"还是"童子捧茶即道"，话虽讲得浅显直白，然其中所蕴含的哲理无非是：天道具有无所不在的普遍性，良知也同样具有无所不在的普遍性；由此，一个人的言行举止、日常生活乃至童子捧茶，无不体现出行为者心中的良知。

---

① 《王心斋先生遗集》卷三《年谱》"嘉靖七年"条。
② 《明儒学案》卷三十二，第710页。
③ 《明道录》卷三，第108—110页。

根据阳明心学理论，良知之在人心，无所不在，如太阳一般"千古一日"，超越时空，永恒普遍，故良知必存在于所有人的内心。由此以观，李贽所说的童子之心即大人之心，童心即良心，良心即真心。李贽此说或与孟子"大人者不失其赤子之心"的儒学传统观点必有思想渊源，这应当不是过度的诠释。要之，在阳明学时代，李贽提出"童心说"应当与阳明心学有着直接关联。这可以从一个侧面了解李贽大力推崇王阳明等一大批心学人物的缘由。

可是，《童心说》原本是李贽为其好友焦竑重刻《西厢记》而写的一篇序文，看上去不像是一篇专题性的哲学论文，其重点不在于概念的辨析或观点的论证。这也许跟李贽虽有明锐的思想洞察力，却不擅长理论思辨有关，他的思想洞察往往表现为思想批判。有学者据此认为李贽的《童心说》跟任何传统儒学，即便是宋明时代的道学或心学都无任何思想渊源，相反，是对整个儒家传统特别是道学思想的猛烈批判。依据是《童心说》末尾一段话：

> 夫《六经》《语》《孟》，非其史官过为褒崇之词，则其臣子极为赞美之语。又不然，则其迂阔门徒、懵懂弟子，记忆师说，有头无尾，得后遗前，随其所见，笔之于书。后学不察，便谓出自圣人之口也，决定目之为经矣。孰知大半非圣人之言乎？……然则《六经》《语》《孟》乃道学之口实，假人之渊薮也，断断乎不可语于童心之言，明矣。

这无疑是对《六经》《论语》《孟子》等儒家权威经典的严厉控诉以及深刻怀疑，特别是最后一句"道学之口实""假人之渊薮"，更是将批判矛头直指宋明时代的道学。有关李贽的道学批判，稍后再说。就上述说法来看，儒家经典的历史来源十分可疑，推而论之，所有古代文献都将变得不可置信，因此，若将此类经典视作"童心之言"则断然不可。换言之，每个人只要坚信自己的"童心"即可，切不可将儒家经典看作"童心之言"的权威依据。

以上观点应当是李贽写作两千余言的《童心说》的核心旨意之所在，反映出李贽思想的批判性。据此，时人以为李贽言论"惊世骇俗""狂诞悖戾"，进而招致"惑乱人心"，似非空穴来风。然此等议论只不过是传统士大夫严于异端正统之辩，出于"卫道"意识所使然。尽管李贽在骨子里有某种反叛性，上述文字可谓展现得淋漓尽致，然而是否由此便可反证李贽是一位近代意义的鼓吹人性解放、颠覆传统的思想家，则须另做一番学术考察。

五 以道抗势

事实上，儒学思想特别是发展到宋明理学的时代，对政治社会、知识权威保持某种思想批判性，而非一味地屈从于政治或经典的权威，这应当是儒家文化传统的一种精神体现。如所周知，自先秦孔孟以来，就已形成"以道抗势""以德抗位"的批判性传统。

且从孔子说起。在回答弟子有关大臣"事君"应以什么为原则的问题时，孔子明确说道："所谓大臣者，以道事君，不可则止。"（《论语·先进》）若君子违背了"道"的原则，则臣子可以不从。故对儒家而言，应遵守的政治原则是："天下有道则见，无道则隐。"（《论语·泰伯》）可见，在孔子原创的儒家思想中，"道"被置于世俗权势之上，这已然是明显不过的事实。

《荀子·子道》是主要记载孔子与弟子之间对话的一篇文字，其中有一段记载："传曰：'从道不从君，从义不从父。'……虽尧舜不能加毫末于是矣。"这里的"传曰"不详出自，若对照上面孔子在《先进》篇中跟弟子的对话来看，大致是指孔子或孔子所认同的说法，应该不会是无端的揣测之词。所谓"从道不从君"，显然含有"以道抗势"的含义，而"虽尧舜不能加毫末于是"更凸显出此政治原则的绝对性,反对任何对威权政治的盲从。荀子在另一篇《臣道》中也说:"传曰:'从道不从君。'此之谓也。故正义之臣设,则朝廷不颇。""颇",邪的意思。这里,荀子又一次强调了"从道不从君"的观点,彰显了"以道抗势"这一儒家政治哲学的重要意义。

孟子更强调"自得"之学的重要性,突出了仁义内在的良知主体性。在政治上应如何处理君臣关系的问题上,他指出:"以位,则子,君也,我,臣也,何敢与君友也;以德,则子事我者也,奚可以与我友也。"(《孟子·万章下》)这便是著名的"以德抗位"说,这与孔子的"以道抗势"说可谓相得益彰,共同构成早期古典儒家对政治权威的独立性、批判性原则。孟子的另一段话更典型地反映了这一观点:"古之贤王好善而忘势,古之贤士何独不然?乐其道而忘人之势。"(《孟子·尽心上》)可见,道与德显然比位与势更崇高、更根本。

及至 11 世纪宋代道学复兴之初,道学家便通过重建儒家"道统",将象征儒家精神性之传统的"道统"置于世俗王权的"政统"之上,一方面政治合法性须根源于"道统",另一方面任何朝代的君子都无法依凭王权威严将"道统"窃为己有。因此,自孟子以降,儒家"道统"发生中断,汉唐时代任何再英明的君主也不能是"道统"的接续者,而唯有自觉承担起"圣人之学"并有思想原创性的儒家士人才有接续的资格。[①]至于象征学术儒家之传统的"学统"更是儒家知识人自觉承担的目标。故元代儒者杨维桢断言"道统,政统之所在也"[②],不仅构成了宋明时代儒者的一般共识,而且是宋明理学政治思想史上一个划时代的标志性观点。

可以说,作为精神儒学(不同于学术儒学及民间儒学的一种形态)的

---

① 参见《中庸章句序》,《四书章句集注》。
② 杨维桢:《三史正统辨》,转引自余英时:《朱熹的历史世界——宋代士大夫政治文化的研究》上篇"绪说",第 17 页。

批判性特质，正是在宋明理学的时代获得了发扬光大的契机。王阳明自然也不能逸出这一时代的思想氛围。从某种意义上说，阳明心学在哲学精神上所体现出来的批判性，在整个宋明时代，没有任何一家学说能出乎其右。即便在 16 世纪的中国，一些正统儒家士大夫包括固守朱子理学的传统学者，面对王阳明基于心学立场而对经典与权威的批判性挑战，也大多闻之色变、惊叹不已。

六　异端之辨

下面不妨举例来略做说明。例如，自宋代以来，佛老异端而儒家正宗的所谓异端正统之辩便不绝于耳。然在阳明看来，这完全是先入为主的主观偏见，若从心学立场来审视，则良知心体是超越儒释道三教藩篱的普遍存在，因此，所谓异端正统绝不能仅以佛老的理论关怀不同于儒家来设准，而应当以是否认同良知心体为理论判准。更重要者，作为良知心体的儒家之道不仅存在于经典知识当中，更展现在每个人的言行举止、日常生活当中，由此出发，何谓异端何谓正统就有必要做重新审视。阳明指出："与愚夫愚妇同的，是谓同德；与愚夫愚妇异的，是谓异端。"[1]"良知良能，愚夫愚妇与圣人同。"[2] 阳明后学中著名的"二王"（王艮、王畿）对阳明此说心领神会，表达了基本认同，甚至有更进一步的阐发。王艮说："圣人之道，无异于百姓日用，凡有异者，皆是异端。"[3] 王畿则几乎重复阳明的语气，指出"同于愚夫愚妇为同德，异于愚夫愚妇为异端"[4]，并进一步阐发道"著衣吃饭，无非实学"[5]。

---

[1] 《传习录》下，第 271 条。
[2] 《传习录》中，第 139 条。
[3] 《王心斋先生遗书》卷一《语录》，第 5 页。
[4] 徐阶：《王龙溪先生传》，《王畿集》附录四，第 827 页。
[5] 《王畿集》卷十二《与丁存吾》，第 330 页。

那么，对"二王"无不推崇的李贽呢？其实，他也有一句名言："著衣吃饭即是人伦物理。"[①]跟王畿之说比较而言，语虽不同，意则一致。但须注意的是，这句话并不像有些学者所认为的那样，是在自然人性论意义上对欲望的直接肯定。表面看，李贽用"即是"这一判断词，将"著衣吃饭"与"人伦物理"直接联系起来。然就其思想实质而言，从"二王"到李贽，他们所强调的毋宁是："人伦物理"或"圣人之道"必在日常生活中得以展现，如果脱离了人的穿衣吃饭等日常活动，则伦理或天道就会变成虚悬的设定、抽象的假说，儒学也就成了不接地气、脱离现实的教条，这正是李贽所担忧的；反过来说，穿衣吃饭等日常行为也需要"理"或"良知"来加以范导，只有在良知的指引下，人欲的活动才不至于偏离方向。

其实，以上这些说法都旨在表明一个观点：良知心体内在于所有人的言行之中，以心学之术语言，所谓言行即生活中的庸言庸行。所以阳明说："良知亦只是这口说，这身行。"[②]对此是否认同，才是判断异端正统的唯一标准。故愚夫愚妇的庸言庸行不一定等于"异端"，儒家精英的理论言说也不一定等于"正统"。显而易见，这是对佛老异端、庶民愚昧等传统观念的一种颠覆，其思想效应大致有二：一是三教融合思潮的涌现，

---

① 《焚书》卷一《答邓石阳》，第 4 页。在阳明后学中，类似论调层出不穷，并非李贽一人之见。如一向以为比较稳健的王门修正派邹守益亦云："穿衣吃饭，步步皆实学。"（《邹东廓先生文集》卷五《简方时勉》，隆庆六年马森序刻安成佑启堂藏本，第 14 页）另一位阳明弟子程松溪也说："日用间视听言动，都如穿衣吃饭，要饱要暖，真心略无文饰，但求是当。"（《程文恭公遗稿》卷十四《复王龙溪书》，日本尊经阁文库藏万历十二年黄凤翔序刻本，第 2 页）王艮之子王襞同样指出："养衣吃饭，此心之妙用也。"（《东厓王先生遗集》卷上《上敬庵许口司马书》，《四库全书存目丛书》集部第 146 册，第 19 页）甚至李贽的思想论敌耿定向也承认："夫入孝出弟，就是穿衣吃饭的。这个穿衣吃饭的，原自无声无臭，亦自不生不灭，极其玄妙者，人苦不著不察耳。"（《耿天台先生文集》卷三《与周柳塘》，第 343 页）可见，道之妙用就在"穿衣吃饭"的日常生活中这一观点，在阳明心学时代几乎是各家各派的一项共识。但是，这一观点并不意味着对"道"的排斥或否定，从而导向"欲望肯定论"（如［日］沟口雄三：《中国の私と公》，东京：研文出版，1995 年，第 14 页）。

② 《传习录》下，第 242 条。

促进了儒学的多元化、开放性的发展；一是对"愚夫愚妇"等平民百姓的庸言庸行亦应加以积极的肯定和引导，从而加速了儒学的民间化、世俗化的发展。

正是在这样一种别开生面的时代思潮的氛围中，李贽对于所谓"异端"有不同于传统的理解，而且敢于坦然面对，他甚至自嘲是"异端"。① 然这种自嘲并非意味着李贽在思想上采取了反儒的立场，而更多意味着李贽有一种不合时流、独立不羁的性格。

再比如，阳明以下的几段话也有很强的思想冲击力："夫道，天下之公道也；学，天下之公学也，非朱子可得而私也，非孔子可得而私也。"② "夫学贵得之心。求之于心而非也，虽其言之出于孔子，不敢以为是也，而况其未及孔子者乎？求之于心而是也，虽其言之出于庸常，不敢以为非也，而况其出于孔子者乎！"③ 可见，阳明是普遍主义者。他坚信圣人之道、圣人之学具有普遍客观性，而不能由任何知识权威所垄断，无论他是孔子还是朱子。在阳明看来，"道"或"学"都具有公共性，非儒家的私有财产，应是公共社会的共同财富。从哲学上说，这是良知存在"无间于圣愚，天下古今之同也"④ 的普遍必然性的缘故。

本来，"理者，天下公共之理也"（朱子语），应是宋明理学家的一项重要共识。基于这一观念，故任何历史之陈说、经典之记述，即便是圣人之言论，都必然向任何人所开放，也都必然存在创造诠释乃至理论拓展的空间。唯有如此，历史文化才具有与时俱进的发展可能性。若墨守陈说、故步自封，在阳明看来，就犹如"今日之崇朱说"者（指朱子学说），其必导致种种"学术之弊"的盛行，禁锢人们的思想，日积月累，其后果恐怕会

---

① 参见《复邓石阳》："弟异端者流也。"（《焚书》卷一，第12页）；又见《答焦漪园》："又今世俗子一切假道学，共以异端目我，我谓不如遂为异端，免彼等以虚名加我。"（《焚书》卷一，第8页）

② 《传习录》中，第176条。

③ 同上书，第173条。

④ 同上书，第179条。

像"洪水猛兽"一般,这才是名副其实的"以学术杀天下后世"。[①]这段话看似说得十分严厉,仔细体会应可看出,这是阳明基于普遍主义心学立场必得出的结论。然而,由于其矛头所指乃是当时官方的朱子学,故在社会上引起了轩然大波。

一般而言,阳明学是以反朱子学的面貌出现的,故可想而知,王阳明遭到来自各方的强大阻力。然而,阳明基于公道公学的普遍主义立场,提出了不能以孔子之是非为是非、不能以朱子之是非为是非的观点,甚至将朱子学的流行比作"洪水猛兽",这对后世坚守朱子学之立场者来说,真可谓"情何以堪"。如清儒汤斌尽管在朱王对抗的问题上,立场比较温和,然他也坦率指出:"阳明尝比朱子于'洪水猛兽',是诋毁先儒莫如阳明也。"不过,"阳明之诋朱子也,阳明之大罪过也。于朱子何损"[②]?

上述王阳明的观点所透露的思想批判性,是否对李贽有直接的影响,这里不好说亦不必去寻找对应的线索。但是,若将李贽对儒家经典的大胆质疑、对道学人物的坦率批评放在阳明心学的时代语境中看,那么,我们就不会感到有何讶异。

七 真道学

上面提到,宋代道学重建"道统",欲将"道统"置于"政统"之上,凸显了儒学的批判性精神。经韩愈《原道》开创的"原型道统论",孟子之后,道统突然失传,直至宋代程颐重拾道统话语,将孟子之后的接续者定位为程颢,而最终重建"道学道统论"者无疑是朱子。他所建构的道统谱系为:孔子—孟子—周敦颐—程颢、程颐。及至朱子门人黄榦、元代朱子后学吴澄又将朱子添入程颐之后,建立了道统的一套完整谱系。

---

① 《传习录》中,第176条。
② 汤斌著,范志亭等辑校:《汤斌集》第一编《汤子遗书》卷五《答陆稼书》,郑州:中州古籍出版社,2003年,第190页。

然而，王阳明基于对理学的批判，并不完全认同朱子建构的道学道统论，而重新提出了"心学道统论"①，即于1511年所说的"颜子没而圣人之学亡"②这一惊世骇俗的观点。此说在社会上不胫而走，引起了剧烈反响，甚至阳明后学中人亦多有疑问，因为这个谱系重构完全推翻了韩愈及程朱以来的传统观点：孟子之后，道统才发生了中断。

如果说颜渊之后，孔子为代表的儒家圣人之学已经失传，那么，将置孟子于何种地位？若将孟子排除在道统谱系之外，那么，对孟子之后的接续者程朱之学在道统历史上又将如何安排？因此，颜子没而圣学亡的论点，真可谓一石激起千层浪，阳明弟子也纷纷表示难以理解，比如王畿就坦承：阳明此说是一"险语"，而且是儒学史上的"千古大公案"。③至于如何证成此说，显然需要以阳明心学立场为视域，来重新审视儒学史始有可能，只是关于这一点，这里已无法细述。④

令人颇感兴味的是，李贽的道统观竟在暗地里承袭阳明，重申了心学道统论："自颜氏没，微言绝，圣学亡，则儒不传矣。"他还进一步指出：

> 况继此而为汉儒之附会，宋儒之穿凿乎？又况继此而以宋儒为标的，穿凿为旨归乎？人益鄙而风益下矣。无怪其流弊至于今日，阳为道学，阴为富贵，被服儒雅，行若狗彘然也。⑤

显然，李贽的语气更为断然决绝、火力十足，几乎将先秦以降的汉唐

---

① 韩愈的"原型道统论"、程朱的"道学道统论"以及阳明的"心学道统论"，只是笔者在比较意义上提出的一种名称。

② 《王阳明全集》卷七《别湛甘泉序》，第230页。

③ 《王畿集》卷一《抚州拟岘台会语》，第16页；卷十六《别言赠梅纯甫》，第452页。

④ 参见吴震：《心学道统论——以"颜子没而圣学亡"为中心》，《浙江大学学报（人文社会科学版）》2016年第3期；完整版本参见吴震：《儒学思想十论——吴震学术论集》，第125—151页。

⑤ 李贽：《初潭集》卷十一《释教》，北京：中华书局，1974年，第144页。

诸儒及至宋明道学家一网打尽，表现出强烈的历史批判性。

问题是，李贽不把由孔门以后的儒学历史乃至当时的儒学现状放在眼里，那么，阳明一系的心学又将置于何地？其实，在上述文字中，李贽坦露了一个观点，认为儒学不传之后，"诸子虽学，未尝以闻道为心也，则亦不免士大夫之家为富贵所移尔矣"。这里的"以闻道为心"之说则又是源自阳明，因为阳明所做的"颜子没而圣学亡"的判断中，有一个根本前提是能否"见圣道之全"或"道之全体"①，在阳明看来，颜子已然是真正的"见道"者。

所谓"见道"并不取决于知识见闻的增广扩充，而取决于是否就自家心体上去体认。若将子贡与颜回进行比较，这一点便显得十分明显："子贡多学而识，在闻见上用功，颜子在心地上用功，故圣人问以启之。"②更重要者，阳明认为在孔门中唯颜回对良知已有充分把握，依据是《易传·系辞下传》记录的孔子称赞颜回的一段话，即颜子"有不善未尝不知，知之未尝复行也"。其中的"知"，按阳明的理解，必是良知而无疑，因为一个人能真正运用"良知"而做到"未尝不知""未尝复行"，这是何等境界，绝非常人之能所为。故阳明断言："孔子无不知而作，颜子有不善未尝不知。此是圣学真血脉路。"③这一断语很重，不可轻易放过。所谓"真血脉路"既涵指道统谱系，更是指儒学真精神，这应当是阳明重建心学道统论的主要思想缘由。

可见，上述李贽的道学批判，其中隐伏一条阳明心学的理路，已是毋庸置疑的事实。只是李贽的那套话语将重点放在批判而非论证，使得后人误以为其道学批判也囊括阳明学在内，其实，他的上述道学批判的理论依据正出自阳明的"心学道统论"，此诚不可不辨。

李贽痛恨道学家，而且在他的道学批判中，往往专提道学而不及理

---

① 《传习录》上，第77条。
② 同上。
③ 《传习录》下，第259条。

学或心学，尽管在 16 世纪末期，理学或心学已在学界出现并逐渐流行，如王阳明就说过"圣人之学，心学也"①。对此，李贽不可能不知。然而，李贽在逝世前两年的 1600 年完成了《阳明先生道学抄》，把阳明学似亦看作一种"道学"，于是，"道学"在李贽那里似乎有双重标准。他在差不多同时完成抄录了《阳明先生年谱》之后，对自己一生的思想性格有一个回顾性总结："余自幼倔强难化，不信道，不信仙释。故见道人则恶，见僧则恶，见道学先生则尤恶。"②这应当是充分可信的思想自述。不过，按其道学批判的标准，王阳明及其后学中的王畿、王艮、王襞、颜山农、何心隐、罗汝芳等一干人物都不在其痛恨的"假道学"的行列之中。李贽在最晚年对阳明语录及阳明年谱的抄录，充分表明李贽对阳明学抱有一种自觉的认同意识。③

可见，李贽的道学批判不是无的放矢，而有一种特定的标准，主要有好名好利、欺天罔人、无才无学等。他说：

> 道学其名也。故世之好名者必讲道学，以道学之能起名也。……欺天罔人者必讲道学，以道学之足以售其欺罔之谋也。④
>
> 夫唯无才无学，若不以讲圣人道学之名要之，则终身贫且贱焉，耻也。此所以必讲道学以为取富贵之资也。⑤

---

① 《王阳明全集》卷七《象山文集序》，第 245 页。

② 《阳明先生年谱后语》，《李贽全集注》第 18 册，第 482 页。按：《阳明先生道学抄》八卷（附《阳明先生年谱》二卷）在李贽去世七年后，有万历三十七年（1609）武林继锦堂刻本行世。

③ 例如李贽晚年在与友人的书信中，抑制不住自己手抄阳明语录及其《年谱》的喜悦之情："我于《阳明先生年谱》，至妙至妙，不可形容。"（《续焚书》卷一《与汪鼎甫》，第 44 页）"《阳明先生年谱》及《抄》在此间梓，未知何日可印否？想《年谱》当有也。此书之妙，千古不容言。"（《续焚书》卷一《与方伯雨》，第 11 页）据此，李贽在思想上对阳明的认同，可得到充分的印证。

④ 《初潭集》卷二十《道学》。

⑤ 《初潭集》卷十一《释教》。

至此，李贽思想的时代批判精神显露无遗。

然须指出，从上述批判中，难以找到具体的义理分析或概念论证。所以，李贽的批判勇气固然可嘉，然他似乎并不明白批判的武器不能代替武器的批判这层道理，即他的批判是否真正触及儒学思想的实质是不无疑问的。事实上，我们应当这样来理解李贽的道学批判，他的批判并非意味着全盘反儒、反传统，更主要的原因在于他对当时某些儒学现象的强烈不满，正如上文的"流弊至于今日，阳为道学，阴为富贵，被服儒雅，行若狗彘"这类话语，更多是一种情绪的宣泄，这才符合李贽的个性。至于这类批判有何理论力度，则可另当别论。

八　结语：定位与评估

最后讲几句，权作结论。回看李贽一生，其性格乖张，其言词刻薄，而又喜骂人，他是性情中人而非严格意义上的哲学家，因其性情刚烈，故其人生导致毁誉参半的结局。但在思想上，他同阳明一样，是一位普遍主义者，他也认定圣人之道、圣人之学乃是天下之公器，并可超越圣凡之藩篱，故说："耕稼陶渔之人既无不可取，则千圣万贤之善，独不可取乎？又何必专学孔子而后为正脉也？"[1]同时，他也认为阳明学的"满街圣人"说揭示的是放诸四海而皆准的道理，儒佛两教都无不认同：

> 圣人不责人之必能，是以人人皆可以为圣。故阳明先生曰："满街皆圣人。"佛氏亦曰："即心即佛，人人是佛。"夫惟人人之皆圣人也，是以圣人无别有不容已道理可以示人也。[2]

---

① 《焚书》卷一《答耿司寇》，第31页。
② 同上。

但是，普遍主义不等于绝对主义，可以超越抽象的绝对主义形式，向多元普遍主义发生转变。唯如此，故今人不必"专学孔子"，亦可与佛教对话。推而言之，儒教可以向其他宗教文化或思想传统开放。李贽最为欣赏的阳明心学家王畿所言"以良知范围三教"，应当便是立足于儒教的一本多元主义的思想宣言。这样，就可理解李贽所言"又何必专学孔子而后为正脉"绝不意味着在文化价值观上的反孔、反儒或反传统，而恰是对儒学的包容性多元理解。思想多元未必就是解构形态的相对主义，而是基于"人人之皆圣人也"的普遍性立场，故谓多元普遍性，而其普遍性又立足于儒学价值而兼容佛老智慧，故谓一本多元性。

在我们看来，李贽思想中的所谓"反叛性"，更多是承阳明心学的批判精神而来，表现出对墨守成规、唯书本为是的威权主义的排拒和指斥。若将李贽定位为前近代中国的早期启蒙思想家，则可能是源自现代性的某种观念预设或"启蒙情结"，而非真实的历史判断。从学术思想史的角度看，近承王畿、远绍阳明、学主童心、融通三教，庶几可为李贽思想做最后的历史定位。①

至于晚明"东林党"人于孔兼以"名教罪人"为李贽盖棺定论，其同党张问达等人必欲置李贽于死地而后快，只是表明儒家精英对异端正统之辩过于敏感，对精神儒学的批判性以及心学主张的主体独立性缺乏思想认同，对晚明心学旨在重建秩序的世俗化运动更是缺乏同情了解。然而我们却不能由此反证，李贽成了公然反叛孔孟儒学、大胆推翻传统价值的"英雄"。

归结而言，他是晚明心学时代的悲剧性人物，其思想具有强烈的批

---

① 关于李贽与王畿的关系，参见李贽三篇文字：《龙溪小刻》(《李温陵集》卷十，明万历年间刻本，台北：文史哲出版社，1971 年影印本)、《龙溪先生文抄序》(《李温陵集》卷十一)、《王龙溪先生告文》(同上)。至于李贽的三教观，集中反映在其《三教归儒说》(《续焚书》卷二) 一文。要格外注意的是，该文题名为"三教归儒"而非"三教合一"，表明儒学 (李贽有时称之为"圣教"，见其文《续焚书》卷二《圣教小引》) 仍是李贽思想之归趣。有关李贽思想的历史定位，参见陈清辉：《李卓吾生平及其思想研究》。

判性，只是这种批判性具有多大程度的理论深度及思想力度，不宜估计过高，其思想与其他心学人物（如王畿和罗汝芳）相比，缺乏理论的系统性，故在当时社会究竟有多少影响，亦不宜过分夸大。若将李贽思想置于晚明心学时代的背景看，其意义或许在于：他对道学人物的批判以及所遭遇的反批判，预示着心学时代行将结束，心学运动所推动的儒学世俗化将被重新扭转至儒学精英化、知识权威化的方向。所以说，李贽是时代的悲剧，然悲剧在历史上会不断上演，它并不是推动历史向前的动力。

（原载《现代哲学》2020 年第 3 期）

何为阳明学的文化研究？

【内容提要】阳明学无疑是一种哲学，但它同时也是一套"思想—文化"系统。在晚明时代出现了诸多"阳明文化"的思想现象，这些现象表明晚明社会在思想文化等方面形成了多元化的发展。虽然关于何谓"文化"的问题，我们至今无法最终获得一个公认的确切定义，但通过概念溯源，可发现在上古中国出现的"文化""文明"以及"人文"这三个概念之间具有内在关联性，表明儒学原本作为一种思想文化形态具有悠久的人文主义精神传统，型塑了中国传统的文化世界。从文化视域来审视阳明学，我们会发现作为儒家心性论的阳明学理论对于重建人文秩序具有一种"文化"建构力。另一方面，当阳明学作为外来文化传入东亚地域的李氏朝鲜和江户日本之后，经历了诸多"本土化"的深刻转变，通过对这些文化交流现象的探讨也将有助于我们重新认识阳明文化乃至儒家文化的跨地域、跨文化的思想意义。

近一百年来，我们在不断地谈论"文化"，由于时代背景不同，便会有不同的时代关切。

19世纪末以来，在中国近现代史上，"文化"或作为"思想问题"或作为"制度问题"，可谓历久弥新而又颇显沉重。20世纪初以1915年《新青年》及1919年五四运动为标志的思想运动不仅有一个西式的名称——

"启蒙"运动,而且被称为"新文化运动",从而被定位为以革新传统文化为使命的思想运动,于是,近代中国史上的"古今中西"之争也就意味着"新旧"之争,这场思想之争广泛涉及政治、社会、制度、学术等各个方面的问题,但最终被化约为"文化"问题。在当代中国的20世纪80年代改革开放初期也有一股"文化热",被认为是接续近代启蒙精神的第二次"启蒙",而这场思想启蒙至今仍有深刻的影响。不待说,近代以来的这两场"文化运动",其时代背景及思想旋律全然不同,然其问题意识的深处却有某种趋向上的连续性:中国往何处走必取决于文化的改造或转型是否成功。故这两场运动的实质无非是旨在寻找中国文化如何实现"现代"转化的答案。可以说,文化问题与中国现代化的整个进程形影相随、难分难解,构成了贯穿近现代中国历史发展的宏大叙事。

时下,有一股"新文化热"正处在进行时态中,而16世纪的阳明学在当今已成为传统文化研究的一大关注点。本来,阳明学被视作代表儒家心学传统的一套哲学理论,但它无疑也是一种典型的文化形态。而作为文化形态的阳明学,其思想旨趣涉及许多层面,已非西学意义上的"哲学"一词所能覆盖,它自16世纪以来,在整个晚明社会产生了持续的文化效应,我们可以"阳明文化"来统称阳明学在晚明时代所造成的文化现象。

一　文化、文明与人文

以文化为视域来审视阳明学,何以必要呢?

为说明这一点,我们首先有必要谈一谈何谓"文化"。尽管学界有个说法,有关"文化"和"文明"的定义不下千种①,所以究竟何为文化或

---

① 邓伟志:《"文明"是个漫长的过程——读埃利亚斯的〈文明的进程〉》,见[德]诺贝特·埃利亚斯:《文明的进程——文明的社会发生和心理发生的研究》"中文版序",王佩莉、袁志英译,上海:上海译文出版社,2018年,第2页。

文明，若欲从概念上做明确定义便不免徒劳无功。不过，我们仍可以从词源学的角度，对文化和文明的来源及内涵做大致的考察。《周易·贲卦·彖传》有段记载，被认为是文化和文明这两个概念的主要来源：

> 刚柔交错，天文也；文明以止，人文也。观乎天文，以察时变；观乎人文，以化成天下。

这里的"观乎人文，以化成天下"即当今"文化"（culture）一词的中文来源。须注意的是，在上段引文中，除"天文"一词且不论，其中有两个关键词，即"文明"和"人文"，而"人文化成"便由此而来。换言之，"观乎人文"与"文明以止，人文也"有关，若没有"文明"的发展而得以型塑"人文"世界，则谈不上"观乎人文，化成天下"。可知，在上古中国，文化与文明是密不可分的一个世界，拥有共同的来源，即"文"。

从语义上看，"文"在《周易》中有明确的定义性描述："物相杂，故曰文。""文"意味着各种"物"处于交错状态，引申而言，"文"指事物的错综性所造成的纹理样态。《礼记·乐记》有"五色成文而不乱"说，表明"文"意味着事物错综的差异性，而差异性又存在一定的秩序，前者叫作"五色成文"，后者称作"文而不乱"。《说文解字》释："文，错画也，象交文。"① 朱骏声《通训定声》："今字作纹。"② 表明"文"与"纹"相通，其本义是指事物的差异性及条理性。在各种事物中，既有不同的差异性，又有相通的条理性，故"文"不是某种特定事物，而是描述事物的各种存在状态。各种事物的"文"错综交叠，不断明朗化，最终在人的观念中逐渐形成某种"文明"想象，并由此发展而成"人文"世界。另一方面，上古时期由上层统领"观乎人文"进至"化成天下"，以使世界趋于"文化"整合。可见，

---

① 许慎：《说文解字》卷九，北京：中华书局，2013年，第182页。
② 朱骏声：《说文通训定声》第十五，武汉：武汉古籍书店，1983年，第777页。

"文明"经"人文"发展至"文化",这是《周易》对人类文明进程的大致描述,其中,与"天文"相对而言,"人文"的因素是关键。要之,文明或文化都关乎"人文",而"人"的意识觉醒才有"人文"世界,在这个意义上,"文化"就是人的创造活动。

根据文化人类学的考察,上古文化的发展大致经历了两个阶段:第一阶段是人完全处在上天或神灵的力量主宰之下,如夏商时代人们普遍"尊神"或"尚鬼";第二阶段则人的自觉意识开始觉醒,如西周时期"德"的观念出现,相应地,天或神的绝对主宰力便不断削弱,于是,就滋生出人文意识。有了人文意识的觉醒,于是出现了"人文以化成天下"的文化问题。① 自晚周以降,人文主义蔚为早期中国传统文化之潮流,其根本标志便是孔子、老子分别开创的儒道两家学说,由儒道型塑的中国古代文化是一种人文主义文化,而不同于宗教形态的文化。

在上古中国的文化历史中,值得注意的是,古人很早就重视"文"的独特意义,它既指交错,又指纹理,内含一层重要含义,即任何事物的存在既有差异性又有同一性。同时,上古时代的历史语境中"文化"或"文明"也内含两层意涵,从哲学上讲,就是既有特殊性又有普遍性,两者的统一构成了文化或文明的特征。重要的是,在文化或文明的形成过程中,"人文"因素介乎其中,正是有了人文意识的觉醒,才能真正构成人文意义上的"文化"或"文明"。

从现代文明研究的视域出发,来思考何谓文化或文明的问题,我们可以埃利亚斯(Norbert Elias, 1897—1990)的相关研究作为参照。他在其名著《文明的进程——文明的社会发生和心理发生的研究》中提出的观点值得重视,他说:

---

① 劳思光著,刘国英编注:《文化哲学讲演录》,香港:香港中文大学出版社,2002年,第72页。

> 一个奇特的现象：英、法语言中的"文明"以及德语中的"文化"，这些词似乎不言而喻地界定了某些范畴，从而与其他范畴相区别，其中隐藏的价值使它们在所属的社会内部使用时意义明确，而那些不属于这个社会的人们则很难理解其中全部的含义。①

意谓文化和文明在不同民族的语言背景中——如英、法语言与德语——存在着不同的含义，以至于它们的"用法区别很大"，在英、法语言中的"文明"放在德语中则成了"文化"的意思；相反，德语中"文化"概念则是"由它的派生形容词'文化的'（kultuerll）淋漓尽致地表现了出来，'文化的'指的不是一个人的存在价值，而是某些特定的由人类所创造的价值和特性。这个词是无法直接译成英语和法语的"。

这是说，在欧洲不同语系中，"文明"或"文化"的含义存在差异；就英、法语言看，"文明"主要是指政治、经济、宗教、道德以及社会现实等含义；而在德语中，"文化"主要是指思想、艺术和宗教，由此与政治、经济和社会现实区分开来。概括而言，"'文明'使各民族之间的差异有了某种程度的减少，因为它强调的是人类共同的东西"，所以，"德国'文化'的概念强调的是民族差异和群体特性"，"如果说'文明'表明了殖民和扩张的倾向，那么'文化'则表现了一个民族的自我意识"。②

根据上述说法，"文明"指称各民族间某种趋于同一的普遍性发展，"文化"则突出民族、地域或某个领域的特殊性成果。葛兆光对埃利亚斯的考察有一个归纳，指出"文化是各民族保持差异的关键，是各民族特色所在"，"文明是随着历史进步过程不断趋同"，"也就是说，文化表现为'异'，文明走向'同'"。③可见，就主要方面言，文化主要表现为差异性，

---

① ［德］诺贝特·埃利亚斯：《文明的进程——文明的社会发生和心理发生的研究》，第 2 页。

② 同上书，第 3 页。

③ 葛兆光：《思想史研究课堂讲录：视野、角度与方法》，北京：生活·读书·新知三联书店，2005 年，第 205 页。

文明主要表现为普遍性。就古代世界史来看，存在"世界七大文明"系统：希腊文明、中华文明、埃及文明以及巴比伦文明等。但不会说英国文明、法国文明或日本文明、韩国文明。以中国为例，我们通常说中华文明或华夏文明，却不会说上海文明而只会说上海文化。由此显示出文化和文明这两个概念已有某种约定成俗的用法区别。

须注意的是，文化固然有其民族特殊性，文明也没有绝对的同一性，它必然展现为具体的不同文化形态，由此决定了不同文明间也存在差异性。美国政治学家亨廷顿（Samuel Huntington，1927—2008）的"文明冲突"论旨在揭示"文化和文明是相互并存"的道理，他认为"世界上将不会出现一个单一的普世文化"，因为文明冲突源自不同的"文化因素"，而避免文明冲突的最好方法便是增强"文明对话"。①诚然，在当今社会，我们不能一味强调文化特殊性而忽视文明对话，因为文明的普遍性将有赖于文化多元性才能健康发展。

然而随着后现代主义思潮的崛起，出现了一种欲打破这类文化与文明的严格区分的传统观点。例如当代日本学者小仓纪藏认为文明中心主义是一种"现代性"话语，尽管此前可能从来没有听说过"日本文明""韩国文明"之类的说法，但如果我们欲打破文明中心主义，则不妨说任何地域或民族都有其自身的文明，既有韩国的，又有日本的，甚至可以有冲绳的、北海道的、萨哈林的等文明。他强调指出："如果我们不这样转变思考，那么东亚各国就永远只能围着中国的文明中心绕圈子。"②他的这个说法属于当今流行的"文明中心转移论"或"去文化中心论"。在他看来，无论是文化还是文明，其内含有特殊性与普遍性的张力，互相之间不可化约。然而，在当今全球化理论中，承认地方性知识也有全球性意义，某

---

① ［美］塞缪尔·亨廷顿：《文明的冲突与世界秩序的重建》"中文版序言"，周琪等译，北京：新华出版社，2010 年，第 1 页。

② ［日］小仓纪藏：《東アジアとは何か——"文明"と"文化"から考える》，福冈：弦书房，2011 年，第 9—10 页。

种民族文化不可化约为另一种民族文化则是不争的事实，承认这一点并不等于否认特殊性的民族文化在人类文明史上也有普遍性意义。

其实，持"去文化中心论"者，仍然必须面对如何审视文化的特殊性与普遍性的关系问题。对此，已故当代新儒家刘述先有独特的思考，他针对当今反对文化本质论的观点，指出持这类观点者往往在反对文化本质论时用力过猛，反而抹杀了特殊性文化也内含某种普遍性意义，在他们看来，"所谓文化不过是一个空洞的共相名词而已，我们并没有一个真正统一的东方或中国，正好像我们并没有一个真正统一的世界。……所以他们主张，任何以为东西文化有本质上差异的看法都是错误的，这一种学说的优点在他们能够打破文化民族之间的隔阂与限制，而力主世界性文化的交流"。但刘述先进而敏锐地指出：

> 这样的看法也有着显著的缺陷，就是他们从一个纯理论的推构抹杀了东西文化表现在事实上的差异性。其实，主张东西文化有差异的未必一定就拥护文化的本质主义的论点。①

这是值得重视的论断。这一论断恰与当今全球化理论中的一个主要观点若合符契，即原本只具有本土意义的地方性知识（local knowledge）由于全球化的推演，而获得了超地域性的意义，其结果是，一种地域文化可以被不同地域的地方性知识所借鉴，从而有助于改进自身的传统文化。黄勇指出，正是在这个意义上，可以说世界越是全球化，它就越是地域化，反之亦然，故我们的时代已然"成了一个全球—地域化（global-local）的时代"②。

总之，从历史上看，"文化"或"文明"都与人的意识乃至民族意识的

---

① 刘述先：《新时代哲学的信念与方法》第五章第一节"文化的普遍性与分殊性形成的根源"，武汉：湖北教育出版社，2004年，第162页。

② 黄勇：《全球化时代的伦理》"自序"，台北：台大出版中心，2011年，第1—2页。

觉醒有关, 形成各种不同文化传统中的人文意识。此 "人文意识", 主要指人具有的独立于外在世界的自主意识, 并意识到人之为人的依据是由某种内在 "本性" 所决定的, 而不取决于外在超越的人格神意志。由于人的文化活动不是单纯的物质创造, 更是精神和价值的创造活动, 所以要超越人自身的自然状态, 这是人的自主意识发展的必然要求。正是由于人文意识的觉醒, 于是就会有各种文化问题。尽管上古时代的宗教经过理论化的发展, 逐渐形成某种信仰系统的宗教文化, 其中涉及人的宗教意识及超越意识的来源及其特征等问题, 当代美国宗教学家休斯顿·史密斯 (Huston Smith) 甚至提出了 "宗教是生活的方式" [1] 的说法。然而与宗教文化不同, 以儒家为代表的人文主义文化的主要特质在于, 以 "化成天下" 作为自身的文化使命和社会担当。这意味着儒家文化不仅具有强烈的入世精神、担当意识, 更以 "自我转化" 转进至 "社会转化" 为终极使命。[2]

二　作为文化的阳明学

毋庸置疑, 阳明学传承发扬了儒家心学传统, 是对孔孟儒家文化的创造性发展, 既有前近代意义的哲学性, 也是传统文化意义上的理论形态。阳明学作为一种哲学理论, 其终极的文化使命表现为两个方面, 即以 "同是非" "公好恶" 这一普遍性的良知价值意识为根基, 在实现 "自我转化" 的同时, 以推动 "社会转化" 的实现。这两层转化的共同目标则是重建人文主义精神。就阳明学的理论构造看, 其核心观念——良知既是

---

[1]　参见休斯顿·史密斯的一部畅销书《人的宗教》"原文再版序" (海南: 海南出版社, 2013 年), 他对世界七大宗教有详细研究, 其中将儒家和道教也列入其中, 探讨了宗教现象及宗教意识是如何形成的等问题, 可以参看。

[2]　这里使用的 "自我转化" 及 "社会转化" 的用法, 参见劳思光:《文化哲学讲演录》, 第81 页。

一种内化的人心秩序，涵指人的道德主体性，同时在"心即天"^①以及"良知即天理"^②的意义上，良知通过外在化而成为客观精神，故"在事事物物上致吾心之良知"的致良知活动既是人心自我价值的实现，又指向社会秩序的建构，这是良知作为普遍的社会性存在而具有的必然要求。通常而言，良知主要指人心的道德意识，但究极而言，文化世界及人文秩序有赖于社会良知的建构。所以，阳明说："人者，天地万物之心也；心者，天地万物之主也。"^③强调人心不仅是主体存在，更是主导天地万物得以有序存在的依据。所谓"我的灵明，便是天地鬼神的主宰。……天地鬼神万物离却我的灵明，便没有天地鬼神万物了"^④，讲的也是同样的意思。

表面看，阳明的这些讲法在现代哲学语境中很难理解，因为其中似乎缺乏一套概念论证的程序，作为主体存在的人心何以能成为"天地万物之主"？事实上，阳明学力图重建天理与良知、人心与万物的一体性。依阳明学，这个世界不是缺乏生机、单纯机械、互不关联的"自然世界"，而是与人的生存活动密切相关的具有整体性的人文世界，也是具有人文价值的意义世界，用阳明学的术语讲，人的生活世界就是"人与万物"构成"一体之仁"^⑤的人文世界。阳明的这一观点阐发了中国传统文化的一个重要智慧："天人合一""万物一体"。从价值论的视域看，阳明学阐发的"合一"或"一体"正是指向一个整全的、由人的活动所建构的具有人文价值的文化世界，而客观世界得以存在的价值及其意义正是由人的主体存在所赋予的。也正由此，所以阳明甚至讲：

天没有我的灵明，谁去仰他高？地没有我的灵明，谁去俯他深？

① 《王阳明全集》卷六《答季明德》，第214页。
② 《传习录》中，第169条。
③ 《王阳明全集》卷六《答季明德》，第214页。
④ 《传习录》下，第336条。
⑤ 《王阳明全集》卷二十六《大学问》，第967页。参见本书《论王阳明"一体之仁"的仁学思想》篇。

> 鬼神没有我的灵明,谁去辨他吉凶灾祥? ①

这一连串的反问,若从正面表述,则可这样讲:

> 良知是造化的精灵。这些精灵,生天生地,成鬼成帝,皆从此出,真是与物无对。②

天地鬼神等所有一切外在化的客观实在,其实都是由人心主体的良知"造化"出来的。此所谓"造化"并非指无中生有意义上的创造——如上帝创造万物一般,而是强调良知作为一种天理实在乃是"乾坤万有基"③——宇宙万物得以存在的基础,由此可说良知是一种"与物无对"的绝对存在。阳明学在强调良知是一种普遍存在之同时,又承认这一绝对存在必然展现为一个整体性的价值世界,所以说"天地万物与人原是一体"④,意谓人的生活世界与天地万物构成一整体性的、"一体同在"的人文世界,这个世界绝非单纯的物质性的自然世界,这个一体性世界就是具有人文价值的文化世界。

要了解阳明学提出的一体化世界理论,需要把握其思想的要旨。从根本上说,阳明学既是一套哲学理论系统,但其理论归趣在于强调儒家的一个根本主题:完善自我以实现"自我转化";而儒学的另一重要主题——"社会转化"须经由每个人的良知实践得以充分实现,这是阳明学强调的良知"实现原则"。对阳明而言,"心之良知是谓圣"的良知精神必然在人伦日用的现实世界中最终得以实现自身的价值。本来,良知是人的一种内在精神,这种内在精神如何能外化为一种社会行为,以实现"社

---

① 《传习录》下,第336条。
② 同上书,第261条。
③ 《王阳明全集》卷二十《咏良知四首示诸生》,第790页。
④ 《传习录》下,第274条。

会转化"？这就涉及对良知体用两个层面的统一理解。以往我们通常将良知理解为人心的道德判断力，其实这是良知的作用表现；另一方面，良知是一种天理实在，如同"万古一日"（阳明语）一般，它是永恒的，这种永恒的良知精神如何通过自身发展而"外在化"①为一个完美世界，才是阳明念兹在兹的终极关怀。

按照阳明学的理路，良知既具有内在于人心的内在性，同时又具有"人人同具"（阳明语）的普遍性，这才是良知的一项基本特质。而在阳明学的理论中，良知作为一种"昭明灵觉"的道德意识又与终极实在的天理具有同源性，更确切地说，良知意识必根源于天理存在，他说："良知是天理之昭明灵觉处，故良知即是天理。"②这是阳明晚年思想关于良知问题的一个核心观点，表明良知不是单纯的对是非善恶的判断意识或知觉能力而已，更是以天理为根源的一种精神表现，这种精神被描述为"昭明灵觉"，这与良知作为心体存在，其基本特质即表现为"虚灵明觉"的这项规定几乎是完全一致的，而良知与天理的同一性或同源性之依据即在于此。然而说到良知精神的表现，既有直接的也有间接的表现之区别，就阳明上述命题的意涵来看，良知必然是天理的直接表现，换句说法，天理也必然是良知的直接表现。正是在这个意义上，可以说阳明学的思想属于一种道德实在论的文化模型，即认为良知的自足圆满的道德品质乃是内在于人性中的客观事实。与此同时，良知心体又必然在人伦日用中"发用流行"，所以阳明强调良知心体是"不离日用常行内"的当下存在，

---

① 劳思光从文化哲学的视域对黑格尔哲学的分析，有助于我们思考精神实在的"外在化"问题。劳思光认为黑格尔的整套哲学系统就是"一个文化理论的模型"，其所谓的绝对精神、唯一实体最终必然导致"自己外在化"为一个文化世界，可称之为"外在化文化模型"。而"外在化"虽是黑格尔的用语（参见其《大逻辑》），但并不见见，黑格尔喜欢使用的毋宁是"实现"概念，意谓绝对精神必然进入世界中以"实现"自身，因此"外在化"并非"表面化"的意思，而是黑格尔哲学系统的一个具有独特意味的重要概念。参见劳思光：《文化哲学讲演录》，第122—125页。阳明强调良知精神的价值必经过"发用流行"的过程才能呈现出来，此所谓"发用"也就是外在化过程。

② 《传习录》中，第169条。

表明良知必然外化为人的日常行为。这里的"日用常行"即意味着人的生活实践，良知正是通过日常实践而形成文化活动的建构力。[①]

要之，良知作为"天理之昭明灵觉"，它是"天理"的直接呈现；然良知的呈现又须通过人的行为转化为社会活动，经由人的社会行为从而转化出文化世界。这一转化意味着良知的"外在化"，并对社会有序化产生建构性的作用。按阳明学的思路，作为人之为人的良知不仅是个体性的道德品质，同时是人人同具的社会性存在，故在良知指引下的行为就不仅是个体性行为，而且必然外化为社会性行为，由人与他者之间的社会互动进而推进"家国天下"的整体转化。正是在这一社会转化的不断推动下，从而促进"化成天下"以重建"一体之仁"[②]的一体化人文世界。

至此可见，阳明学不仅是一套心性论道德哲学，同时也是关乎社会秩序重建的文化理论；阳明学的根本归趣在于由改善人心推进至社会秩序乃至文化世界的重建，而不在于建构一套良知观念论而已——尽管阳明良知学具有丰富的哲学性。在此意义上，我们有必要从文化哲学的角度来审视阳明学，把阳明学看作是一套"思想—文化"系统甚至是儒家心性论形态的"文化模型论"。

三　阳明文化的几项表现

概而言之，阳明文化在 16 世纪以降的中晚明社会，大约有以下几项主要的表现，而这些思想表现也只有将阳明学置于文化史视域中才能看得比较清楚：

第一，阳明学与晚明儒学的世俗化趋向。须指出，与西方思想文化

---

① 关于良知实在性问题，参见本书《论阳明学的良知实体化》篇。

② 《传习录》中，第 142 条。关于阳明学"一体之仁"及"万物一体"的思想，参见本书《论王阳明"一体之仁"的仁学思想》篇。

中的所谓"世俗"原本是相对于"精神"而言的概念不同，在先秦中国，"世俗"一词早已出现①，而在中国传统文化语境中，"世俗"一词概指"社会"，并不与"精神"一词相对立，毋宁说，以儒家思想为代表的文化系统本身就带有世俗性特征，此所谓世俗性原本就与精神性构成互相容摄的关系。②阳明心学思潮在中晚明社会所发生的世俗化转向，最鲜明地表现为：儒学知识（或经典知识）为象征的儒学精神性传统由精英社会向世俗社会发生转移，并与中晚明社会逐渐形成的商业文化、通俗文化（各种家庭日用类书、经济汇编类书）等现象合流，展现出儒学精神性传统向下层社会打开了汇合的通道，涌现出儒学世俗化的种种社会现象。在这些社会现象的背后，有其思想文化上的原因，其因之一在于阳明学将"良知"做了通俗化的解释，提出"人人胸中有仲尼"以及"满街圣人"说，借用良知人人同具等一套通俗化教法，从而使得儒学加快了向社会下层的渗透和转化。

第二，阳明学的讲学活动推动了晚明儒学的平民化转向，并转化出各种形态的民间儒学。事实上，与儒学世俗化转向相关，阳明学积极鼓动社会讲学也促进了儒学向平民社会的转化。这些转向首先表现为观念上的某些改变，如王阳明提出"四民异业而同道"③的观点，而其弟子则进一步指出"四民异业而同学"④，这就突出了"道"和"学"的社会公共性，不再是精英知识所能垄断的"专利"，更重要的是，"四民"阶层的固有观念也将被打通，士庶两层社会的文化界限也将随之发生转移。在阳

---

① 例如在《荀子》一书中至少出现了16次之多。参见本书《从泰州学派看江南儒学的世俗性转化》篇。

② 近年来，杜维明注意到世俗人文主义影响下的西方现代性问题日益成为全球各文化传统需要应对的问题，他主张应汲取儒家文化的思想资源，以"精神性人文主义"，即儒家人文主义来超越西方现代性的世俗人文主义。这一观点主张值得关注。参见陈来主编：《儒学第三期的人文精神：杜维明先生八十寿庆文集》。

③ 《王阳明全集》卷二十五《节庵方公墓表·乙酉》，第941页。

④ 阳明弟子邹守益在回应"商可学乎"的提问时，引用了阳明"异业而同道"的观点，进而提出四民"异业而同学"的主张，参见《邹守益集》卷十五《示诸生九条》，第728页。

明后学中,王艮开创的泰州学派最有贴近庶民阶层的思想特色,可谓晚明社会民间儒学的典型形态。根据清代中期考据学家的观察,这一学派当中的成员大多是出身于"盐丁、樵夫、窑匠"等"一介细民",而且大多是"不读书"的人,然而这批人聚集在一起,竟掀起了一股轰动当时整个社会的讲学风潮,以至于有些"贵官大吏"也甘愿"俯首事之",结果导致"天下汹汹,举国若狂"的可怕后果。[①] 可见,从阳明的王门后学中分化而出的泰州学派更注重在基层社会进行讲学教化,以此作为实现儒家"化民成俗"社会理想的重要手段,而他们所宣扬的阳明心学也更有贴近基层社会的平民化色彩,王艮提出"百姓日用即道"、泰州后学罗汝芳提出"捧茶童子却是道也"[②] 的观点都充分说明泰州学派在促进晚明儒学平民化转向等方面起到了很大的助推作用,在他们竭力宣扬的思想主张中,良知心学并不是玄妙高远的抽象理论,而是贴近百姓生活的具有正人心、易风俗之教化效力的思想学说。

第三,阳明学与晚明儒学的宗教化趋向。从思想文化的视域看,可以说阳明学在晚明社会掀起了一场思想文化运动。这场运动有种种多样化的思想现象,其中之一表现出"三教合流"的现象,且不论阳明对三教关系持一种开放态度,阳明后学的王畿明确提出"以良知范围三教"的口号,意味着良知心学可以超越三教的藩篱,而具有理论上的普遍价值,同时也预示着晚明文化有多元化的发展。举例来说,有不少晚明心学家开始关注宗教文化在社会教化方面的意义,以为可以借助被道教和佛教广泛接收的《功过格》之类的道德手册作为推动社会秩序重建的一种手段,以加强"迁善改过"的道德劝善,使得儒家伦理学说蒙上了一层宗教性色彩。王畿弟子袁了凡是晚明劝善运动的重要推手,他制作的一批《功过格》《阴骘录》《立命篇》等善书,成为晚明时代的畅销书,入清之后,其

---

① 以上参见《易余籥录》卷十二,《焦循诗文集》,第821—822页。
② 《明道录》卷三,第108页。

影响更为广泛,不仅被士人奉为"圣书",甚至到了家喻户晓的地步①,足见以"转祸为福""因果报应"为主要内容的劝善书拥有强大的文化生命力。在这场劝善运动中,有不少阳明后学人物参与其中,故有必要将劝善思想放在晚明思想文化脉络中进行考察。②由此我们会发现,劝善思想作为一种文化现象,与心学运动汇成一股社会思潮,特别是劝善运动中出现了"鬼神时时照察"(王畿语),"上帝日监在兹""天报断乎不爽"(罗汝芳语)等出自心学家之口的宗教性观念③,很值得我们关注。如果忽视了宗教化转向这一晚明思想现象,那么,我们对于阳明学在当时的社会意义就难以获得整体性的了解。

第四,阳明学与晚明儒学的政治化趋向。在晚明心学思潮中,除了讲学运动和劝善运动外,还有一场乡约运动也正在同时展开。这场运动可以将阳明在1518年发布的《南赣乡约》作为其开端的主要标志。④在这部乡约中,王阳明重新确认了北宋吕大钧《吕氏乡约》有关"德业相劝,过失相规,礼俗相交,患难相恤"的四大内容,同时强调"凡尔同约之民"都必须遵守"孝尔父母,敬尔兄长,教训尔子孙,和睦尔乡里"的四条规约。⑤然而这不免令人联想到朱元璋颁布的《教民榜文·圣谕六言》(又称《六谕》):"孝顺父母,尊敬长上,和睦乡里,教训子孙,各安生理,毋作非为。"但阳明没有点出《六谕》之名。到了王艮那里,他直言

---

① 张履祥:《杨园先生全集》卷五《与何商隐》第九书,陈祖武点校,北京:中华书局,2002年,第117页;彭绍升:《居士传》卷四十五《袁了凡传》,扬州:江苏广陵古籍刻印社,1991年影印本,第8页。

② 吴震:《明末清初劝善运动思想研究(修订版)》第三章"晚明心学与宗教趋向",上海:上海人民出版社,2016年,第88—89页。

③ 同上书,第89—92页。

④ 关于阳明的《南赣乡约》对于中晚明乡约运动的广泛影响,参见曹国庆:《王守仁与南赣乡约》,《明史研究》第3辑,合肥:黄山书社,1993年,第67—74页;常建华:《乡约的推行与明朝对基层社会的治理》,《明清论丛》第4辑,北京:紫禁城出版社,2003年,第1—36页。

⑤ 《南赣乡约》内容见《王阳明全集》卷十七,第599—604页。

不讳地宣称:"钦惟我太祖高皇帝《教民榜文》,以孝弟为先,诚万世之至训也。"①自此以往,泰州后学的王栋、颜均、罗汝芳,浙中王门的周汝登,北方王门的尤时熙以及其他一些士人乡绅甚至包括明末东林党人如高攀龙等在内,他们开始将朱元璋的《六谕》与治理乡村的"乡约"结合起来,利用《六谕》来为乡村治理寻求政治合法性,使晚明社会的乡约运动被推向高潮,而且各种"乡约"巧妙地融合了《六谕》及"劝善"的某些内容,形成了中晚明时期特有的"乡约文化",表现出儒学向政治化发生转向的迹象。尽管自汉代董仲舒倡导"独尊儒术"以来,儒学已开始了向制度化、政治化的发展态势,然而只有到了 16 世纪中晚明时代,在心学思潮往下层社会迅速渗透的激荡下,儒学政治化才迎来了空前高涨的局面。正是在中晚明时期,由心学家及一般士人的合力推动,突出了"乡约"对基层社会的治理功能,进而加强了儒学的政治性功能。②

由上可见,随着阳明学的兴起,在整个中晚明时代带来了令人瞩目的社会文化、思想风气等方面的变化,这些思想转变当然有多重表现,然这些变化无不与心学的社会展开及其阳明学本身所具有的强烈社会意识有重要关联。

四　阳明学与文化东亚

阳明学在前近代东亚文化交流史上产生了跨地域的影响,形成了各具"本土特色"的朝鲜阳明学(韩国学界通称为"韩国阳明学")和日本阳明学。须指出的是,作为历史的"东亚"绝不是文化白板的纯地理概念,而是拥有各种本土文化传统的"文化东亚",所以,当中国阳明学传

---

① 王艮:《王心斋全集》卷五《与南都诸友》,京都:中文出版社刊和刻本(无出版年),第 135 页。

② 吴震:《明末清初劝善运动思想研究(修订版)》第二章"阳明心学与劝善运动",第 63—80 页。

人之际,必与各地域的本土文化发生思想上的冲突、磨合乃至改造等一系列展开过程,从而使"阳明学"发生本土化的转变。

不过,朝鲜阳明学或日本阳明学作为一种"广义阳明学"的思想文化形态,其中是否内含有某种普遍性的阳明学思想精神?这是值得深思的。[①]如果仅从中国本土来审视阳明学,那么也许只能看到其特殊性的一面,然而当阳明学走向东亚,并被东亚地域不同文化所吸收改造而得以形成新形态,那么阳明学的普遍性便反而能彰显出来。因此,跨文化的比较研究就显得十分必要。在比较文化研究的过程中,我们更应注重发现不同文化的差异性,不能被不同文化间貌合神离的相似性所迷惑,因为一旦抽离于特殊性,普遍性便不免沦为抽象空洞。另一方面,单纯强调不同文化的特殊性,也会导致另一严重后果,即以文化特殊性为由而拒绝接受或认同任何思想文化中内含的普遍性价值。[②]

从历史上看,发源于16世纪中国本土的阳明学,很快便传播至中国周边地域的李氏朝鲜及江户日本。传入朝鲜大致在16世纪20年代,传入日本则已在17世纪初。当阳明学传入东亚这些地域之后,会面临较复杂的局面:一方面,与此前传入该地域的朱子学会发生一些理论摩擦;另一方面,又必然与当地的本土文化产生新一轮的思想冲撞。更重要的是,步入17世纪后的东亚三国中日韩在文化上的离心力已变得越发严重[③],在朝鲜,"小中华意识"日益强烈,在日本,"华夷之辩"出现了新变化——以日本为"华"而以中国为"夷"的论调正在崛起。[④]可以想见,在

---

① 关于"广义阳明学"或"广义朱子学"的问题,参见本书《宋明理学视域中的朱子学与阳明学》篇。

② 吴震:《东亚儒学刍议——就普遍性与特殊性的问题为核心》,载《中国学术》第31辑,北京:商务印书馆,2012年。收入《东亚儒学问题新探》。

③ 葛兆光:《地虽近而心渐远——17世纪中叶以后的中国、朝鲜和日本》,载《台湾东亚文明研究学刊》第三卷第1期,台北:台大出版中心,2006年。

④ 孙卫国:《大明旗号与小中华意识》,北京:商务印书馆,2007年;[日]桂岛宣弘:《思想史の十九世纪——"他者"としての德川日本》第七章和第八章,东京:ペリカン社,1999年。

前近代东亚各国的文化势力开始发生动荡和不断变更的进程中，阳明学乃至整个宋明理学将面临"去中华文明中心化"的巨大挑战。

阳明学传入朝鲜之初，正是朝鲜朱子学得以成熟发展的历史时期。朝鲜大儒李滉（1501—1570）、李珥（1536—1584）所奠定的朝鲜性理学正如日中天，朱子学得到朝鲜王朝的庇佑，被奉为官方意识形态。所以当阳明学的著作传入朝鲜士林，马上被李滉敏锐地觉察到心学对性理学将构成莫大的危险，于是，提笔作《传习录论辩》一文，对阳明学展开了严厉批判。尽管李滉所看到的可能只是《传习录》上卷部分，即 1518 年的薛侃刊本，至于《王文成公全书》李滉更是无缘得见①，然而即便《传习录论辩》仅有四条对阳明学的批判，已足以对阳明学在朝鲜的流传构成致命一击，因为李滉一派为代表的朱子学势力在当时及其后的李氏朝鲜时代几乎具有笼罩性的绝对影响。

一个多世纪以后的 17 世纪末 18 世纪初，才出现了朝鲜阳明学的开创祖师郑齐斗（1649—1736）。然而，尽管郑齐斗对阳明学有较全面的理解，但在当时朱子学"独尊天下"的朝鲜学界，他几乎不敢在公开场合宣扬自己对阳明学的诠释观点。就连他的文集《霞谷集》也一直作为家藏本保存而未能公开刊刻出版，直到 20 世纪，才终于被人重新发现。因此，说到朝鲜阳明学，其实相关的学术研究得以真正展开是近三十年来的事情，此前只有一些零散的研究成果问世。② 可以说，朝鲜阳明学的历史现象很奇特：在近世时代的朝鲜思想史上虽有阳明学一派的思想流传，但却几乎从未在当时社会上产生过思想—文化上的明显效应，阳明学被当作个人趣味的一种追求而被隐没在书斋当中，在学术界仿佛就根

---

① ［韩］宣炳三：《朝鲜时代阳明学辨斥史的序幕：以退溪辨斥为主》，《中国哲学史》2014 年第 3 期。

② 如尹南汉的《朝鲜时代的阳明学研究》（首尔：集文堂，1982 年）可以作为一个标志。更早的论著当数 1933 年郑寅普撰述的《阳明学演论》系列文章，后在 1955 年结集出版，但其影响有限。此后的朝鲜阳明学研究几乎处于中断的局面。近三十年来的研究有了迅猛的发展，参见［日］中纯夫：《朝鲜の陽明学——初期江華学派の研究》，东京：汲古书院，2013 年。

本不存在一样。

例如近代韩国阳明学研究的开创者郑寅普（1893—1950）在《阳明学演论》"朝鲜阳明学派"一节中竟断言"朝鲜不存在阳明学派"，"阳明学在传承的同时，被看作是像某种异端邪说一样，其书就算只放在桌上，见者即将其（书的主人）视为乱贼，开始准备责罪讨伐"，因此结论是，"朝鲜只有晦庵学派"。① 他讲的应是实情。不过，就哲学史的角度看，朝鲜阳明学的存在也是毋庸置疑的，而且有相当一批隐蔽的阳明学者对心学理论的理解达到了一定的深度，值得进行哲学上的探讨。② 例如郑齐斗对阳明学的理解其实已有相当的理论深度，他对阳明学的一些关键命题如"心即理""致良知""无善无恶"等都有理论关切，且颇有一些独到见解，表现出韩国阳明学者对心学的哲学问题并不缺乏思辨兴趣。这一点恰与日本阳明学形成了鲜明的对照③，这或许与郑齐斗等朝鲜时代的阳明学者原本接受的思想训练偏向于朱子学有关，在受到朱子学的哲学思辨训练之后，再反观阳明学便会获得一种更深入的思想了解。

日本阳明学与朝鲜阳明学则有完全不同的表现，这种不同主要表现为：第一，日本阳明学并未受到来自官方政治意识形态的压制，因而可以与日本本土或朱子学等其他思想展开平等的"竞争"；第二，日本阳明学对形而上学等义理问题大多缺乏深入关注，而较注重阳明学在道德教化方面的社会功能。

江户日本的儒学奠基者藤原惺窝（1561—1619）向来被认为日本朱子

---

① ［韩］郑寅普：《薝园郑寅普全集》第 2 册《阳明学演论》，首尔：延世大学校出版部，1983 年，第 210 页。转引自［日］中纯夫：《论郑寅普著〈阳明学演论〉中的"朝鲜阳明学派"——朝鲜阳明学研究的诸问题》，石立善译，《中国文哲研究通讯》第十六卷第 1 期，台北："中研院"中国文哲研究所，2006 年。

② 关于东亚阳明学，参见［韩］崔在穆：《东亚阳明学的展开》，钱明译，台北：台大出版中心，2011 年。

③ 吴震：《郑齐斗思想绪论》，载《韩国江华阳明学研究论集》，上海：华东师范大学出版社，2008 年。

学者的代表人物，其弟子林罗山（1583—1657）得到官方重用，被任命为
"大学头"（德川幕府最高学府的掌门人），而且获得了世袭的恩宠，他一
直以推崇和传扬朱子学为自己家族的使命。然而有迹象表明，在师徒两
人的对话记录中曾提及王阳明，在林罗山的藏书中也发现有王阳明《全
书》及《传习录》。这说明在日本江户初年，虽然朱子学得到了官方的认
可和支持，但在那些朱子学者看来，阅读或研习阳明学并没有什么可忌
讳的。也正由此，与林罗山同时代的人物中江藤树（1608—1648）便可以
公开宣扬阳明学，成为日本阳明学的开山祖师。在他的门下有不少弟子
成了阳明学的有力传播者。

　　不过，中江藤树开创的阳明学派在历史上的流衍和发展的脉络并不
十分清晰，其流派在当时的社会影响其实很有限。必须指出的是，藤树
思想的底色仍是日本神道教，如他在《太神宫》一诗中有"默祷圣人神道
教，照临六合太神宫"①的诗句，就反映出藤树思想有浓厚的"太神"信
仰。"太神"指日本文化中的"天照大神"，"太神宫"指日本神道教的伊势
神宫。另一方面，中江藤树对阳明学的理论了解很有限，在他的思想文
献中，几乎看不到其在哲学理论层面对阳明学有何创见，构成其思想的
核心命题或概念是"明德佛性"以及"太虚"等，显然偏离了阳明学的核
心旨意。毋宁说，中江藤树的心学思想反映了当时江户日本社会的儒佛
合流的思想氛围。②

　　20世纪初，井上哲次郎撰有《日本阳明学派之研究》（1900年）一
书，建构了一套日本阳明学的历史谱系。这套谱系看似井井有条、脉络
清楚，但在第二次世界大战结束后不久，日本学界就开始对井上的研究

---

　　①　［日］中江藤树：《翁问答》，引自［日］柳町达也：《中江藤树·解说》，载《阳明学大
系》第8册《日本の阳明学》上，东京：明德出版社，1973年，第46页。
　　②　吴震：《东亚儒学问题新探》第九章《中国善书在近世日本的流衍及其影响——以中
江藤树的宗教观为中心》。另参见张崑将：《德川日本儒学思想的特质：神道、徂徕学与阳明
学》，台北：台大出版中心，2007年。

表示了种种质疑，因为这套谱系的建构存在诸多历史的预设。然而不管怎么说，日本阳明学可以跟日本朱子学同时并存之现象表明，日本文化似乎天生具备一种能力，即对任何外来文化都能通过吸收、过滤并加以消化，甚至善于对外来文化进行"日本化"的创造转化。如在江户时代就有迹象表明，儒学发生了"日本化"的转向，近代日本更是致力于吸收"西学"，以使其实现"本土化"的转向。① 然须指出的是，在19世纪末的明治年间出现了一股"近代日本阳明学"的思潮，然而这股思潮可谓是泥沙俱下，不少所谓的阳明学者为了迎合当时明治帝国由上而下推动的"国民道德"运动，竭力宣扬"日本阳明学"，试图借阳明学为思想资源，以推进当时甚嚣尘上的"君臣一体""忠孝一致"为核心内容的国民道德运动。然而在近代日本阳明学的思潮中，有着许多国粹主义、民粹主义的杂音，他们所宣扬的阳明学已远非中国本土的阳明学。总体而言，近代日本阳明学对心学理论存在许多误读，甚至有严重歪曲，此不赘述。②

由上可见，阳明学传入东亚地域朝鲜和日本之后，形成了"东亚阳明学"，作为东亚思想文化现象，"东亚阳明学"足以成为一个独立的研究领域。通过对东亚阳明学的思想考察和学术研究，或将有助于我们加深了解儒家文化具有跨地域的思想意义。③ 这也是我们提出"何为阳明学的文化研究"这一问题的主要原因，对此问题的探索将有赖于我们未来的不断努力。

总而言之，我们应当认识到阳明学既是一种哲学，同时也是广泛涉

---

① 关于"日本化"问题，参见吴震：《当中国儒学遭遇"日本"——19世纪末以来"儒学日本化"的问题史考察》，上海：华东师范大学出版社，2015年。

② 参见［日］荻生茂博：《日本における"近代陽明学"の成立——東アジアの"近代陽明学"（1）》，载其著：《近代・アジア・陽明学》，东京：鹈鹕社，2008年；本书《关于"东亚阳明学"的若干思考——以"两种阳明学"的问题为核心》篇。

③ 关于儒家思想文化在东亚特别是在日本的传承与转化，参见吴震：《东亚儒学问题新探》。

及政治、社会、道德、文化乃至宗教的理论学说。因此,我们有理由从哲学文化史等多元角度出发,将阳明心学置入哲学史、思想史、文化史、学术史等研究领域来加以立体性、全方位地重新审视,甚至有必要从文化东亚的视域出发,对阳明学展开跨文化的思想考察。由此我们或可发现,阳明学作为一种文化哲学,也具有独立的理论意义和相应的现代价值。

(原载《孔学堂》2022 年第 2 期)

心学与气学的思想异动

【内容提要】有关宋明新儒学的历史，向来有"理学""心学""气学"三分构架的类型学设定。然而若深入理学或心学的理论构造内部，却可发现它们对"气"的问题或有重要的正面论述和理论创见，或往往作为一种思想"背景"或理论"陪衬"，隐伏在新儒学思想发展的整个过程中，而非"气学家"的专利。阳明心学有关"一气流通""同此一气"的气学论述充分表明"气"作为一种根源性存在的要素而得到重视，由于气与理同样具有天生的本性，故从人性论上讲，既可说"性即理也"，也可顺利推出"气即是性"的命题；由此，告子"生之谓性"及孟子"形色天性"等老问题开始被重新解读乃至价值重估。随着中晚明时代心学与气学的这股思想异动的弥漫和扩散，及至明清思想转型之际，各种各样的重视形色、肯定气质甚至主张情善、气善等新奇论调层出不穷，于是，"气质何以通向道德"遂成为需要重新认知的理论问题。

历来以为在宋明理学史上，存在一种"气学"传统，与"理学"和"心学"构成分庭抗礼的三分格局，这显然是一种属于"后见之明"的学术史研究视域下的预设；从历史上看，倘若我们深入理学家或心学家的理论构造内部，便会发现有关"气"的问题思考，绝非是所谓"气学"家的专利，有不少经典论述或核心观点早在理学或心学的思想系统中被揭示了出来。① 只是由宋至明的思想发展历史表明，由朱子学的理气二元论所造成的理论紧张，对于明清学者重新审视抽象之理与实在之气的关系，提供了重要的思想契机，其中隐伏着一条反朱子学的理论思路，不仅表现为心学与理学的理论碰撞，甚至出现了心学与气学的思想异动，诚不容忽视。

从新儒学内部的比较视域看，相比于朱子学着力建构理气宇宙论的系统，阳明学主要关注的是"世界"问题而不是"宇宙"问题。因此，有关宇宙理气论的问题并不是阳明学的核心理论关怀，但是，这并不意味着阳明学对气的问题漠不关心，相反，气的问题常常以"隐秘"的方式——或作为"背景"或作为"陪衬"——存在于阳明学的理论叙述框架内部，而且在为例不多的地方，也有直截了当的气学阐述，显示出与朱子学的观点视角同异交错或迥然有别的特色。

例如阳明"性即气""气即性"等命题的提出以及对告子"生之谓性"说所采取的肯定态度，由此引发了后人对心学与气学的关系问题的重新思考，这一思考虽然内在于心学体系中有关心与物、心与气的理论内部，但同时也牵动出气质与天性、气质与道德的关系如何衡定？德性或良知的基础是否必须诉诸气的存在？诸如此类的问题凸显了心学与气学的理论紧张，不仅在中晚明时代产生了持续的连锁反应，也引发了晚明思想的一些异动迹象，出现了一股重估告子"生之谓性"说、孟子"形色天性"说的思想风气，并随着这股风气的逐渐蔓延和扩散，推动和深化了有关气质与道德的关系问题的理论思考，甚至出现了"情善"说、"气善"说等对儒家性善传统构成理论冲击的新观念，值得关注。

一 "一气流通"与阳明心学的良知宇宙观

在阳明良知学的系统内部，存在一个隐秘的思路："一气流通。"如

果说阳明学对宇宙问题有何思考，那么，可以用此四字来加以归纳。换言之，"一气流通"是阳明学的一个宇宙论预设。然而事实上，气构成了宇宙万物的存在基础，就此而言，无论是张载还是朱子抑或阳明，几乎所有的儒家学者应当都不会有任何的异议。只是由"一气流通"来论证"万物一体"，并从"万物一体"当中寻找出"人心一点灵明"的阿基米德点——宇宙与人心原是一体存在的支撑点，则是阳明学的一项理论贡献。

试看王阳明的一段论述：

> 人的良知就是草木瓦石的良知，若草木瓦石无人的良知，不可以为草木瓦石矣。岂惟草木瓦石为然？天地无人的良知，亦不可为天地矣。盖天地万物与人原是一体，其发窍之最精处，是人心一点灵明。风雨露雷、日月星辰、禽兽草木、山川土石，与人原只一体。故五谷禽兽之类，皆可以养人；药石之类，皆可以疗疾。只为同此一气，故能相通耳。[①]

这是阳明学关于"世界"（包括物世界与心世界）的一个重要观点，欲将良知奠定为世界一切存在的基础，而在这套论述当中，"同此一气，故能相通"被作为一项不言自明的理论前提揭示了出来。其中隐含这样一条思路：作为良知的"人心一点灵明"与"天地万物"之所以是"一体"之存在，其因在于人的良知与天地万物都是"同此一气"的存在，故而构成了互相感通的一体同在的有机连续体。

很显然，在阳明的论述过程中，"气"并不是一个直接讨论的对象，而是被当作其观点论述的一个思想"背景"，至于"气"的存在论问题本身则被阳明故意隐去而未做任何正面的论述。他只是揭示了"风雨露雷、

---

① 《传习录》下，第 274 条。

日月星辰、禽兽草木、山川土石，与人原只一体"的存在事实，而并未就此做进一步的理论证明。

所以，阳明对有关宇宙存在第一性究竟是"理"还是"气"的问题并没有表现出重要关怀，他更愿接受的是中国哲学大传统中的"盈天地皆气也"的实在主义宇宙观。然而，对阳明而言，这种不证自明的所谓宇宙论知识版图必须经过"人心一点灵明"的良知参与，才能得以成立。也就是说，如何使"世界"成为一种有价值意义的存在系统，将最终取决于作为价值存在和普遍存在的良知而不是单纯的气质本身。故"心者，天地万物之主也"① 才是阳明学宇宙观的基本预设。由于心体即良知，故在此意义上，可以说阳明心学的宇宙观乃是一种良知宇宙观。

举例来说。阳明在与弟子探讨良知与宇宙之关系问题时，他为了进一步论证中国传统文化中"人是天地之心"的观点，强调心之本体的良知才是真正意义上的宇宙存在中心，提出了与上述论述非常相似而重要的观点：

> 天地鬼神万物离却我的灵明，便没有天地鬼神万物了。我的灵明离却天地鬼神万物，亦没有我的灵明。如此便是一气流通的，如何与他间隔得！②

这里的"一气流通"与上述"同此一气"的意思完全一致。可见，"一气流通"同样被当作宇宙存在的一个基本事实，但同时阳明又强调良知一点灵明（而非气之本身）才是整个宇宙存在的核心这一观点。

在通常意义上，上面所列两条阳明良知学的论述是被这样解读的：天地鬼神万物等所有一切外在的客观存在，如果没有主体存在的人心良

---

① 《王阳明全集》卷六《答季明德·丙辰》，第214页。
② 《传习录》下，第336条。

知，就将变得毫无意义和价值，换言之，阳明所探讨的不是存在第一性属于物质还是精神这类存在论问题（而且这也不是中国哲学的核心关怀），而是揭示了人类精神、良知本体是使这个世界存在变得有意义的唯一根据、最终实在。也正由此，我们就应当珍惜和爱护人的精神生命与天地万物共同构成的这个意义世界。用阳明学的术语来讲，这个世界就是"天地万物一体之仁"的世界共同体。①

问题在于：在上述这套万物一体思想的论述框架中，"一气流通"的说法具有怎样的概念地位？事实上，阳明将此作为一个宇宙论事实来进行陈述，而显然没有将此作为一个宇宙论议题，企图建构某种新的宇宙论述。也就是说，在阳明看来，天地万物的一个存在事实便是由"一气流通"呈现"一体之仁"之价值而构成的有机连续体，换言之，人心一点灵明的良知心体或一体之仁须以"一气流通"作为中介，而与天地万物构成一体同在的关联性，将人的存在置于一切存有的连续体当中，进而展现一切存在的价值和意义。

因此，在阳明心学的审视之下，这个"世界"既不是冰冷而无生气的只是作为理据而存在的"理世界"，也不是单纯作为物质存在基础的充满气动灵活的"气世界"，而是理气融为一体的、以心体良知为核心价值的意义世界、伦理世界。由此视域出发，进而审视人伦世界之际，阳明学便可摆脱理气二元的宇宙论构架，而将"气"直接置入心性论域中来加以定位，并提出"气即是性""性即是气"的命题，进而将"生"与"气"沟通起来，在肯定气是世界存在的根源性基础的同时，对"生"的问题做出了正面积极的肯定。于是，儒学史上特别是宋代新儒学以来，向来被认为异端人物的告子所谓的"生之谓性"，从人们的历史记忆中被重新唤醒，出现了告子重估的思想现象，值得深思。

---

① 参见本书《论王阳明"一体之仁"的仁学思想》篇。

二 "性即是气"与"生之谓性"的重新出场

我们知道，在中国人性论史上，先秦时代的孟子与告子之间的论辩非常著名，他们围绕"生之谓性"的命题，展开了激烈的论辩，而在宋代道学的判教设准之下，告子无疑成了儒家的"异端"而遭到彻底的"清算"（尽管程颢可能是一个例外，这里不赘）。因为告子所谓的"生"，只不过是气禀而已，而气质之性显然不能成为人性必善的依据；相反，正与儒家传统的孟子性善学说构成对反的关系，故而"生之谓性"在儒家人性论史上，就必然被打入冷宫。

然而在阳明学的时代，"生之谓性"说却出现了翻案的迹象，其发端者便是王阳明。他说：

> "生之谓性"，"生"即是"气"字，犹言气即是性也。气即是性，"人生而静以上不容说"，才说气即是性，即已落在一边，不是性之本原矣。孟子"性善"是从本原上说。然性善之端，须在气上始见得，若无气亦无可见矣。恻隐、羞恶、辞让、是非即是气，程子谓"论性不论气不备，论气不论性不明"，亦是为学者各认一边，只得如此说。若见得自性明白时，气即是性，性即是气，原无性气之可分也。[①]

阳明首先认同"生"犹言"气禀"（程颐语）这一程朱理学以来的一般常识，同时也承认程颢的一个基本判断："盖'生之谓性'，人生而静以上不容说。才说性时，便已不是性也。"[②]认为告子言性是从"人生而静"以后的气质层面而言的，不同于孟子是从"性之本原"立论的；然而，若从

---

① 《传习录》中，第150条。
② 《程氏遗书》卷一，《二程集》，第10页。

现实的人性构成论角度看，阳明断定"原无性气之可分"，从而得出"气即是性"的结论；就此而言，阳明的上述推论似乎言之有理而不足为异。

然而另一方面，阳明显然是孟子性善论的拥护者，只是在阳明看来，从"本原"上主张人性必善固然重要，"然性善之端，须在气上始见得，若无气亦无可见矣"，可见，"本原"之善如何在"发用"上呈现自身，这涉及阳明学的良知"发用流行"的问题，构成了阳明学的一个重要理论关切。阳明认为，意义呈现必须借助于气质作用才有可能；而且他认定孟子也并没有忽视"气"的重要性，如孟子"四端之心"其实指的都是作用层面的"气"。然而，当阳明得出这一论断的时候，他的诠释视角已经发生了微妙的转变，即试图通过气而非情的角度（如朱子释"端者情也"）对孟子所言四端之心进行创造性解释，基于此，进而对告子以生言性说也有必要进行重新解读，其结论便是"气即是性，性即是气"。反过来说，告子"生之谓性"的命题也可以在理论上得以立足，于是，历来被视作异端的告子人性论特别是有关"生"的思想也就有了价值重估的可能与必要。

尽管阳明做出上述判断有一个前提条件，必须从"气上始见"这一特殊视角（而不是从"性之本原"的角度）出发，才能认同"生之谓性"说具有一定的合理性。但是，根据阳明的这个说法，"气"的重要性被凸显了出来。对此，阳明的著名弟子邹守益做了进一步的诠释和肯定：

> 先师有曰："恻隐之心，气质之性也。"正与孟子"形色天性"同旨。……除却气质，何处求天地之性？"[1]

这里将上引阳明的"恻隐、羞恶、辞让、是非即是气"的表述，归纳为"恻

---

[1] 引自邹衮：《邹氏学脉》卷一《东廓先生要语》，《续修四库全书》第938册，上海：上海古籍出版社，2002年，第490页。

隐之心，气质之性"，这样一来，作为性之本体的仁义礼智必须借由气质之性才能呈现自身的价值，故有所谓"除却气质，何处求天地之性？"的追问，而其答案已经包含在问题本身的内部。邹守益的基本思路无非就是上引阳明语"若无气亦无可见"。不过，他还有一个说法值得注意，即他将阳明的上述观点与孟子"形色，天性也"（《孟子·尽心上》）的判断相提并论，并被借用过来，用以肯定阳明"气即是性"之命题的同时，甚至可以成为告子生之谓性的一个重要论据。显然，邹守益欲为阳明将四端之心定位为气质之性的观点寻找儒家经典的合法性依据。

值得注意的是"除却气质，何处求天地之性？"这一反问句式的表达方式，因为任何强烈的反问，都内含对某一正面命题的肯定，但是，倘若这种命题肯定方式用力过猛，却有可能发生语义上的转变，衍生出文本中并未明言的另一层意思。例如就邹守益的这句话来看，其意在于强调天性须由气质始见，意谓性与气在结构上的相即不离；然而根据这个说法，也有可能通过某种视域转换而被解读出这样一层含义：天性须以气质作为其存在基础，否则，天性根本无由得以呈现。倘若如此，则天性与气质的关系便发生了存在论的翻转，性与气不再是结构关系而是具有同一性的存在论事实，甚至可以衍生出另外一种观点：气质才是天性的存在基础。这显然是道学传统所不能认同的过度解释。

但是，一种思想观点一旦提出之后，往往会发生这类情况，即被从具体的"文本"中抽离出来，成为一种独立的思想命题，进而被延伸解读。例如，如果"气即是性，性即是气"被单独地抽离出来，而不顾这一观点的上下语脉，忽视阳明"性善之端，须在气上始见得"这一前提设定，那么，便会被解读成这样的结论：性与气并没有任何本质区别，而可以直接画上等号。事实上，阳明学"气即是性"的命题在阳明后学的思想发展过程中便发生了种种过度解读的现象，并在这种过度解读的影响下，连带着告子"生之谓性"的意义被重新解读、孟子"形色天性"的命题竟被联想成是以生言性的另一重要论述角度，于是，气质问题开始被置入人性领域而发生价值重估的现象。以上这些观点的出现在明代中期可能只是暗流涌动的一种思想迹象而已，然而随着这股思想异动的推演和发展，最终在晚明时代形成了一股声势高涨的思潮，值得引起我们的关注。[①]

例如在心学运动的过程中，人们开始感到不解的是，为什么一方面反对告子"生之谓性"或"食色，性也"的命题，另一方面却故意隐去孟子"形色天性"的命题而采取视而不见的态度？因此，有必要先来了解一下道学家对"形色天性"问题的理解，以为后面讨论提供一个思想背景的知识。最为典型的解释，当然非朱子莫属。在朱子看来，孟子的"形色，天性也"一句有点难解，"若要解，煞用添言语"[②]，这种"添字诠释法"其实是朱子经典诠释的惯用手法，如他认为程颢所言"'生之谓性'，性即气，气即性，生之谓也"[③]的说法也非常难解，故须"添言语"，程颢此说始能讲得通，即必须这样说："生之理谓性。"[④]这样讲才是逻辑周延的讲法。

同样，按朱子，关于"形色天性"也必须这样解释："人之有形有色，无不各有自然之理，所谓天性也。"[⑤]很显然，朱子不能认同"形色天性"意味着"形色"与"天性"的无条件的直接同一，而只能认同"形色"中所存在的"自然之理"才是本然之性意义上的"天性"，唯有如此，才能与"性即理也"的道学命题不发生背离现象。至于朱子的诠释是否符合孟子的原意抑或只是朱子对孟子的一种独特哲学诠释，则是另一层面的问题，姑置勿论。唯须点明的是，朱子的"以气释生"以及"以理释性"的观点，构成其一套理论学说，自然符合朱子理学的理路；问题在于：对于"生"字，我们是否可以做另一层意义的理解或肯定，而不必被贬义地理解为

---

① 参见吴震：《罗汝芳评传》第三章第三节"身心观"。

② 《朱子语类》卷五十九，第 1376 页。

③ 《程氏遗书》卷一，《二程集》，第 10 页。朱子对此的评论及其解释，参见《朱子语类》卷九十五，第 2425—2426 页。

④ 《朱子语类》卷五十九，第 1376 页。朱子认为，告子所言"生"只是指"气"，而孟子所言"性"乃是就"理"而言的："性，孟子所言理，告子所言气。"（同上）

⑤ 《孟子集注》，《四书章句集注》，第 360 页。

只是自然生命？事实上，阳明学所要面对的正是这一问题。

举例来说，阳明在另一处谈到"生之谓性"问题时，就曾引用孟子的"形色天性"说来进行重新解释。根据阳明的判断："孟子亦曰'形色，天性也'，这也是指气说。"进而阳明对此做出了积极的肯定，并由此推论出"气亦性也，性亦气也"①的命题。表面看，这是在强调性与气的同一性，其实正如上述，其中含有一项重要的理论前提，即阳明之意在于强调，性与气在现实世界中处于一种相即不离的结构关系，而不在于认同性与气在存在论意义上的本质同一。

重要的是，尽管任何一个思想命题所蕴含的义理往往可以从不同的角度来加以理解，但是阳明非常强调观点的提出必须立足于哲学基础之上，因此，他强调首先必须"认得头脑是当"，才能对"气亦性也，性亦气也"这一观点表述获得真正的了解。我们知道按照阳明心学的一套语言系统，所谓"头脑"，实际上就是"良知"的替换词；而良知观念正是阳明学的哲学基础。因此，所谓"认得头脑是当"，其实也就是说，必须根据良知心学的哲学立场来审视性与气的关系，才能对上述命题获得一项善解。

不仅如此，即便从良知立场出发，阳明对良知与气的关系问题，也有进一步的阐发："然良知亦只是这口说，这身行，岂能外得气，别有个去行去说？"②意思是说，致良知工夫不是单纯的观念活动，它并不能抽离于"气"之外，因为气构成了"口说""身行"等人类行为的实在性基础。于是，我们就可得出一个推论：良知作为一种基本的德性存在，在实践论上，亦须落实在气的层面上才是实际可行的德行工夫。正是在这个意义上，所以阳明心学才坚持性气不离的观点，而有"气亦性也，性亦气也"之说。

① 《传习录》下，第242条。
② 同上。

由此可见，上述阳明所谓的"气亦性也，性亦气也"或"气即是性，性即是气"的命题，对此，我们绝不可误会为阳明主张性与气的直接同一或性体之良知与实在之气质处于同一层次的存在，同样，我们也绝不能误会阳明的主张是：作为内含道德义和规范义的良知本体须有赖于气而存在——从而将气质翻转成为良知的存在论基础。相反，关于气的问题，阳明多次强调"人之气质"是一种内含"清浊粹驳"[1]等差异性存在；另一方面，人的良知却是"本来自明"的，只是人的现实状态看，由于"气质不美者查滓多，障蔽厚"，所以人心之中的良知"不易开明"，故而有必要做一番致良知工夫，以使心中"良知便自莹彻"[2]。由此可见，在阳明，气是一种差异性原则，在这一关键问题上，可谓与朱子学达成基本一致。

但是，"气即是性"这一话语的提出，伴随着对"生之谓性"的意义重估以及"形色天性"说的显题化，逐渐在晚明思想发展过程中引发了连锁的思想反应，例如历来被道学家视作仅具负面义的生、气、形、色等形下层次的概念，被认为很有可能具有通向道德的正面义。围绕道德与气质的关系问题也被提上议事日程，并随着思想的转进或议题的拓展，及至晚明清初之际，竟出现了"情善"说、"气善"说等在道学传统中不可想象的新奇论调，无疑对儒家的性善传统形成了理论冲击，值得省察。

三 "形色天性"的显题化及其意义重估

我们先从阳明后学说起。早在嘉靖十三年（1534）即阳明逝世后五年，阳明大弟子季本便已经注意到同门中出现了一种怪现象，即"同门诸友多以自然为宗，至有以生言性，流于欲而不知者矣"。季本对此表示了"余窃病之"[3]的忧虑。其中所谓的"以生言性"，应当是指告子"生之

---

① 《传习录》上，第 99 条。

② 《传习录》中，第 164 条。

③ 《季彭山先生文集》卷一《赠都阃杨君擢清浪参将序》，载《北京图书馆古籍珍本丛刊》第 106 册，第 849 页。

谓性"说。从季本的这个说法当中，可以感受到在阳明之后，王门中出现了一股告子翻案风。究其思想原因，在季本看来，应当归因于当时学界出现的另一种怪现象，即陆九渊弟子杨简思想的突然复出，季本对此深致不满，故其竭力反对"以自然为宗"，而主张以"警惕"为宗。季本的批评矛头所指，其实是同门的王畿。[①] 而王畿对阳明学的诠释最富原创力，他对告子"生之谓性"也别有一番新见解，我们先来看他有关孟子论性的一个说法：

> 孟子论性，亦不能离气质。盖性是心之生理，离了气质，即无性可名。天地之性乃气质之精华，岂可与气质之性相对而言？[②]

意思是说，孟子性善论绝不像宋代道学家所理解的那样，是按照由"理善"论"性善"[③]的思路来的，事实上，孟子并没有也不可能忽略气质问题。另一方面，如果将天地之性与气质之性视作二元对立之概念，如韩愈《原性》便将气质与天性对立了起来，便不免"出于料想，实未尝知性也"[④]。可见，王畿对气质的认同并不意味其主张气质之性的人性一元论，他仍坚持"天地之性"才是构成人性之本质这一道学传统，当然同时也应当是阳明学的传统，只是王畿由对气质问题的重视，进而开始对朱子学的那套人性二元论——天命之性与气质之性的对立——产生了根本的质疑。

引发上述王畿质疑的一个重要契机，无疑是"生"的问题。王畿对"生"有直接的理论关注，在他看来，"生"在人性领域中具有根源性意

---

① 吴震：《楊慈湖をめぐる陽明學の諸相》，载《東方學》第 97 辑，日本国际东方学会，1999 年 1 月。王畿对季本的回应，参见《王畿集》卷九《答季彭山龙镜书》。

② 《王畿集》卷一《抚州拟岘台会语》，第 19 页。

③ 如朱子说："孟子说性善，便都是说理善。虽是发处说，然亦就理之发处说。"（《朱子语类》卷九十五，第 2425 页）

④ 《王畿集》卷一《抚州拟岘台会语》，第 19 页。

义，故而特别强调"性是心之生理"的观点。其中"生理"一词，盖指"生生不息之理"的意思，源自二程"生之性便是仁也"①的观点，而这也是阳明所认同的。例如在阳明看来，"生"落实在"心"上讲，系指良知心体具有"生生不息之理"的根本特质；另一方面，由于性之"生理"的催动须由"气质"作为中介，因而没有气质的话，也就无所谓"性"的发动。

不过，在王畿看来，朱子学人性二元论所预设的"天地之性"其实应当是"气质之性"当中的"精华"而已，绝不能构成"与气质之性相对而言"的二元对立，故有必要从根本上消解朱子学的人性二元论的预设，以凸显气质之性的重要意义。也正由此，王畿认为对告子的"生之谓性""性无善无不善"等一系列观点应当重新审视，甚至提出了"告子亦不可谓非力量"之说。这类观点的提出在当时是需要相当理论勇气的，对此，王畿友人唐顺之不吝赞美之词："此吾兄有见之言也。"②王、唐两人的一唱一和，令我们感受到在当时仿佛已出现了一种重估告子的声音。

上面提到的邹守益在阳明后学中，其思想偏向于"保守"，而与王畿擅长义理发挥并不相同，但在反对朱子学人性二元论的问题上，却与王畿站在同一条战线上，他也断然主张："天性与气质，更无二件。人此身都是气质用事……天性从此处流行。"③可见，其对"气质用事"也有正面积极的肯定，所谓"天性"须从气质处"流行"，也应当是对上述阳明所言"性善之端，须在气上始见得"这一观点的进一步肯定。

另一位阳明后学中人、被后人并称为"二溪"之一的罗汝芳（王畿号龙溪，罗汝芳号近溪，故有此称）在"生之谓性"以及"形色天性"的问题上，表现出高度的理论热情，他的相关论述丰富而详备，在广义阳明学的

---

① 《程氏遗书》卷十八，《二程集》，第184页。
② 《荆川先生文集》卷六《答王龙溪郎中》，《四部丛刊》本。
③ 《邹氏学脉》卷一《东廓先生要语》，第490页。

历史上，可谓异军突起，提出了一套丰富的"生生"理论，这里仅举一例以概其余。他说：

> 今且道"生"之为言，在古先谓："太上其德好生""天地之大德曰生""生生之谓易"，而"乾则大生，坤则广生""人之生也直"，"生"则何嫌于言哉？至孟子自道，则曰："日夜所息，雨露之养，岂无萌蘗之生？乐则生矣，生则恶可已？"是皆以生言性也。……"目之于色，口之于味，性也，有命焉"，是亦以食色言性也。岂生生为性，在古则可道，在今则不可道耶？生与食色在己则可以语性，在人则不可以语性耶？要之，"食色"一句不差，而差在仁义分内外，故辨亦止辨其义外，而未辨其谓食色也。若生之一言，则又告子最为透悟处，孟子心亦喜之而犹恐未彻也。[1]

从程颢、阳明、王畿的"生理"说，直到罗汝芳正面主张"以生言性"说、"生生为性"说，我们似乎可以从中理出一条新的思路：罗所欲建构的已经不再是生生不息意义上的宇宙论或生成论，而是直指人物之生命本源的生生本体论，即直以"生生"为一切存在的本体（此非形上意义的本体，而是指根源意义的本体）。至于其断然得出告子所言"生"乃是其思想的"最为透悟处"，而且也是"孟子心亦喜之"的判断，则显然是罗汝芳的创造性诠释，阐发的是他自己的一种哲学观点，而未必符合孟子、告子的思想旨意。

顺便提一下，与王畿在思想上总是唱反调的聂豹，却早于罗汝芳而明确指出"告子'性无善无不善''生之谓性'之说，已见本体一斑"；相比之下，"孟子性善之论，已是指性之欲而言也"。[2]此处"本体"一词，应该也

---

① 《近溪罗先生一贯编·孟子上》，《四库全书存目丛书》子部第 86 册，第 320 页。

② 《双江聂先生文集》卷十一《答董明建》，明刊云丘书院藏本。

是指"生"字而言，正是由"生"的角度出发，告子才会得出"生之谓性"或"性无善无不善"的结论。与此同时，在聂豹看来，孟子性善说也并没有忽视"性之欲"层面（即气质层面）的问题。根据聂豹的上述判断，告子与孟子已然不再是思想论敌而应该是思想同盟。聂豹在这里特意提到"性无善无不善"之说，其中涉及如何理解阳明学"四句教"的首句"无善无恶心之体"①等问题，同时也涉及如何理解王阳明会得出"性无善无不善，虽如此说，亦无大差。……无善无不善，性原是如此"②这一连串有关人性善恶的判断问题。

必须指出的是，在聂豹看来，"性无善无不善"是从"本体"而不是从"性之欲"（气质之性）立论的，既然阳明晚年提出的"四句教"断然肯定"心之本体"是"无善无恶"的，那么，由此推论，则性之本体也无所谓善、无所谓恶的。这应当是聂豹对阳明学的一个诠释思路，未必符合阳明之本意，因为"四句教"所讨论的并不是人性论问题，而是另有问题的关注焦点，此处不赘。③

罗汝芳的一位友人、与晚明心学略有交结的大学问家焦竑也注意到孟子的"形色天性"说，并评论道："形、性岂二物哉？知形之非形，则形色即天性耳。"④他甚至指出："世儒类以信言果行为躬行之君子，而实非也。……悟形色即天性，斯孔子所谓躬行者也。"⑤这是说，儒家传统中的"躬行君子"，须以真正了解"形色即天性"为前提条件。至此可见，不仅在王畿的周围，而且在罗汝芳的周围，重估告子或直接肯定"形色天性"的声音正汇聚成一股声浪，逐渐向"后16世纪"的晚明思想界慢慢扩散。

---

① 《传习录》下，第315条。

② 同上书，第273条。

③ 吴震：《阳明后学研究（增订本）》第一章"无善无恶——阳明学'四句教'诠释小史"，第53—124页。

④ 《焦氏笔乘·续集》卷一《读孟子》，上海：上海古籍出版社，1986年，第226页。

⑤ 《焦氏笔乘·续集》卷一《读论语》，第217页。

四 "情善"说及"气善"说的出现与张扬

这里我们可以列举一位阳明学圈外的人物为例，来说明这种扩散现象的逐渐演变，最终竟出现了对孟子性善说构成理论冲击的"情善"说及"气善"说。

在 17 世纪初，有一位福建士人也是著名的劝善思想家颜茂猷（1578—1637），他非常注重情感的问题，他对告子"食色，性也"（《孟子·告子上》）这一向来颇受非议的观点有正面的积极肯定，认为"食色"是人的一种基本情感表现，而人性是不能脱离"情"而言的，因为"凡言性者，必验诸情"，进而他提出了"虽习后而情之善自在"[①]的"情善"论主张。

如此一来，便触及一个根本问题："然则，孟子何以道性善？"即孟子的性善说何以成立的问题。对此，颜茂猷的回答很微妙："毕竟有个善在，孟子道不出。非道不出，只是见于他处，人自不省耳。"[②] 那么，这个"孟子道不出"的"见于他处"的所谓"性善"究竟在哪里呢？他认为这个"性善"不能从本质主义的人性论里面去寻找，而只有在人生以后的人情当中才能发现，因为在他看来，"性不离情""只此人情，便是天理""圣学者，人情而已矣"。[③] 与其重视人情的立场一致，他也非常看重"气质之性"，认为气质就是"太极之精""天地之性即行于气质之中"[④]，反对朱子学历来以为天地之性为善而气质之性则有可能趋恶的传统观点。由此可见，颜茂猷对"食色""气质"的正面肯定是其推导出"情善"说的重要理路。于是，我们就不难发现，原来，他的一系列有关人性人情的新主张，

---

① 颜茂猷：《云起集·说铃》，日本内阁文库藏明末刻本。
② 同上。
③ 《云起集·四书讲宗》。
④ 同上。

其实都与明代中期以来的那股重估告子的风气有关，也与重新评定"形色天性"说属于同一股思潮的表现。①

但是，颜茂猷的思想在总体上表现出与心学思想颇为不同的趣向，他有一套劝善理论，竭力主张一个观点：行善由我抉择，幸福交由上帝。表现出晚明思想已发生宗教化的转向，此即说，在心性本体之外或之上另有"第三者"的存在，充当人世间的审判官，早期中国的"对越上帝""事天敬天"的传统在道德自律主义思潮流行之后的"后16世纪"中国得以重新激活。这个问题将涉及其他许多方面，只能另当别论。②唯须点明的是，晚明儒学宗教化的转向并不单纯地意味着人们将眼光由形上世界收缩至形下世界——由形下之气取代形上之理而已，相反，人们的眼光由道学传统的形上之理的"理世界"转向了另一个形上之天的"天世界"，并赋予"天"以某种独立的"第三者"人格，以为由顺从良知转向敬畏上天，更能有效地确保早期中国传统所宣扬的"德福之道"或"道德为福"③的真正实现。

与颜茂猷差不多同时的晚明东林党人孙慎行（1565—1636）则是"气善"说的主张者。他对晚明思想的演变有一个敏锐的观察，在他看来，晚明以来出现的对"告子以生言性"的重估现象，引发了"德与性固有辨"④的问题。这里的"性"是指"以生言性"思潮中被重新估值的"气质之性"，因此"德与性"之辩，实际上就是道德之性与气质之性之间的关系究竟应当如何衡定的问题之争。这个问题的出现，意味着道学传统中的有关天命之性与气质之性的固有观点开始受到挑战，其最突出的表现就是孙慎行所指出的那样，"告子以生言性"竟然甚嚣尘上，使得儒学传统

---

① 参见吴震：《颜茂猷思想研究》第八章"由劝善理论重构人性学说"。

② 吴震：《明末清初劝善运动思想研究（修订版）》第四章"晚明时代儒学宗教化趋向：以颜茂猷《迪吉录》为例"，第117—146页。

③ "德福之道"为孔安国语，见《尚书正义·洪范》，《十三经注疏》本，北京：中华书局，1980年，第193页。"道德为福"为王肃语，同上。

④ 《明儒学案》卷五十九《困思抄·生说》，第1451页。

中的孟子性善论被逼到绝境，令人十分堪忧。然而，孙慎行不仅是一位被刘宗周誉为集东林之学之"大成"的思想家，而且他自己也明确主张"性善，气质亦善"[①] 的气善说。

不过，孙慎行并不是告子翻案论者，也不是孟了性善说的反对者，他的基本立场及其思路是这样的：

> 告子以生言性，执已发而遗未发，便是无头学问。且以天命言性，正所谓凡圣同然，理义说心，而形体不与焉。言生则未免涉形体焉，乌可谓性？[②]

这是对告子"生之谓性"的严厉批评，表明了其严守儒学传统中"以天命言性"的基本立场。至于"生"字所涵指的"形体"绝不可与"性"画上等号。但是，一旦说到"气质"，则情况全然不同。

孙慎行的关注点开始聚焦于孟子的"形色天性"说，指出：

> 孟子谓"形色天性也"，而后儒有谓"气质之性，君子有弗性者焉"。夫气质独非天赋乎？若天赋而可以弗性，是天命之性，可得而易也。[③]

很清楚，这里的说法与我们上面所看到的罗汝芳等人有关"形色天性"问题的价值重估之论调如出一辙，而且说得更为直截了当。在孙慎行看来，"气质"也是一种"天赋"的本性，宋代道学家如张载之流竟以为"气质之性，君子有弗性者焉"，无疑将连带着对儒家"天命之性"发生质疑。因为事实上，无论是天命之性还是气质之性，正如孟子已经挑明的那样，

---

① 《明儒学案》卷五十九《东林学案二·孙慎行小传》，第 1448 页。
② 《明儒学案》卷五十九《困思抄·生说》，第 1451 页。
③ 《明儒学案》卷五十九《困思抄·气质辨》，第 1452 页。

"形色天性也"，两者之间并不存在根本的差异，而且同样都是"天赋"于我们所有人类的本性。

正是由于宋代儒者这种对"气质之性"的贬斥态度，以至于有所谓的"变化气质"之说，这个说法在暗地里其实是在助长荀子的"矫性为善"的性恶说。而在孙慎行看来，所谓"变化气质"简直不足为论：

> 夫气质既性生，即不可变化，与性一，亦无待变化。若有待变化，则必有不善。有不善，则已自迷于性善，其说可无论矣。[1]

至此，孙慎行的"气善"说已经呼之欲出了。在他看来，既然"性善"之性为天赋之性，而气质与天性同样都是天赋的，因此，就可推出一个必然的结论："气质又同是善。"[2] 另一方面，他又强调指出："夫气质善，而人顺之使善，是以人合天，何极易简？若气质本有不善，而人欲变化之使善，是以人胜天，何极艰难？"[3] 这是从实践论的角度指出，坚信"气善"具有重要的实践意义，进言之，变化气质说则反而构成了对"气善"说的怀疑。

显而易见，孙慎行是在坚守孟子性善立场的同时，肯定了孟子"形色天性"说的理论意义，进而提出了"气善"主张。有趣的是，他既不赞成告子"以生言性"说，以为"生"字不足以涵盖"性"字，"以生言性"将反而混淆"生"与"性"的基本差异[4]，必然违反儒家性善说的传统，显示出

---

① 《明儒学案》卷五十九《困思抄·气质辨》，第 1453 页。

② 同上。

③ 《明儒学案》卷五十九《文抄·命说》，第 1466 页。

④ 孙慎行面对"说者谓生非形体，特生机。……然则生终不可言欤？"这一问题，他断然回答："曰性未尝不生也，而实不可以生言也。如天地之大德曰生，德与性故有辨，曰大生，曰广生，皆天地之用，用既已发，不可偏执为性也。且时行物生，天地位，万物育，圣贤亦何尝不言生？但从生言性，虽性亦生；从性言生，虽生亦性。虽性亦生，必至混入性于犬牛；虽生亦性，方能别几希于禽兽。"（《明儒学案》卷五十九《困思抄·生说》，第 1451—1452 页）

其对"生"的问题见解有回归宋代道学立场的趣向。另一方面,他又对宋代道学家贬低气质的观点很不满,认为天赋人性之同时,气质也是上天赋予的,绝不能厚此薄彼;同样,"形色"作为气质的一种形态也应当具有正面的意义,不能一概贬斥。据此可见,孙慎行与心学一系的学者大多从"生生"的角度肯定气质从而重估告子的观点取向有所不同,他一方面坚守孟子立场而反对告子,另一方面又对宋代道学鄙视气质的傲慢态度表现出一种思想反弹,以为必须从根本上扭转这类思想偏见。

顺便一提,孙慎行对晚明心学末流,与顾宪成、高攀龙一致,亦持批判的立场,对于心学末流以"超善不善乃为善"的奇妙逻辑来解释告子"无善无不善"的观点进行了严肃批评。[①] 但是其对阳明心学却有一定的认同,他认为儒家传统中的"心"具有积极正面的意义,根据《论语》《大学》《孟子》等经典的记载,"并未尝言心有不好的",后人只是由于被"气质之性"的概念所误导,"故因生出一种形气之性"的说法,这就导致"与孔孟心性处顿异"的结果;至于格物问题,他认为在"诸家训释颇异"的各种学说当中,唯有"阳明说致良知,才是真穷理"[②],对阳明良知学提出了正面的肯定。而且他坦承对于宋学,他只认同"'立本'之说",对于明儒之说,他只认同"'良知'之说"[③],这表明东林学派虽然大多持严厉的批判心学的立场,但对阳明良知学也有学者持认同的态度,值得关注。

尽管孙慎行的思想归趣既不属于"心学家"也不属于"气学家",其在"性善"以及"生生"等问题上的基本立场更接近道学传统,但可以确定的是,他的上述观点的提出应当是晚明心学与气学的思想异动所致的一种现象,其中既有对气学思想或心学观点的汲取与批评,甚至也有对道学思潮的肯定与反思,展现出晚明社会的思想异动正朝着更为复杂多元的方向发生转变。

---

① 《明儒学案》卷五十九《困思抄·气质辨》,第 1453 页。
② 《明儒学案》卷五十九《困思抄·格物》,第 1455—1456 页。
③ 《明儒学案》卷五十九《困思抄·告子》,第 1454 页。

五 "气质之性"重估现象的蔓延与扩散

由晚明进入清初之后，思想发展呈现出更为复杂多样的态势，宋明理学几乎面临全面的挑战。这里我们先以清初大儒王夫之（1619—1692）为例来略做审视。

王夫之的思想显然与晚明心学已经大相径庭，其理论旨趣表现为：归宗张载、重建道学、批判心学。不过，有研究表明，他在气质问题上的看法不同于朱子学的那套理气二元格局，他认为理就是气之理而不能独立于气之外或之上，在有关"理"的理解方面发生了"去实体化"的转向；同时在人性论问题上，他也不赞成天命之性与气质之性的二元对立的预设，坚持主张"气质中之性"的观点表述，而反对"性在气质中"的讲法，因为后者的讲法实际上仍不免主张天命之性似乎是一种实体而存在于气质之性当中，终将导致割裂天命之性与气质之性为二元的存在，只有严格按照"理只是气之理"的哲学立场，坚持"气质中之性"的讲法，才能避免掉入人性之理的实体化或人性二元论的窠臼。

所以，王夫之强调指出："所谓'气质之性'者，犹言气质中之性也。""今可言气质中之性，以别性于天，实不可言性在气质中也。""盖性即理也，即此气质之理。"[1] 这里，王夫之对"气质之性"做了创造性的诠释，而且连带着"性即理"的命题也被重新解读出另一层含义。其中有一个关键词："在"。按照陈来的分析，这种"在"不是内在的"在"，而好像是另外一个本来与气无关的实体藏栖于气之内；这就不同于"气质中之性"的讲法，按照这个讲法，作为气质中之性的理必然在气之中，构成此气自身的天理属性；反之，若按"性在气质中"的讲法，一个人的性和此

---

[1] 《读四书大全说》卷七《论语》，《船山全书》第六册，长沙：岳麓书社，1996年，第857、863页。

人的形质便是一种外在的关系。[①] 这个分析是独到而深刻的。

由上述思路进一步推演，王夫之在人性论上，对孟子"形色天性"说进行了重新评估，指出：

> 孟子直将人之生理、人之生气、人之生形、人之生色，一切都归之于天。只是天生人，便唤作人，便唤作人之性，其实则莫非天也。故曰"形色，天性也"。说得直恁斩截。[②]

这里，王夫之将生理、生气、生形、生色等当然也包括"形色"，都看作是"天性"，只是这里的"性"字已经被解读成"生"字。故"天性"不是本然之性的概念，而接近天生的意思。显然，其对孟子"形色天性"命题这一重新解读，与我们在上面所看到的孙慎行的"天赋"说有非常相近之处，显然这属于偶然相合之现象，因为没有证据表明王夫之对孙慎行的文字有过任何接触的迹象。要之，王、孙两人竟有如此相似的观点主张，应当属于晚明以来重估孟子"形色天性"之思潮的一种表现，这是毋庸置疑的。

王夫之基于"理只是气之理"的哲学立场，将天命之性的理做了一番"去实体化"的工作，其思想趋向于气质之性的人性一元论，并提出了"气善"说。他指出："理只是气之理，气当得如此便是理。……理善，则气无不善；气之不善，理之未善也（如牛犬类）。人之性，只是理之善，是以气之善；天之道，惟其气之善，是以理善。……"[③] 应当说，王的思辨理路更为缜密清楚。在他看来，天之理或天之道必然为善，而且人之气也必然是无不善的，其依据就是"理只是气之理"，在气之外不存在任何所谓的理，既然"理善"，那么就没有理由否认气本善的结论。

---

① 陈来：《诠释与重建——王船山的哲学精神》，第 135 页。

② 《读四书大全说》卷七《孟子》，《船山全书》第六册，第 959 页。

③ 《读四书大全说》卷十《孟子》，第 1052 页。参见上引陈来书，第 167 页。

应当说，这与上述颜茂猷、孙慎行提出的"情善"说和"气善"说在理路上尽管不同，但是，同样都可视作晚明时代出现的重视气质的思想风气的一种流变或延续。甚至可以说，在正面肯定形色天性、气质之性等关键问题上，颜茂猷、孙慎行与王夫之等人的思想主张属于"闭门造车，出门合辙"的偶发现象，当不为过。然而，偶然性的重复会隐含某种必然性，这是思想史上经常可以看到的现象，实亦不足为异。

举例来说，入清之后，陈确（1604—1677）、颜元（1635—1704）等人有关"气质""气善"等问题的相似看法，就充分表明由明中期的重估告子的风气逐渐演变出气质一元人性论已成必然之势。陈确是刘宗周门人，但其思想已与刘氏"新心学"（荒木见悟语）渐行渐远，近人蒙文通以为其对宋明儒的人性论进行了最为深刻的纠谬，在清朝一代也唯有王夫之能与其比肩。[1] 陈确的核心观点是：

> 性之善不可见，分见于气、情、才。情、才与气，皆性之良能也。……宋儒既不敢谓性有不善，奈何转卸罪气质，尽分咎才情。……就中分出气质之性，以谢告子；分出本体之性，以谢孟子。不知离却气质，复何本体之可言耶？[2]

所谓用"气质之性，以谢告子"，用"本体之性，以谢孟子"，实为揶揄之词，陈确的真实意图在于，要彻底推翻所谓的"本体之性"的假设，而用气质之性来打通告子和孟子。因为在他看来，"本体"一词，非儒家用语而完全是宋儒抄袭佛教概念而来[3]，相比之下，"气质"一词才是儒家正宗的概念。

由此立场出发，他对孟子"形色天性"说也有充分的肯定及理论的

---

① 《蒙文通全集》第一册《古学甄微·致郦衡叔书》，成都：巴蜀书社，1987年，第159页。

② 《陈确集·气情才辨》，北京：中华书局，1979年，第452页。

③ 《陈确集·与刘伯绳书》，第466页。

发挥:"孟子曰'形色,天性也',而况才、情、气质乎!气、情、才而云非性,则所谓性,竟是何物?"① 按照陈确的逻辑,既然性、气、情、才可以直接等同,那么,结论自然是性善即气善、情善、才亦善。人之所以有善与不善的表现,问题的关键在于后大的"习",因为"习"是改善人性的主要根源,这叫作"性随习成"②,所以工夫紧要处就在于"慎习"。

巧合的是,颜元也非常注重"习行"的问题,他甚至以"习斋"来命名自己的书斋,在他看来,孔子的"性相近,习相远"六字乃是"千古言性之准",所谓"近",意味着人性都是差不多的,如同"真金"一般,"惟其同一善,故曰'近'",相对而言,"习"的意思则是指:后天的"引蔽习染、好色好货以至弑君弑父无穷之罪恶,皆于'习相远'一句定案"③,可见,在颜元的人性论思想中,对罪恶问题非常重视,在这个意义上,颜元属于道德严格主义者,认为对于后天的习染绝不能放松警惕。但是另一方面,他对于宋代以来贬斥气质或气质之性的传统观点颇不以为然,这是因为在理气问题上,他也是一位"去实体化"的推动者,在他看来,"盖气即理之气,理即气之理",在气之外或之上并不存在所谓理的实体,故在人性问题上,他竭力主张气质人性一元论,强调指出:"若谓理善,则气亦善。……乌得谓纯一善而气质偏有恶哉?"④ 所以在他看来,孟子"形色天性也"的"形"也必然是指"气质":"此形非他,气质之谓也。以作圣之具而谓其有恶,人必将贱恶吾气质。"⑤ 他甚至断定:"凡孟子言才情之善,即所以言气质之善也。归恶于才、情、气质,是孟子所深恶,是孟子所呕辩也。"⑥ 可见,颜元也是一位坚定的主张"才善""情善""气善"的思想家。

① 《陈确集·气情才辨》,第 453 页。
② 《陈确集·习性图》,第 459 页。
③ 《颜元集·存性编》卷一《性理评》,北京:中华书局,1987 年,第 7 页。
④ 《颜元集·存性编》卷一《驳气质性恶》,第 1 页。
⑤ 《颜元集·存性编》卷一《棉桃喻性》,第 3 页。
⑥ 《颜元集·存性编》卷一《性理评》,第 15 页。

饶有兴味的是,在清初"由王返朱"的思潮中,站在朱子学立场上的一些朱子学者也竟然对朱子将"论性不论气不备"(程颢语,另一句是"论气不论性不明")①的帽子戴在孟子的头上纷纷表示不满。例如跟颜元大致同时的清初朱子学者陆陇其(1630—1692)便对《朱子语类》所载"孟子说性善,但说得本原处,却不曾说得气质之性,所以也费分疏"的朱子观点提出了批评:"孟子言'形色天性也',未尝不言气质。气质之说非起于张、程。"②至此可见,不论是反朱子学者还是朱子学者,竟然在气质之性的问题上,都站到了朱子的反面,显然这类思想动向亦可归因于晚明清初重估"生之谓性""形色天命"这一思想氛围的一种扩散现象。

六 结语:气质何以通向道德?

值得省思的是,由对气质的肯定,何以证成人性必善?一个人对于行善的道德抉择,究竟是出于气质的一种灵妙作用,还是根源于人的道德本心或天命之性的发动?这是主张"情善"或"气善"者不得不回应的问题。事实上,无论是主张情善抑或气善者,他们的主要思路是:性善必落在情善或气善上始能呈现自身,光凭天命之性这类抽象玄妙的所谓本体存在是无法令人信服地说明善从何来的根源性问题的;这一思路的关节点在于:任何形而上学的人性论预设都只不过是一种悬空的虚设,都是对气质、形色这类同样源自"天性"(此处"性"字解作"生"字义)的基本存在的一种冷酷的蔑视和傲慢的否定。

于是,气质何以导向道德的根源性问题被扭转至道德脱离气质何以

---

① 程颢语,参见《程氏遗书》卷六,《二程集》,第81页。朱子对此曾断言:"'论性不论气不备,论气不论性不明。'孟子终是未备,所以不能杜绝荀、杨之口。"(《朱子语类》卷五十九,第1388页)又如:"孟子未尝说气质之性。程子论性所以有功于名教者,以其发明气质之性也。"(《朱子语类》卷四,第70页)

② 《陆稼书先生问学录》卷三,《四库全书存目丛书》子部第22册,第775页。

可能的现实性问题，由气质以见道德之说亦被扭转为气质足以为道德奠基的观点，在明清之际一些儒者反思理学以及心学的过程中逐渐蔓延开来，终于出现了戴震的大胆论断："阴阳五行，道之实体也；血气心知，性之实体也。"[1] 这是晚明以来"去实体化"思潮所达至的一个最终结论，无疑构成对宋明理学的思想颠覆。

至于欲步戴震后尘的阮元（1764—1849）根据"性字本从心从生，先有生字，后造性字"[2] 的文字学知识来为告子"生之谓性"辩护，则试图以复古主义为手段来超越宋明新儒学。戴、阮以为运用训诂考据可以重新恢复儒学古义，然而却不知训诂考据的方法存在自身的理论局限性；同样，阮元以郑玄《礼记注》所言"象人偶"这一概念来重新解释儒家"仁"字的含义，以为这个解释才是"仁"字的真正古义，尽管此说在知识论上可作一解，然而在思想义理上却不免缺乏理论效力，而且遮蔽了宋明儒重建仁学的丰富意涵。[3]

须注意的是，在晚明以来"去实体化"的思想主张背后，他们并不反对"实体"概念本身，而只是将"实体"诉诸"阴阳五行""血气心知"之类的形质意义上的实体，而反对任何抽象设定的观念实体——如朱子学或阳明学意义上的"实理"或"良知"，以为由气质便可直达道德。至此可见，朱子学和阳明学发展到晚明清初社会转型的时代，不得不面临被质疑或被批判的命运。

总之，关于气质何以通向道德的问题，的确在阳明学的思想时代出现了显题化的迹象，人们对于朱子学的那套人性二元的设定以及用天命之性来笼罩气质之性的一套论述表示了不满和质疑，于是，各种形式的有关"生之谓性""形色天命"的重新解读乃至意义重估，作为一种思想异动的现象而涌现。尽管就心学立场而言，气质固然构成德性存在的根源

---

① 戴震：《孟子字义疏证》，第 21 页。
② 阮元：《性命古训》，载《揅经室集》，北京：中华书局，1983 年，第 230 页。
③ 参见吴震：《朱子思想再读》第一章"论朱子仁学思想"，第 1—56 页。

性要素，德性的价值也须借助气质的存在得以呈现，只是这种呈现并不意味着对气质本身的价值肯定，而是在承认天命之性乃气质之性之"精华"的意义上，气质才有可能呈现天性之价值。

然而，随着心学与气学对生、形、气、情等概念的重新解读而出现的思想异动的逐渐蔓延与扩散，出现了与道学传统渐行渐远的背离现象，即在肯定唯由气质之性构成人性一元论的意义上，"理在气中"而又"理气不杂"的实理观被彻底推翻，进而直接肯定气质本身才是构成德性存在的唯一"实体"，导致天命之性与气质之性的本末关系发生了根本性的翻转。于是，在晚明清初思想转型之际，心学与气学两股思想力量的异动最终预示着宋明新儒学的思想危机即将爆发；特别是在经历了晚明清初"由王返朱"的思潮激荡以及经史传统的重建运动之后，整个清朝知识界便不得不迎来新一轮"思想突破"之变局的到来。

（原载《复旦学报（社会科学版）》2020 年第 1 期）

明清之际人性论述的思想转变及其反思

【内容提要】在明清之际，儒家人性论的性善观念出现了思想变异现象，与人性相关的道德问题渐与天理观剥离，而与气、情、才等观念形成紧密联结，转化出气善、情善等各种新观念。这一思想动荡肇始于16世纪心学时代，阳明学及其后学提出"性为心之生理""天性与气质更无二件"等观点，主张性由气显，意将天命与气质打通为一；同时代的气学家王廷相坚持气质本位的立场，以"性为气之生理""无生则性不见"等命题来消解理学"人有二性"的道德二元论。清初陈确和颜元突出了人性的自然属性，他们对"习"及"慎习"问题的思考如出一辙，在他们的人性论中，性与气、情、才等语汇被组合成一套等值的概念群；陈确主张"气、情、才亦有善而无恶"，颜元认为孟子言性善在于强调"才情之善，即所以言气质之善也"；陈、颜不仅对宋儒的道德本体论提出质疑，甚至反对"变化气质"这一宋明儒的共法。他们以自然人性论为基本立场，对宋儒基于天理观的本质人性论实施了"思想突破"。陈确、颜元包括后出的戴震以人性问题为突破口，对理学的批判预示着理学传统的断裂。

16世纪的明代中国，在政治经济、思想文化等诸多领域发生了显著而重要的变化，特别是在思想文化领域，阳明心学既是宋代新儒学运动的一种延续和拓展，同时又与朱子理学形成思想竞争之势，在明代社会知识界引发了种种思想激荡的涟漪效应。

然而，随着后阳明学时代的到来，经明清思想转型而逐渐形成了一股学术新思潮，这股思潮由理学、心学乃至气学等多重思想合力推动，主要表现为对广义宋明理学的反思与批判，更有一批严肃的儒者试图通过"回归原典"的方法以重新审视儒家经典的知识系统。特别是儒家人性论乃至孟子性善说也遭遇了来自理学阵营内部的反驳以及基于文字训诂学的犹如"眼中挑刺"一般的严格检视，及至乾嘉时期，考据学家竟不约而同地就人性问题表达了重要关切。例如清初思想家陈确著有《性解》上下两篇，颜元有《四存编》，其首篇就是《存性编》，至清代中期，相继有戴震《原善》三卷（后拓展成《孟子字义疏证》）、戴震同门程瑶田（1725—1814）《述性》四篇、戴震的崇拜者焦循《性善解》五篇、焦循友人孙星衍（1753—1818）《原性篇》等等，这些名异实同的以人性问题为主要关切的论著在反理学及经学考据的学术氛围中纷纷出现，不仅意味着儒家人性论仍有理论转化以及思想拓展的空间，而且促使我们反思：在明清思想转型的学术氛围中，人性问题何以受到重新关注？而这批著作的出现是否意味着理学（广义上亦含心学）的哲学基础将被颠覆？而当理学走到了尽头，儒学将迎来怎样的思想转机？由于篇幅所限，我们的考察止于清初陈确和颜元，戴震思想只在结语中略做提示。

一 从"性即理"到"性即气"

人性问题是先秦诸子百家的一项主要议题，也是中国哲学向来关注的主题之一。[①] 其中，孟子性善说无疑是儒家人性论的最高典范。然人性何以必然为善，自宋代理学提出"性即理"命题后，才获得理本体意义上的证明。这一理论证明需借助"天命之性"与"气质之性"这对概念

---

① 参见徐复观：《中国人性论史·先秦篇》，北京：九州出版社，2014 年。

的预设，并要同时解决"论性不论气不备"与"论气不论性不明"① 等一系列问题。不过，理学有关性善证明的总体理路是清楚的，可用程颐的一句话来概括：尽管"性字不可一概论"，但"若性之理也，则无不善"。② 朱子更明确地指出："孟子说性善，便都是说理善。"③ 质言之，这是由理善证性善。这一性善证明建立在"性即理"的预设下，由于理本体在价值上必然为善，故人性为善也就不证自明。可以说，这几乎是宋明理学家的共识。然而这一理学共识在明清思想转型之际却开始出现了质疑的声音。

对理学而言，由理善证性善的同时，人性之恶的问题也须从正面做出理论响应。朱子认为，张载及二程提出的"气质之性"概念解答了人性恶的来源问题，认为人性所以有恶，其因在于人性中有一种可善可恶的气质，由气之清浊等内在要素决定了人性善恶的走向。为克服气质之性向恶的方面下坠堕落，有必要做一番"变化气质"的实践努力，以改变气质中的不善部分，最终就可实现"复性"（恢复善之本性）的目标。故改变气质说成了宋明理学工夫论的共法，它与"性即理"一样，不仅是朱子理学而且也是阳明心学的基本立场。

但是，"性"不是一个单纯的类概念。从哲学上说，人物之性必有共同的来源，这一来源不能仅诉诸抽象之理，也根源于具体之气。依朱子，前者是"生物之本"，后者是"生物之具"。④ 归结而言，理与气构成共属一体的宇宙存在的基本要素，包括人在内的任何事物均无法摆脱既有理又有气的存在事实。既然如此，那么人物之性在实存意义上，就内在地存在气的要素。阳明学面对气的问题，其思考显示出与朱子学的观点视角同异交错或迥然有别的特色。王阳明在认同"性即理"的同时，也有

---

① 《程氏遗书》卷六，《二程集》，第 81 页。

② 《程氏遗书》卷二十四，《二程集》，第 313 页。

③ 《朱子语类》卷九十五，第 2425 页。

④ 《朱文公文集》卷五十八《答黄道夫》第一，《朱子全书》第 23 册，第 2755 页。

"性即气""气即性"等命题，甚至对告子"生之谓性"说表示认同，指出："'生之谓性'，生即是气字，犹言气即是性也。……若见得自性明白时，气即是性，性即是气，原无性气之可分也。"[1]又说："气亦性也，性亦气也。"[2]这些观点引起后人对气质与天性、气质与道德、德性良知的基础是否须诉诸气等一系列问题的思考，并逐渐酿成了晚明时代重估告子"生之谓性"说、孟子"形色天性"说的一股思想风气，而随着这股风气的逐渐蔓延和扩散，甚至出现了情善说、气善说等对儒家性善传统构成理论冲击的新观念。[3]

举例来说，阳明后学的一位代表人物邹守益曾指出：

> 天性与气质，更无二件。人此身都是气质用事，目之能视，耳之能听，口之能言，手足之能持行，皆是气质。天性从此处流行。先师（王阳明）有曰："恻隐之心，气质之性也。"正与孟子"形色天性"同旨。其谓浩然之气塞天地、配道义，气质与天性一滚出来，如何说得"论性不论气"？后儒说两件，反更不明。除却气质，何处求天地之性？[4]

邹守益根据阳明和孟子的观点，推出"天性与气质，更无二件"的结论，以此认定朱子判孟子"论性不论气"的说法不成立，因为天性有赖于气质才得以"流行"，若无气质则根本无从展现"天地之性"的价值。

另一位阳明后学中最富思辨力的王畿在天性与气质的关系问题上，与王阳明和邹守益的立场是一致的。他说："孟子论性，亦不能离气质。

---

[1] 《传习录》中，第150条。

[2] 《传习录》下，第242条。阳明此说显然承袭了程颢的观点："'生之谓性'，性即气，气即性，生之谓也。"（《程氏遗书》卷一，《二程集》，第10页）

[3] 参见本书《心学与气学的思想异动》篇。

[4] 《邹氏学脉》卷一《东廓先生要语》，《续修四库全书》第938册，第490页。

盖性是心之生理,离了气质,即无性可名。天地之性乃气质之精华,岂可与气质之性相对而言?"① 在王畿看来,天地之性与气质之性的二元论假设不能成立,孟子论性从来没有脱离气质而言。这意味着性善价值须以实存之气作为呈现机制,但并不意谓气质具有创造价值或为价值奠基的本体论意义。

可见,从阳明到王畿,他们在人性问题的基本立场是从体用论出发,根据即用显体的原则,既然天性必在气质层面以展现其存在价值,故天性与气质构成密不可分的体用关系。然而这些论述虽表明心学反对天性气质人性二元的对立,但不意味着由此便滑向气一元论立场,相反,心学所持的是以良知心体为本位的人性一元论,这是心学论性即气、气即性或主天性即气质的基本思路。这一点正可从上引王畿所言"性是心之生理"一语中看出,其中"心"才是首出的概念。与此不同,气学家王廷相(1474—1544)的表述是"性也者,乃气之生理"②;清初王夫之的说法是"盖性者,生之理也"或"夫性者生理也,日生则日成也"。③ 前者的首出概念是"气",后者的首出概念是"生",显示出人性论述已有微妙而重要的差异。总体看,明代中晚期以来,由"气之生理"言"性"成为隐伏在人性论述中的一条重要思路。

王廷相的思想本色表现为气学,对此,学界的考察和讨论甚多,不遑列举。我们要揭示的则是以王廷相为代表的气学思潮已出现了反理学人性论的观点。对王廷相而言,站在气的角度来审视,就必须消解宋儒人性二元论的设定,他断言"人有二性,此宋儒之大惑也",而这一判断显然基于其气学立场;同理,他认为《中庸》"天命之谓性"也须重新审视,

---

① 《王畿集》卷一《抚州拟岘台会语》,第 19 页。

② 《王氏家藏集》卷二十八《答薛君采论性书》,《王廷相集》第二册,北京:中华书局,2009 年,第 518 页。

③ 《张子正蒙注》卷三,《船山全书》第十二册,第 128 页;《尚书引义》卷三,《船山全书》第二册,第 299 页。

"天命"无非是指根源于气的生成过程，并不涵指某一"实体"赋予人物以善性。故他质疑宋儒所谓"天命之性有善而无恶"的说法："不知命在何所？若不离乎气质之中，安得言有善而无恶？"而他之所以这样说的理由在于对天命的重新理解："谓之天命者，本诸气所从出言之也，非人能之也，故曰天也。"① 原来，在王廷相看来，构成宋代道学的核心观念——"天命"不过是"气所从出""非人能之"之义而已，"天"只具自然义——天然自成自生，并不具实体义；换言之，气之生生便是天之所命的过程，相应地，人性气质无非是天然生成的。如此一来，宋儒所谓的作为绝对存在的"天命"及其衍生而来的"天命之性"概念能否成立便成了可质疑的对象。正是这一怀疑精神遂导致王廷相批判人性问题上"宋儒之大惑"之根源在于"人有二性"的预设。

无疑地，对人性二元的质疑，将带来一系列理论的后果，首先是气质之性的重要性得以凸显，而天命之性则不能"离乎气质"而言，归结而言，"性"也就无非是"气之生理"而已。然而，从历史上看，气质向来被理解为是一个具有差异性的存在，阴阳两气有刚有柔，这是自"易学"以来的儒家常识。若就宋儒语境看，气有清浊厚薄之分。对于这一点，王廷相也有相应的认知和重视。所以他认为，尽管气质是天然生成的，但气质有清浊之分，由此而形成的"性"就不免有趋向于恶的可能。也正由此，故有必要做变化气质的努力。王廷相说：

> 性果出于气质，其得浊驳而生者，自禀夫为恶之具，非天与之而何哉？故曰："天命之谓性。"然缘教而修，亦可变其气质而为善，苟习于恶，方与善日远矣。②

----

① 以上均见《王氏家藏集》卷二十八《答薛君采论性书》，《王廷相集》第二册，第518页。

② 同上书，第519页。

毋庸置疑，自张载提出"变化气质"说，后成为宋明理学修身工夫的共法，原因在于气质本身是一种可善可恶的差异性存在。然而，随着明代中晚期心学与气学之间思想异动的推展①，至明末清初开始出现一种反弹的迹象，基于气本位的立场，认为气质本身不可变，使得宋明儒的"变化气质"说逐渐被翻转。

须指出的是，王廷相也承认人性之恶与自然之天（气质来源）有一定关联——"非天与之而何哉"，同时对儒家传统性善论如"仁义礼智，性也"②也有基本认同。但他认为性善是"可学"而非先天预设，而"可学"须有前提设定，即儒家圣人制定的"名教"规范。他说："故无生则性不见，无名教则善恶无准。"③这是说，"性"就在"生生"中得以展现，相应地，作为现实的善恶标准则在于儒家名教中，职是之故，变化气质就必须以"名教"为依据。不用说，名教即儒家圣人之教，其核心内容是"仁义中正"等道德规范。他指出："仁义中正，圣人定之以立教持世，而人生善恶之性由之以准也。"④此即说，圣人建立仁义中正，以此作为人性善恶标准。

然而，圣人设教又缘何而来，王廷相并未对此做进一步说明。事实上，这一问题在晚明以来反理学思潮中，对那些反对天理实体化的思想家——如颜元或戴震——而言，是一个需要回应的问题，然而对于这一追问，他们几乎都采取了搁置不论的态度。显然，这一问题不属于经验事实的范围，无法根据实证方法来解答。相反，如果善恶标准的根源在于天理而非名教，那么理学反对者便会异口同声表示不能认同，因为在他们看来，名教是历史的事实，而天理只是一种观念的抽象。

要之，在16世纪心学时代，心学家对于理学的天命气质人性二元的

---

① 参见本书《心学与气学的思想异动》篇。
② 《王氏家藏集》卷三十三《横渠理气辩》，《王廷相集》第二册，第602页。
③ 《慎言》卷四《问成性篇》，《王廷相集》第三册，第765页。
④ 《王氏家藏集》卷三十三《性辩》，《王廷相集》第二册，第610页。

假设已开始表示质疑,以王廷相为代表的气学家站在气一元论的立场上,明确反对天地之性与气质之性的人性二元论。这些质疑和批判预示着明清之际的中国将迎来一场学术思想上的转变,这场思想转变表现为以人性论为突破口,进而演变成对理学的全面反思和批判。

二　陈确的人性一元论

如上所述,王廷相以气一元论为立场,但仍相信"改变气质"的重要性,认为若放弃变化气质的努力,则"圣哲不取焉"。[①]然而,这一状况至明清之际发生了更深一层的思想转化。我们姑以陈确为例来略做讨论。

陈确思想的首出概念无疑是"气",然其观点更显激进,最终导致自然主义人性一元论,与宋儒以来的本质人性论发生了严重歧义。他甚至对"变化气质"这项理学共识提出了挑战,断然指出:"虽张子谓'学先变化气质',亦不是。但可曰'变化习气',不可曰'变化气质',变化气质是变化吾性也,是杞柳之说也。"[②]重要的是,这一挑战背后的隐秘思路则是对理学本体论的颠覆。他说:

> 一性也,推本言之曰天命,推广言之曰气、情、才,岂有二哉?由性之流露而言谓之情,由性之运用而言谓之才,又性之充周而言谓之气,一而已矣。性之善不可见,分见于气、情、才。情、才与气,皆性之良能也。天命有善而无恶,故人性亦有善而无恶;人性有善无恶,故气、情、才亦有善无恶。此孟子之说,即孔子之旨也。故曰:"乃若其情,则可以为善矣"……宋儒既不敢谓性有不善,奈何转卸罪气质,益分咎才情……就中分出气质之性,以谢告子;分出本

---

① 《慎言》卷六《潜心篇》,《王廷相集》第三册,第 779 页。
② 《陈确集·别集》卷四《瞽言三·气情才辨》,第 452 页。

体之性，以谢孟子。不知离却气质，复何本体之可言耶？[①]

陈确基于"一性也"的立场，明确反对人性有"天命""气质"之分。在他看来，"气、情、才"都不过是天命"推而广之"的不同名称而已，是分别就"性之流露""性之运用""性之充周"的不同角度而言的，在实质上，是"一而已矣"；假设"天命有善而无恶"而"人性亦有善而无恶"，那么"气、情、才亦有善而无恶"，这才是孟子的人性论，也是孔子论性之宗旨。然而，宋儒却偏执于性善一说，将人性之恶归咎于气质和才情，甚至拈出"气质之性"和"本体之性"这对概念，分别指称告子和孟子的人性说，这完全是脱离气质而言"本体"的抽象之论。

基于上述立场，陈确强调气质之性亦善，而且才、情亦属性，故也是有善而无恶的，人性之"恶"则来源于人类行为的外源性因素——"习"，其中包含各种社会风俗习气及其对人的影响。他说：

> 善恶之分，习使然也，于性何有哉？故无论气清气浊，习于善则善，习于恶则恶矣。故习不可不慎也。"习相远"一语，子只欲人慎习，慎习则可以复性矣，斯立言之旨也。[②]

根据这里的说法，社会性的各种"习"是人性善恶的分水岭，善恶产生的根源在于"习"，孔子强调"习相远"便足可证明这一点。由此推论，孔子的旨意在于强调"慎习"的重要性。归结而言，可以说"子（孔子）只欲人慎习"，除此之外，没有比之更为根本的修身工夫可言。这显然是陈确对孔子思想的独到解读。

陈确认为，道德行为的善恶现象并不源自人性本身，而是后天行为的"习"所"使然"的结果，所以说"于性何有哉"。意谓善恶不能规定

---

① 《陈确集·别集》卷四《瞽言三·气情才辨》，第451—452页。
② 《陈确集·别集》卷四《瞽言三·气禀清浊说》，第455页。

"性"之本质，人性本不存在先天形式的善，却不可避免后天习染的恶。于是，"性"便成了无所谓善也无所谓恶的中性词，这是一种典型的自然人性论，认为善恶不足以规定人的道德本性，因为"性"可引向善亦可引向恶，端在于后天"习"所使然，性之本身不存在道德性的"定然"之善。[①] 同样，心之有善恶不取决于性之本身，而须转求于性以外的因素，由"习"之行为合于善者方谓之善性，合于恶者则谓之恶性。如此一来，善恶作为一种道德倾向，与人的道德理性无关，也没有内在于人性的道德设准对此可做出决断，这就不免导向道德相对主义。[②]

然对陈确而言，性善论仍然是一种信仰，不可放弃。他承认"性善自是实理，毫无可疑"，进而断言："孟子即言性体，必指其切实可据者。……四端之心，是皆切实可据者。"[③] 然须注意的是，陈确所谓的"实理"并非理学意义上的理本体，而是指实际存在之理，其所谓的"性体"亦非理学家所言"性之本体"，而是指人所具备的"切实可据"的"四端之心"。陈确认为性善不是存在论预设，而是出于"欲人为善"这一教化目的而设："孟子道性善，是欲人为善，若但知性善而不能为善，虽知性善何益？"[④] 这与我们上文提到的王廷相"无名教则善恶无准"的看法在思路上是一致的，可见，在他们看来，善恶标准不在人的内心或性体，而在于客观化的社会规范，即一套儒家名教规范。基于此，可以说"性善"具有一般的教化意义，但不指人之为人的道德存在的必然性，至于何谓"性善"，端在于个体通过自己的行为去加以体会。所以他说：

> 谓性有不善，固是极诬，即谓性无不善，亦恐未是实见。不若相

---

① 这种自然人性论，即牟宗三所说的"气性"传统，参见其著：《才性与玄理》，台北：台湾学生书局，1974 年，第 1—42 页。

② 参见郑宗义：《"中国哲学"、儒学诠释与方法论》第六"论儒学中'气性'一路之建立"，载其著：《儒学、哲学与现代世界》，石家庄：河北人民出版社，2010 年，第 160—161 页。

③ 《陈确集·别集》卷五《瞽言四·原教》，第 456—457 页。

④ 同上书，第 456 页。

> 忘无言,各人去尽心于善。尽心于善,自知性善,此最是反本之言,解纷息争之妙诀也。①

这是说,从人的道德能力来看,人人都具有为善的道德可能性,由此就可反证人性是善的。他还依据孟子"不为,非不能也"(《孟子·梁惠王上》)指出:

> 孟子之意,以为善人之性固善,虽恶人之性亦无不善。不为,非不能也。谓己不能则自贼,谓人不能则贼人。使皆尽心为善,虽人人尧舜,可矣。此孟子之旨也。②

其实,孟子强调的是人的道德性必同时具备道德能力。然而按陈确的解释,不论是"善人之性"还是"恶人之性"都可根据善行来证明性善,显然这个推论缺少一个逻辑环节。因为若严格按照"不为,非不能也"的说法,"恶人之性"所能做的只是"恶行",由恶行不能推出其性为善的结论。所以"善人之性固善,虽恶人之性亦无不善"只能从人性"定然之善"来理解,无法从行为后果来倒推善人或恶人之性均为善。

陈确以"性一也"为出发点,将性、气、情、才都认作"性",以此消解气质之性与天地之性的二元对立,目的在于解构宋儒"本体之性"。他以其师刘宗周"人只有气质之性"③为依据,指出:"气质亦无不善者,指性中之气言,性中之气,更何有不善耶?"由此,性善就意味着气善。他也熟知阳明"性之善端在气上见,恻隐、羞恶、辞让、是非即是气"④的观点,认为阳明是在主张"气质即义理"。他又以程颢"性即气,气即性"为

---

① 《陈确集·别集》卷三《瞽言二·知性》,第443页。
② 《陈确集·别集》卷四《瞽言三·性解下》,第451页。
③ 语见《蕺山学案·语录》,《明儒学案》卷六十二:"性只有气质之性,而义理之性者,气质之所以为性也。"(黄宗羲:《明儒学案》,第1543页)
④ 《传习录》中,第150条。

依据，以证其对孟子言性的考察结论："孟子言心言情言才言气，皆是言性，分之无可分。"① 基于上述考察，陈确将人性落在心、情、气、才等实存论域，以揭示人性的道德性质，并用"性中之气"解释刘宗周"人只有气质之性"之说。"性中之气"类似于王夫之"气质中之性"的观点，这是为了"以别性于天，实不可言性在气质中也"②。换言之，只可说"气质中之性"而不可说"性在气质中"，因为后一句的"在"是一种外在性的"在"，仿佛在气之外另有一种本来与气无关的实体，然后蕴藏于气之中一般；与此不同，"气质中之性"的"性"是内在于气之中的性理一体之性。陈确所言"性中之气"的"性"就是性气一体之性，他的另一表述是"性体"——性的本来属性，在性体之外更不容分别什么义理之性或气质之性。

如陈确说："性即是体，善即是性体。"③ 须注意的是，所谓"性体"不同于理学意义上的"性体"，它指向性、心、情、气、才等具体存在④；所谓"体"也不是宋儒意义上的"本体"，他对理学的"本体"概念毋宁是竭力排斥的：

> "本体"二字，不见经传，此宋儒从佛氏脱胎来者。……后儒口口说本体，而无一是本体；孔孟决口不言本体，而无言非本体。子曰"性相近"，则"近"是性之本体，孟子道性善，则"善"是性之本体。⑤

可见，陈确对"本体"有严格界定，指人性实存的本来状态，而不是人性

---

① 以上均参见《陈确集·别集》卷五《瞽言四·与刘伯绳书》，第 466 页。

② 《读四书大全说》卷七《论语》，《船山全书》第六册，第 857 页。

③ 同上。

④ 李景林认为孟子人性论已将"性、心、情、气、才统合为一个整体"，以此来揭示性善的思想内涵。参见其文：《从论才三章看孟子的性善论》，《北京师范大学学报（社会科学版）》2018 年第 6 期。

⑤ 《陈确集·别集》卷五《瞽言四·与刘伯绳书》，第 466—467 页。

背后的观念实在。在这个意义上，陈确思想亦属明清思想转型中出现的"非实体论"。

陈确还运用训诂学方法，批判理学的"本体"论，指出宋儒以《尚书》"维皇降衷"及《中庸》"天命之性"为依据的所谓"本体"，不过是"推本之词，犹言人身必本之亲生云尔"①。据此，陈确进而主张"盖工夫即本体也，无工夫亦无本体矣"②，严厉批评理学特别是晚明心学高谈"本体"的趣向，认为本体不是凌驾于工夫上的一种"头脑"（阳明语），反之，本体就在工夫过程中。所谓"本体"不是人性的道德本质，而是人的道德行为，直截地说，行为即本体。陈确的这个思想源自刘宗周"学者只有工夫可说。……然言工夫，本体便在其中矣"③，然陈确的说法不是将本体融入工夫中，而是明确地以工夫来消解本体，换言之，本体不是独立于人性之外或之上的天理一般的实体存在，"性相近"的"近"、"道性善"的"善"这类状态词就是性之"本体"。可见在陈确思想中，本体不是独立成词的概念。相比之下，刘宗周"本体便在其中"的说法仍为本体的独立性保留了位置，而陈确则将"本体"彻底消解。如果说针对理学本体论，明清时代有一股"去实体化"思潮④，那么，陈确无疑是其典型之一。

总之，陈确思想质疑宋儒以来"本体与气质为二""气质之性与义理之性为二"的二分模式，旨在颠覆理学家以"性即理"命题为标志的性善证明，他反对将道德事实与抽象天理做直接的同一，突出了气质在人性中的首出地位，在人性领域注入了反理学的思想新观念。在明清转型时代，陈确的人性论述表明理学的本质人性论面临一场思想突破，他的人性一元论思考已逼近了理学的边界。

---

① 《陈确集·别集》卷五《瞽言四·与刘伯绳书》，第 466 页。

② 陈确借用阳明"或谓戒慎恐惧是本体，亦得"（阳明语，参见《传习录》下，第 266 条）之说，表明了上述主张，参见《陈确集·别集》卷五《瞽言四·与刘伯绳书》，第 467 页。

③ 《刘子全书》卷十九《答思履·二》，第 7 页下。

④ 陈来：《元明理学的"去实体化"转向及其理论后果——重回"哲学史"诠释的一个例子》，《中国文化研究》2003 年第 2 期。

三 颜元的气质人性论

17世纪陈确以气为首出的人性论，不是孤立的思想现象。以明清思想转型为视域，不难发现晚明心学至明清转型时代，"气善""情善"等论调已呈现出此起彼伏的思想态势，入清之后，高扬气质、贬抑天理，进而反对理学"变化气质"等观点渐成一股思潮，清初反理学家颜元便属于这股思潮中的一员干将。

上文提到，陈确将性、情、心、气、才糅合成一组等值的概念群，而且这些存在要素都具有价值的善，人性之恶则根源于后天的"习"，故"习不可不慎"①，而"慎习"工夫更为重要。清初颜元是否接触过陈确的著作，现在没有证据可证明这一点，然而自号"习斋"的颜元有关"习"的思考竟与陈确如出一辙，对此思想史上的偶合现象，我们唯有将其置于明清之际的思想背景中才能获得妥切的了解。也就是说，他们的思想其实反映了那个时代对理学的反思。同样，颜元与戴震的关系，此前学界一度以为颜元是戴震的思想前驱，前者对后者或有某种程度的思想影响，然此所谓影响并未越出揣测的领域。撇开思想谱系不论，就其思想实质看，无论是颜元还是戴震，他们的反理学立场首先表现为对宋儒"理"观念的批判。如颜元说："理者，木中纹理也。其中原有条理，故谚云'顺条顺理'。"②这与后来戴震强调"理"为"分理""条理"的观点并无二致。

在人性问题上，颜元与陈确一样都非常关注"习"的问题，相比之下，颜元对后天习染的批评更严厉：

---

① 《陈确集·别集》卷五《瞽言四·子曰性相近也二章》，第458页。
② 《颜元集·四书正误》，第246页。

> 引蔽习染、好色好货以至弑君弑夫无穷之罪恶，皆于"习相远"一句定案。①

颜元认为，人性中一切"罪恶"之深渊就在于"习"。另一方面，颜元也坚决主张气质人性一元论，认为"才、情、气质"并不是非道德或反道德的，这是孟子早已有之的定论：

> 凡孟子言才情之善，即所以言气质之善也。归恶于才、情、气质，是孟子所深恶，是孟子所亟辩也。②

颜元认为孟子"形色，天性也"命题中的"形"必然涵指"气质"："此形非他，气质之谓也。以作圣之具而谓其有恶，人必将贱恶吾气质。"③故在颜元看来，如果孟子性善如朱子所言，是就理善而论的话，那么，"若谓理善，则气亦善。盖气即理之气，理即气之理，乌得谓纯一善而气质偏有恶哉"④？对颜元而言，"理善"固然可证明"性善"，亦可证明"气善"，因为理气不是一种外在的关系，两者属于不可分割的同构关系，所以说"气即理之气，理即气之理"。基于此，既然是"理善"，那就不能推论"气质偏有恶"，故"气善"也就是顺理成章的。

对颜元而言，"气质"大致有两层含义，"耳目、口鼻、手足、五脏、六腑、胫骨、血肉、毛发俱秀且备者"，这是指"人之质也"；"呼吸充周荣润，运用乎五官百骸，粹且灵者"，这是指"人之气也"；合而言之，"其灵而能为者，即气质也"；进而言之，人物之性都是由气质构成的；结论是："非气质无以为性，非气质无以见性也。"⑤可见颜元人性论是彻底的气质

---

① 《颜元集·存性编》卷一《性理评》，第7页。
② 同上书，第15页。
③ 《颜元集·存性编》卷一《棉桃喻性》，第3页。
④ 《颜元集·存性编》卷一《驳气质性恶》，第1页。
⑤ 《颜元集·存性编》卷一《性理评》，第15页。

一元论,他只承认气质的实在性,此外更无所谓人物之性可言。

更重要的是,"气"不仅在人性上而且在文化上也有作用表现:"六艺即气质之作用。"故颜元强调为学工夫应当"自六艺入",孟子说"践形而尽性者",其因亦正在此。① 不仅"六艺",《周礼》"六行"、《尚书》"九德"、《礼记》"九容"等也是成就人性的必要条件,甚至"制礼作乐"的文化创造、"太和宇宙"的天地变化,无不是人性气质的必然展示:

> 六行乃吾性设施,六艺乃吾性材具,九容乃吾性发现,九德乃吾性成就;制礼作乐,燮理阴阳,裁成天地,乃吾性舒张;万物咸若,地平天成,太和宇宙,乃吾性结果。②

在颜元看来,第一,人性不能从形而上的天命之性或义理之性的角度讲;第二,气质是人性最基本也是唯一的构成要素,人的行为包括"六行""六艺"等文化行为都基于人的气质。根据这一立场,颜元与陈确一样,也反对宋儒"变化气质"的工夫论,断言"谓变化气质之恶以复性则不可"③。这句话有两点信息:其一,变化气质的前提预设是"气质之恶",这与颜元反对"气质偏有恶"的立场相冲突;其二,变化气质的目的论预设是"复性",这是理学的一贯主张,如朱子《大学章句序》开宗明义便说,《大学》是"古之大学所以教人之法也",最终指向"治而教之,以复其性"。④ 然在颜元看来,这一预设的根本错误在于"不知气禀之善",以为通过祛除气质之恶,就可恢复原初的、先天存在于气质之前的完美人性,此正是"朱子之学"的病根所在。⑤

---

① 《颜元集·存性编》卷三《性理评》,第 84 页。
② 《颜元集·存性编》卷一《明明德》,第 2 页。
③ 同上。
④ 《四书章句集注》,第 1 页。
⑤ 《颜元集·存性编》卷三《性理评》,第 84 页。

　　要之，颜元反理学的立场非常突出，而且他将其火力集中于朱子一人，在他看来，朱子思想几乎百无一是。他撰有《朱子语类评》一文，是他阅读《朱子语类》第113卷至第121卷"训门人类"所作的笔记，其中共摘录了朱子语录256条，条目不可谓少，但他对每条语录竭尽讽刺或怒骂之能事，有些措辞到了不堪入目的程度。例如他看到"事事物物皆有个道理"这句朱子名言时，便感叹："嗟乎！吾头又痛矣。若得孔门旧道法、旧程头，此等俱属打诨。"[①] 在清代学术史上，以如此轻侮的口吻批朱子者，大概无人能出颜元之右。然细审之下，我们发现颜元痛斥朱子的主要理由在于：朱子过分看重读书讲学，而对"习行经济"等现实问题缺乏关怀。至于朱子强调的穷理方法为何有错，颜元却未做出学理上的论证。应当说，颜元思想的反理学个性特别强烈，但其批评往往有失准星，因为这种反读书、反讲学的观点主张根本未能触及朱子理学的理论根基。同样，气禀亦善说是否能推翻人性本善说，也需要另有一番理论检视。

四　结语：反思理学

　　由上可见，在明清思想转型之际发生了一系列思想异动的现象，这些现象出现在不同的思想阵营，既有心学家也有气学家，更有一批反理学的思想家。若将这些思想现象汇聚起来看，便可发现在一个较长的历史时距内——16世纪中期至18世纪末叶的两百多年间，不断孕育出与儒家传统性善论不相协调的气善、情善、才善以及对情欲做直接肯定等各种人性学说。与此相应，由理善证性善的理路已发生动摇，宋儒的形上天理观也开始遭遇猛烈批判，预示反思理学（但不意味着理学的反动）渐成思潮。

　　16世纪心学时代，阳明学及其后学就有观点主张，认为性善须由气

---

① 《颜元集·朱子语类评》，第256页。

质才能呈现。尽管心学作为一种广义理学的形态,仍能坚守"性即理",认定德性并不取决于气质,道德行为源于良知心体,然而,性由气显、以生言性的理路不免带来一种理论效应:气质不应被视作负面的概念,而应正视气质对于呈现性善的正面作用。于是,"生之谓性""形色天性"命题中的"生"及"形"等向来被视作负面义的概念也应得到相应的重视。

与心学理路不同,王廷相以气本论为立场,对宋儒以来天命气质二元对立的思想开始了解构的工作。他认为性无非是"气之生理"的表现,理不能离气而言,也不是独立于气之外的实体存在,相应地,天命无非是"气所从出"而"非人为之"的含义,宋儒的天理天命也都须落实在气上看。以"气之生理"为视域,宋儒预设"天命之性""气质之性"的二元论也就不攻自破。但王廷相仍承认气禀中有不善之可能,故须依圣人之教来改变气质,就此而言,王廷相仍属于理学思想延长线上的一位人物,他的气学论述也无法完全脱离理学的思想氛围。[①]

随着明清思想转型的出现,清初陈确和颜元开始转向自然主义人性论,认为人性并不取决于天命之性,而由实在性的气质自然而成。在他们的人性论述中,性与气、情、才等形下存在被等值看待,人性中内含气、情、才等实在性的自然要素,故性善不必根据抽象天理来定,而不过是人性自然的表现。性善也不须依于理善,由人性自然而表现为气善、情善。于是,理学"变化气质"的工夫论也就无从谈起,人们能做的是"扩充尽才"[②]以及对后天"习染"的警惕。另一方面,注重形下实在的颜元在现实问题上强调"习行经济"的重要性,其指涉包括社会活动及各种社会知识:六艺、六行、九德、九容等。要之,陈确和颜元对人性问题的

---

① 气学在宋明理学史上应如何定位,参见吴震:《张载道学论纲》,《哲学研究》2020年第12期。

② 陈确语,引自黄宗羲《与陈乾初论学书》,载《陈确集·文集》卷四,第148页。关于陈确"扩充尽才"说,另参见邓立光:《陈乾初研究》,台北:文津出版社,1992年,第145—146、206页。

重新审定，预示着宋明理学本质主义人性论已陷入危机。

　　最后提一下戴震。他是一位理学解构者，其理论策略是用"分理"观来颠覆宋儒"如有物焉"的天理实体观，他不承认有所谓抽象绝对的"理一"，在他看来，由气化形成的阴阳五行和血气心知，分别构成了"道之实体"和"性之实体"；因此，人物之性的基本特质是"各殊"的而非同一的，这是阴阳气化必导致"成性各殊"的缘故。由于"成之者性"表现为"各殊"的样态，所以有必要正视人性的差异性，这种差异性表现为各人各自"有欲、有情、有知"，而人情人欲正是人之为人的存在基本事实。戴震强调，情欲是人性自然的表现，唯有使每个人都真正实现"达情遂欲"，并通过"心知"的"审察"，"以知其必然"，最终指向"完其自然"，就能实现"道德之盛"的理想社会。[①] 可以说，戴震哲学的特质表现为正视人性具体差异性、拒绝人性抽象同一性，其思想对理学天理观的颠覆以及对自然人性论的重塑，预示着理学传统的断裂。

（原载《道德与文明》2022 年第 2 期）

------

　　① 以上戴震语，分别参见《孟子字义疏证》，第 3、21、28、40—41 页。关于戴震，另参见吴震：《戴震哲学的方法论反思》，《哲学研究》2022 年第 9 期。

袁了凡善书的文献学考察
——以《省身录》《立命篇》《阴骘录》为中心

【内容提要】16世纪末，袁了凡是晚明劝善运动的重要推动者，他的《了凡四训》乃是明清两代具有广泛影响的善书经典，至今仍有很高知名度。然而人们却很少了解《了凡四训》在文献学上的渊源始末，更不甚了解现在仅见藏于日本的三部了凡重要文献《省身录》《立命篇》《阴骘录》——其实就是《了凡四训》的祖本。特别是1601年的单刻本《省身录》，其实是现存了凡善书著述中的最早刻本，也是《了凡四训》首篇"立命之学"的原型；1607年单刻本《立命篇》虽取自袁了凡另一部著作《游艺塾文规》（1602年坊刻本），但刊刻精良，堪称善本，且已具备《了凡四训》的雏形；1701年和刻本《阴骘录》是一部"准汉籍"，其底本为明崇祯三年（1630）刻本，不仅完全具备《了凡四训》的内容结构，而且比《省身录》《立命篇》以及《了凡四训》多出著名的了凡《功过格》，因此具有很重要的文献价值及思想价值。

前言

　　袁了凡（名黄，1533—1606）是16世纪末晚明劝善运动的推动者，他的重要善书《了凡四训》不仅在明清时代通俗文化史上享有盛名，而且至今在民间仍有很高的知名度。然而关于了凡思想的研究，尽管自20世纪初二三十年代以来学术界已有一定的研究积累，但是近年来的相关研究却没有根本起色，相关论著也并不多见。我在此前出版的两部专著《明末清初劝善运动思想研究》和《颜茂猷思想研究》中虽然对了凡思想有所涉及，但没有设专章展开集中探讨。本文则是有关袁了凡的几部重要善书的文献学考察，以便为学界今后展开了凡思想研究提供一些基础性的文献知识。

在袁了凡的庞大著述群当中，为其博得名声的主要是两类书：一是劝善书，一是科考书。前者最为著名的非《了凡四训》莫属，后者则是有关科举考试的参考书，在当时的销量十分可观，在他逝世后出版的《增订二三场群书备考》4卷（崇祯壬申序刻本）且不论，在其生前，就已出版《四书删正》（日本内阁文库藏本）、《游艺塾文规》10卷、《游艺塾续文规》18卷这部卷帙浩繁的科考用书。① 而且，在《文规》卷一已经收入《了凡四训》中的"三训"，所以值得关注（详见后述）。该书是由福建建阳著名书商余象斗（1561—1637）覆刻于万历三十年壬寅（1602），即了凡逝世前四年。余象斗也是《了凡杂著》11种②、《鼎锲赵田了凡袁先生编纂古本历史大方纲鉴补》39卷首1卷③的刊刻者。用文献学的术语说，这类书籍属于"坊刻本"，而不同于官刻本或家刻本。以今天的眼光看，能如此吸引书商眼球的作者大概可以算是"畅销作家"或"通俗作家"。我没有做过数量学的统计，难以确定他是否是"畅销作家"，但至少在入清以后便已流传一个说法，说是袁了凡的《功过格》"竟为近世士人之圣书"，到了家

①　《续修四库全书》集部第1718册，影印清华大学图书馆藏明万历三十年刻本，上海：上海古籍出版社，2002年。按：关于了凡著作，参见[日]酒井忠夫：《袁了凡的生平及著作》，尹建华译，《宗教学研究》1998年第2期，第78—82页。

②　《北京图书馆古籍珍本丛刊》第80册所收明万历三十三年（1605）建阳余氏刻本。

③　《四库禁毁书丛刊》史部第67、68册所收，北京：北京出版社，2000年。

喻户晓的地步。① 看来，了凡劝善书的"学术生命力"要远远强过那批科考书。原因很简单，科考书有时代性，而劝善书则几乎拥有跨时代的强大生命力。而我们的考察则聚焦于了凡的劝善书。

如所周知，在晚明善书史上，《太微仙君功过格》与《太上感应篇》《文昌帝君阴骘文》可谓是并驾齐驱的"名著"，成为善书思想的经典。而后世盛传的袁了凡《功过格》既是劝善运动的产物，也是劝善运动的助燃剂，对于16世纪末的善书创作起到了典范的作用。但是稍一考察便会发现，袁了凡自己从未撰述过《功过格》，他只是将云谷禅师（1500—1575）传授给他的《功过格》编入他自传体的"立命之学"当中，从而广泛流传，以至于后人直称了凡《功过格》，故即便视其为了凡书，亦未尝不可。因为，了凡在晚明几乎就是善书功过格的一种象征。

然而，严格的学术考察则必须将研究对象的文献情况（包括版本、刊刻、流传等）做一番考镜源流的工作，在此基础上才能推进学术研究的进步。事实上，有关袁了凡的著作情况，我们还有许多不清楚的疑点。例如，《了凡四训》的名称是怎么来的？它的内容结构及其版本刊刻又有哪些问题需要澄清？2006年在了凡故乡浙江嘉善县地方学者领衔下而编辑出版的《袁了凡文集》②所收的清乾隆乙巳（1785）重刻本，未能提供解答上述问题的线索，而且整部《文集》亦未见《功过格》的身影。只是在《了凡杂著》本，即《文集》第1函第6册所收《宝坻政书》中收录了袁了凡的《当官功过格》，但这部书与云谷禅师所传《功过格》完全是两码事，不可混为一谈。③

---

① 张履祥：《杨园先生全集》卷五《与何商隐》第九书，第117页。另参见彭绍升：《居士传》卷四十五《袁了凡传》，第8页。

② 由嘉善县史志办作为"嘉善历代名人文集丛书"之一出版，线装影印本三函二十册共收17种了凡著作。关于这套"文集"的书评，参见吴震、刘增光：《制度不再，传统犹存——略说〈袁了凡文集〉》，《嘉善史志》2014年第3期。

③ 关于这部《当官功过格》，我在上面提到的拙著《颜茂猷思想研究》有专门讨论，参见该书第五章"17世纪晚明'功过格'的新趣向——以颜茂猷'儒门功过格'为中心"，第191—221页。

本文的重点不在于考察云谷或了凡《功过格》的来龙去脉，而在于考察《了凡四训》的几部底本，即仅见藏于日本的《省身录》《立命篇》《阴骘文》的内容结构及其版本刊刻的一些情况，随之也就可以弄清《功过格》的由来，以便补《袁了凡文集》之不足。就结论言，所谓《了凡四训》并不是了凡自己使用的书名，而是明末或入清以后的某位善书家或书商之所为，只是今天已无从稽考。在进入正式讨论之前，先将本文采用的《了凡四训》的文本及其内容介绍一下。本文取《袁了凡文集》所收清乾隆乙巳刻本《了凡四训》以为"通行本"，另以袁啸波《民间劝善书》所收《了凡四训》为参照本[①]；其内容结构为：1.《立命之学》，2.《积善之方》，3.《改过之法》，4.《谦德之效》。

一 《省身录》

《省身录》一册，日本国立公文书馆（旧称内阁文库）藏，明万历辛丑（1601）周汝登序刻本，封面题签"省身录"，内页题"了凡袁先生省身录"，版心题"省身录"，四周单边黑框。全书共 10 叶（每叶相当于洋装本两页），页 9 行，行 20 字。

卷首有《袁先生省身录引》，末署"古剡空如居士周汝登谨书"，落款左下方有印章两枚："周汝登印""四海道人"。周汝登，号海门，阳明再传弟子，即王畿门人。

该《引》首句谓："万历辛丑之岁，腊尽雪深，客有持文一首过余者，乃檇李了凡袁先生所制，自述其生平行善，因之超越数量，得增寿胤，揭之家庭，以训厥子者。"据此可知，"持文一首"即指《省身录》，是袁了凡自述平生行善而得以改变命运的故事，并以此文作为庭训，令其子孙信守相传。而"万历辛丑"表明的是《省身录》的成书年代不晚于辛丑，至

---

① 袁啸波编：《民间劝善书》，上海：上海古籍出版社，1995 年。唯其所用版本不明。

图1 《省身录》封签

于刊刻或在辛丑之后。依惯例，可称之为"万历辛丑周汝登序刻本"。

周汝登的这篇《引》，又见其著《东越证学录》卷七，但是题名不同，题作《立命文序》。经比较，两文内容几全同，唯末尾一段略异。《省身录引》作："于是，更引古德语三条附后。盥手庄捧授客，敬梓以行。"《立命文序》作："于是，更引古德语三条附后，授客梓行。古德语者，一葛繁事实，一中峰善恶论，一龙溪子祸福说云。"① 此三条古德语均见今本《省身录》末。"葛繁"，北宋初人，曾任镇江太守，善书史上著名的"日行一善"的典故即出自葛繁；"中峰"，即元代高僧中峰明本（1263—1323），著有《中峰和尚广录》；"龙溪子"，则是了凡之师王龙溪②，所引龙溪"祸福说"，则见龙溪《自讼问答》一文。龙溪从儒家立场出发，强调儒学讲为善是从性善说出发，而不是从祸福论出发，但是儒学也不排斥祸福问题，只是与常人以福寿为福、以贫夭为祸等世俗观念不同，"圣贤之学，惟反诸一念以为吉凶"，进而又从心学的角度强调指出："良知无善无恶，谓之至善；良知知善知恶，谓之真知。无善恶则无祸福，知善恶则知祸福。无祸福是谓与天为徒，所以通神明之德也；知祸福是谓与人为徒，所以类万物之情也。天人之际，其机甚微。"③ 由"无善无恶"说，不但可以超越善恶，更可以超越

---

① 《东越证学录》卷七《立命文序》，第570页。

② 参见王龙溪：《袁参坡小传》，原载《袁氏丛书》卷十一《庭帏杂录》卷首，京都大学附属图书馆贵室室藏手抄本，收入吴震编校整理：《王畿集》附录三"逸文辑佚"，第814—816页。

③ 《王畿集》卷十五《自讼问答》，第433页。

祸福，最终实现儒家的"天人合一"境界，这是龙溪之论"祸福"的主旨所在。周海门特别建议将龙溪的这番话作为《省身录》的"附语"，而袁了凡也依此照办，可见，他们对自己的儒者身份的认同意识仍很强烈。不过就事实言，不论是海门还是了凡，在他们两人的思想中，融会三教的思想趣向已变得十分突出，特别是了凡，其思想中的他力宗教信仰色彩很浓厚，他常挂在嘴边的一句话是："举头三尺，必有神明；趋吉避凶，断然由我。"他深信监督人间行为的阴府冥司的存在，也深信善恶报应历历不爽；因此人之可行者，唯有不断行善积德以向上帝邀宠，便可获得相应的回报，从而改变自己的命运，在这个意义上，可说命运由我掌握，此即了凡所谓"立命之学"的旨趣所在。显然，了凡的这套想法贯穿其整个劝善理论当中，成为其劝善理论的观念支撑。然须指出，这一观念已经逸出儒家以道德为义所当为而不应计较身后祸福或现世功利的传统精神。①

　　根据《省身录》的了凡自述，他早年被孔姓老人算定命数，于是相信一切皆由命数决定，然而隆庆三年（1569）他在南京栖霞寺遇到云谷禅师后，却被告以"命自我作，福自己求"②的道理，以为通过善行的不断积累，是完全可以改善自己命运的，了凡称之为"立命之学"。此"立命"概念虽取自孟子③，但其内涵已完全不同，因为其中已有因果报应等思想因素的掺杂，换种说法，了凡所言"立命"是建立在上帝信仰及果报观念之上的。自此以后，了凡根据他的"立命之学"，每天必须做两项工作：一是按照云谷禅师所授《功过格》，记录好每天善恶行为的数字统计，方法是"善则记数，恶则退除"，即所谓的"功过相折"法，结果是每月（小计）或每年（大计）向上帝总结汇报时，出现在记录本上的只有善行数字，然后通过上帝的审阅，便可从上帝那里得到相应的回报；一是每天晚上必须"效赵阅道（赵抃，1008—1084）'焚香告帝'"，将日间所行善恶，每晚

---

① 参见唐君毅：《中国哲学原论·原教篇》，台北：台湾学生书局，1979 年，第 690 页。
② 源自《左传·襄公二十三年》："祸福无门，唯人所召。"亦为《太上感应篇》所采用。
③ 《孟子·尽心下》："夭寿不贰，修身以俟之，所以立命也。"

向上帝坦心呈露，以示敬畏诚服之心。他得出的结论是："吾于是而知凡称祸福自求之者，乃圣贤之言。若谓祸福惟天所命，则世俗之论矣。"在《省身录》最后，他向自己的几个儿子再三叮咛嘱咐：

> 云谷禅师所授立命之说，乃至精至邃至中至正之理，熟玩而勉行，毋自旷也！

以上，就是袁了凡《省身录》的基本内容。

对照通行本《了凡四训》，可知《省身录》即相当于《四训》中的《立命之学》，但两本文字颇有出入，试举三例。1.《省身录》开首云"余童年丧父，母老年弃举业而学医……尔父凤心也"，通行本作："余童年丧父，老母命弃举业学医……尔父凤心也。"显然，后者在文字上较为通顺，此例可见，《省身录》作为原刻本，难免文字表述有生涩之感，而通行本则有润色修订。2.《省身录》《立命篇》（亦含《阴骘录》）关于了凡何年遇云谷，并无确切年代记载，然而通行本和参照本均有明确记录："己巳，归游南雍，未入监，先访候云谷禅师于栖霞山中。"多"己巳"两字，不知有何依据。由此可知，了凡遇云谷在隆庆三年己巳（1569），时了凡 37 岁，而云谷已届 70 岁。3.《省身录》有一句云"今六十八矣"，表明撰述年代在 1600 年，通行本与此同，而 1602 年刻本《游艺塾文规》以及后文将要介绍的崇祯三年（1630）刻本《阴骘录》却作"今六十九岁矣"，则时在1601 年，这个修改或是后来书商刊刻时的擅自行为[1]，显然应当以《省身录》原刻本为准。这就说明原刻本仍有重要的文献价值。

---

[1] 《游艺塾文规》卷一《立命之学》，《续修四库全书》集部第 1718 册，第 23 页。按：另一位晚明劝善家颜茂猷在其《迪吉录》所收的了凡《立命之学》（题作"积善立命之学"）亦作"今六十九岁矣"。该《迪吉录》成书于天启初年而刊刻于崇祯四年（1631），在"积善立命之学"题名之上，颜茂猷有一眉批："陆五台绝喜此篇，以为兴起后学无边功德。"（《迪吉录》卷八，《四库全书存目丛书》子部第 150 册，第 677 页）陆五台即陆光祖（1521—1597），晚明著名居士，与王龙溪十分亲近，其弟陆与中为龙溪弟子，与了凡为同门。

二 《立命篇》

《立命篇》一册，日本国立公文书馆藏，明万历丁未（1607）晏然居士叙刻本。封面题签"立命篇"，正文内页题"袁了凡先生立命篇"，版心题"立命篇"，四周单边黑框，单黑鱼纹。全书共24叶，页9行，行18字，无目。内容由三篇组成：1. 袁了凡先生立命篇（叶1上—叶8下），2. 科第全凭阴德（叶9上—叶21上），3. 谦虚利中（叶21上—叶24上）。在"袁了凡先生立命篇"末叶，有一题记："赞曰：信受奉行，身心清凉；引伸触类，邦家其昌；流通广布，福禄无疆。"当是书商广告语。由此推知，该本《立命篇》似为某

图2 《立命篇》封签

寺或某人的捐刻本，而格式字体非常端正，不像是建阳书商之类的坊刻本。

该本刻于了凡逝世后一年。首篇"袁了凡先生立命篇"内容与《省身录》同，而比后者多出第2及第3两篇，即相当于通行本《了凡四训》的"行善之方"和"谦德之效"，但与通行本相较，"科第全凭阴德"与"行善之方"文字颇有出入，反而与参照本相近，缺"改过之法"。

卷首《立命篇叙》，末署"丁未春孟日晏然居士书"。知当刻于万历三十五年丁未，唯"晏然居士"者，不详。其云："此嘉禾了凡先生所自述，以为过庭之训也。……余从《文规》中，得而读之，不忍去手，每向友人称之，复不能去口。……于是，复为梓行，以告世之求富贵利达者，以是求之。"显示该本的整理出自晏然居士之手。

其中所谓《文规》，就是上面提到的《游艺塾文规》一书。经查发现，在该《文规》卷一的末尾，出现了三篇与《四训》有关的文字，依次是《科第全凭阴德》《谦虚利中》《立命之学》。除第3篇的题名与《四训》同，而与这里的《立命篇》有异以外，内容文字上，多与《立命篇》相近。表明《立命篇》的确有取于《文规》。那么，《文规》又是一部怎样的书呢？前面简单说过，从性质上看，这是一部科考书，为明万历三十年（1602）叶仰山原版、余象斗覆刻，封面竖题"新刻袁了凡先生游艺塾文规"，上方横题"举业定衡"四字，显是书商所为。①卷首《游艺塾文规引》，末署"赵田逸农袁黄坤仪甫书"，左空一行下题"赵田逸农了凡袁黄坤仪甫著"，又左一行题"男袁天启若思甫、侄孙袁士鲲南之甫、袁祚熙载之甫同校"。版心题"举业定衡"。卷二内题下方多一行字"书林叶氏仰山绣梓"。全书末尾有出版"题记"："万历壬寅孟冬月，双峰堂余文台梓。"按：余文台即余象斗字，双峰堂乃其堂号。据此推知，该本为余象斗覆刻本。

经与通行本及参照本比较发现，《立命篇》首篇"袁了凡先生立命篇"和第3篇"谦虚利中"与通行本和参照本差异不大，而第2篇"科第全凭阴德"则与通行本差异甚巨，而与参照本略近似，然两者文字也有不少出入。以下试做介绍，共有5点：

1.《立命篇》"科第全凭阴德"相当于通行本及参照本的"积善之方"。

2."科第全凭阴德"有段开场白："《易》曰'积善之家必有余庆'。人家科第，大率皆由祖宗积德，今少年得意，辄嚣然自负，以为由我而致，不复念祖考累世缔造之艰，薄亦甚矣。试举闻见之所及者，以告汝。"参照本作："《易》曰'积善之家必有余庆'。昔颜氏将以女妻叔梁纥，而历叙其祖宗积德之长，逆知其子孙必有兴者。孔子称舜之大孝曰：'宗庙飨

---

① 封面左方有一方框，内有题记，颇似广告词："了凡先生旧有《谈文录》《举业彀准》及《心鹄》等书刊布，海内久为艺林所传诵。……买者须认叶仰山原板。"（《游艺塾文规》，《续修四库全书》集部第1718册，第1页）按：叶仰山为著名书商。参见沈俊平：《明代坊刻制举用书出版的沉寂与复兴的考察》，《书目季刊》第四十一卷第4期，2008年3月。

之，子孙保之。' 皆至论也。试以往事征之。"

3. 紧接上文，《立命篇》列举了十条积善案例：杨少师荣、鄞人杨自惩、张都和谢铎、莆田林氏、冯琢庵琦、台州应尚书、常州徐凤竹栻、嘉兴屠康僖公、嘉兴包凭、嘉善支立。至此，与参照本同，而通行本却全部删去了这些案例。《立命篇》接着又列举了几个案例，均与了凡的家族或宗族有关，例如：姚三韭、王宥号兰谷、顾态、见泉之祖、朱学博凤、姑父心松沈公以及 "他如我家及南北二钱与冯氏" 等事迹。最后以 "此举业之先务，登第之要枢也" 作为全文之结语，行文至此而终。其中所涉及者，不都是积善事，另有一些不宜为外人道的家庭琐碎事，均被通行本及参照本删除，因而这部分信息，我们现在只能从《立命篇》中才能得知一二，这从另一方面可以说明，该本有很高的文献价值，为我们了解袁了凡家庭及其亲戚周围的日常生活情况提供了难得的第一手资料，尽管事涉家庭隐秘，而文字叙述也显得有点冗长。

4. 但是，通行本和参照本并未就此结束，接着就何谓 "善" 的理论问题，了凡从八个方面——何谓真假、端曲、阴阳、是非、偏正、半满、大小、难易？——展开了详细论述，这可以作为《立命篇》之补充。

5. 接着又讨论了行善十条大纲："第一与人为善，第二爱敬存心，第三成人之美，第四劝人为善，第五救人危急，第六兴建大利，第七舍财作福，第八护持正法，第九敬重尊长，第十爱惜物命。" 这部分内容也相当重要，可以补《立命篇》之不足。

须注意的是，《游艺塾文规》较《省身录》仅晚刻一年，所收《立命之学》在内容上与《立命篇》同，与各种《四训》本也基本一致，只是未使用《省身录》这个名称，由此或可推知，《省身录》一名尽管出现最早，但后来被弃置不用，而被改为《立命篇》或《立命之学》的名称[1]，这是其一；其二，

---

[1] 当然《省身录》在明末仍有相当影响，例如憨山德清（1546—1623）在为云谷禅师作传时，指出："了凡袁公未第时，参师于山中，相对默坐三日夜，师示以唯心、立命之旨，公奉教事，详《省身录》。"（《憨山老人梦游集》卷三十《云谷先大师传》，台北：新文丰出版公司，1992年，第1555页）

《文规》由于是"坊刻本",不免有些粗制滥造,笔者无暇一一校勘,但相信单刻本《省身录》及《立命篇》在纸张版式字体等方面要优于《文规》本;其三,至此我们大致掌握了《了凡四训》前身的原刻本的情况:1601年周汝登序刻本《省身录》(袁了凡先生省身录)最早,之后是1602年余象斗覆刻本《游艺塾文规》(科第全凭阴德、谦虚利中、立命之学),再之后是1607年晏然居士叙刻本《立命篇》(袁了凡先生立命篇、科第全凭阴德、谦虚利中),三本源流为一,版本系统有异。重要者当是《省身录》和《立命篇》。

最后顺便一提,关于这部《立命篇》,日本学者早先就有研究,对其中的"袁了凡先生立命篇"的正文内容进行了标点整理以及日语的翻译解说[1],值得参考。

三 《阴骘录》

《阴骘录》一册,日本元禄十四年(1701)洛东狮子谷升莲社和刻本。本文据八木意知男《和解本善书の资料と研究》的影印本[2],该本在日本流通甚广,为许多藏书机构所藏。重要的是,该本所据底本乃是明崇祯三年(1630)龙华道人苏文昌序刻本,因此仍应视作"准汉籍"。

封纸题"阴骘录",版心有"阴骘录"三字。"今邨氏藏书印"朱印一枚。纵271×179毫米,四周单线黑框,全34叶,叶9行,行20字。全书由六部分内容组成:

1. 袁了凡先生阴骘录序

2. 小引

3. 明赐进士袁了凡先生阴骘录

---

① 《立命篇》的标点整理以及日语翻译解说,参见[日]奥崎裕司:《中国乡绅地主の研究》,东京:汲古书院,1978年,第195—197、199—205页。

② [日]八木意知男:《和解本善书の资料と研究》,东京:知泉书馆,2009年,第181—216页。

（1）立命之学,（2）谦虚利中,（3）积善,（4）改过

4. 决科要语（杨贞复先生撰）

5. 功过格款（云谷禅师传）

6. 七俱胝佛母所说准提陀罗尼

末有一行"题识":"元禄十四年二月十八日洛东狮子谷升莲社识" 19字。

以下分而述之:

1.《袁了凡先生阴骘录序》

末署"黄石梧山积云禅寺独湛莹题于黄檗狮子林",印两枚"性莹之章""黄檗四代"。"独湛莹"者,即独湛性莹（1628—1706）,福建莆田人,俗姓陈氏,顺治十一年（日本承应三年, 1654）随其师隐元隆琦（1592—1673）

图3 《阴骘录》封签

赴日, 天和元年（1681）, 成为黄檗宗万福寺（在今京都宇治）的第四代住持。"梧山积云禅寺"则是独湛莹 16 岁时的出家之地。据称,他是云栖袾宏的私淑者。

《序》云:"今忍徵上人合身知录刻行。"所谓"身知录",当指袁了凡的《省身录》和云栖袾宏的《自知录》。可知,该本为《省身录》和《自知录》的合刻本,是忍徵上人所刻。按:该《序》作者当为日僧,忍徵上人乃是洛东（即京都）鹿谷法然院之僧,其名又见宝永五年戊子（1708）刻本《和解阴骘文》（弘化二年, 1845 年覆刻本）"附言",其曰（原日文）:"《和解阴骘文》之书乃宝永五戊子年洛东鹿谷法然院之忍徵上人始以和解,且于唐本《阴骘录》《自知录》《太上感应篇》《阴骘文疏证》等施予训点而板行。"[①] 日本的善书研究专家酒井忠夫曾经指出:"元禄十四年

---

① 转引自上揭八木书, 第 357 页。

和刻本以崇祯版为祖本。"①酒井的这个判断是有依据的，因为在《小引》中，就有明确的年号记载。

2.《小引》

末署："庚午秋龙华道人苏文昌稽首书。"下方有印章"青莲居士"一枚。庚午为崇祯三年（1630）。中云："《阴骘》《自知》二编者，撰于了凡居士、莲池禅师。平怀也不昧因果，绝迹也不松检绳，旨哉言乎！友人孺亶杜君者，渊镜湛神，道风秀世，与其同志三人者有会于斯，而广演之，于以练心，于以度世。"这段话交代了该本刊刻的缘起。唯"苏文昌""孺亶杜君者"，均不详。从中可知，将《阴骘录》和《自知录》合刻，原是"孺亶杜君者"的创意，而改称《省身录》为《阴骘录》则始于此本。按：莲池禅师即云栖袾宏（号莲池，1535—1615），他的《自知录》也是一部《功过格》，现收于其著《竹窗随笔》中②，在晚明劝善运动中，该《自知录》作为佛门功过格，其影响却在僧俗两界十分广泛。

3.《明赐进士袁了凡先生阴骘录》

正文内页题"明赐进士袁了凡先生阴骘录"。

左一行题：莆田后学明经贡魁　陈昇希振甫、邑增广生员黄幼清若水甫校锓。

（1）《立命之学》（叶1上—叶8上）

自"予童年失怙，老母命弃举业"一句始，内容与《省身录》《立命篇》同，文字差异不及校勘。唯其中有"今六十九岁矣"一句，不同于《省身录》《立命篇》"今六十八矣"。全文以"云谷禅师所授立命之说，乃至精至邃至真至正之理，熟玩而勉行之，毋自旷也"作结。

（2）《谦虚利中》（叶8上—叶10下）

首句"《易》曰'天道亏盈而益谦，地道变盈而流谦，鬼神害盈而福

---

① ［日］酒井忠夫：《明末清初通俗的宗教道德书日本流传》，《霞山俱乐部会志》1958年，转引自上揭八木书，第181页。

② 《竹窗随笔》，北京：北京图书馆出版社，2005年。

谦，人道恶盈而好谦'。故谦之一卦，六爻皆吉"。内容与《立命篇》同。讲了袁了凡同乡及同门友嘉善丁宾（1543—1633）中试的事迹，事在辛未（1571）。此后是丁丑（1577），冯开之（即冯梦祯，1548—1596）中试，以及赵裕峰广远登第事。壬辰（1992），袁了凡入觐，见夏建所"气虚意下，谦光迫人"，料其必中试，是年果然及第。此后又有江阴张畏岩的中试事迹，叙述最长，为全文核心。因为在了凡看来，张的事迹乃是改过积善必有福报的典型。在故事叙述中，了凡借南京一"道者"之口，揭示了两句很重的话，也是了凡劝善思想的根本旨趣所在："造命者天，立命者我"；"善事阴功，皆由心造"。另外还提出了"不费钱"行善事的观点："谦虚一节，并不费钱。"张畏岩听从"道者"之言，痛改前非，加意行善，终于丁酉年（1597）中试。最后，袁了凡总结道："由此观之，举头三尺，决有神明；趋吉避凶，断然由我。"这句话可视作了凡劝善思想的论纲。

（3）《积善》（叶 10 下—叶 19 下）

《省身录》无此篇，与《立命篇》"科第全凭阴德"详略不同。首句"《易》曰'积善之家必有余庆'"，继而列举 10 人行善得福的事迹：杨少师荣、鄞人杨自惩等，最后是支大伦的支氏家族故事。了凡归结道："凡此十条，所行不同，同归于善，诚积善者之楷模也。"接着，了凡又讲了"随缘济众，其类至繁，约言其纲，大略有十"的十条行善大纲，并进行了详细解释，其内容与上引《文规》本"科第全凭阴德"所述相同，此不烦引。另须指出，参照本在 10 人事迹与十条大纲之间，又讨论八个问题：何谓真假、端曲、阴阳、是非、偏正、半满、大小、难易。通行本则并无10 人案例，而是直接讨论了上述八个问题及十条大纲。

（4）《改过》（叶 19 下—叶 23 下）

《省身录》《立命篇》无此篇，与通行本、参照本同。首曰"《春秋》诸大夫见人言动，忆而谈其过祸，靡不验者"。继而指出改过之要有三："第一要发耻心""第二要发畏心""第三要发勇心"。改过之法亦有三个要点："有从事上改者""有从理上改者""有从心上改者"。这与通行本《了凡四训》"改过之法"基本一致。

以上便是《阴骘录》的全文结构。可见，至迟在崇祯三年刊刻的《阴骘录》已经完全具备《了凡四训》的结构形式，只是标题篇次略有异，《了凡四训》标题篇次是：《立命之学》《积善之方》《改过之法》《谦德之效》。

4.《决科要语（杨贞复先生撰）》（叶 24 上—叶 26 下）

杨贞复即杨起元（号复所，1547—1599），泰州学派罗汝芳弟子。首曰"休宁有一儒士程其姓，学圣其名"。以程学圣为案例，主要讲述了性善积德而中试等事迹。但是这位休宁人程学圣却有点古怪，杨复所采用了"生人判冥事"[①]的叙述方式，说他"中年以后，游神冥府，职雷部判官，言人死期月日时刻不爽"，而且他能从冥府那里获取材料，来准确预判某人某年是否中试等未来事。其中提到潘雪松（名士藻，1537—1600）和祝石林（名世禄，1539—1610）二人，都是万历年间士林名人，何年中第都被其说中。最后杨复所总结道："决科之道，以立心格神为本，而博诵作文次之也。"这个"立心格神"有点特别，大意是指虔心向神的宗教性实践，应当包含践行《功过格》、"焚香告帝"等行为。

5.《功过格款（云谷禅师传）》（叶 27 上—叶 30 下）

附《功过格》表一张，记年"崇祯"（参见附图）。《功过格款》分"功格五十条""过格五十条"。在"功格五十条"下，分设以下条目：准百功、准五十功、准三十功、准十功、准五功、准三功、准一功、百钱准一功。在每条之下，又设立各种项目内容，如"救免一人死"或"致一人死"便分别"准百功"或"准百过"，此不具列。"过格五十条"的分设条目与"功格五十条"相对应，当然以下所设各种项目的内容就不尽相同。最后附有一段话："受持者每勉于本日格下，明注功过，或未及款，云引某例。月终相比，折除之外，明见多寡。年终总比，自知罪福。"

在全书末叶 30 下，题"明赐进士袁了凡先生阴骘录终"。

---

① 根据研究，最早开创这一书写方式的是唐代唐临《冥报记》，参见陈登武：《从人间世到幽冥界——唐代的法制、社会与国家》，北京：北京大学出版社，2007 年，第 268 页等。

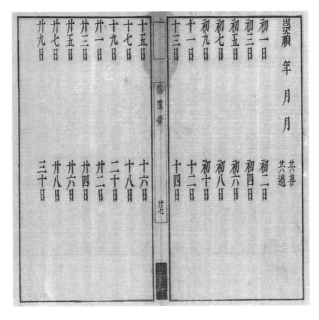

图 4　袁了凡《功过格》

6.《准提咒》（叶 31 上下 ）

全称是"七俱胝佛母所说准提陀罗尼"。该叶版心题"附准提咒"。附《准提陀罗尼》一段经文。① 该"准提咒"，不见《省身录》《立命篇》以及通行本《了凡四训》。不过，根据《省身录》等了凡自述的"立命之学"的记载，云谷向了凡传授《功过格》的同时，"且教持《准提咒》，以期必验。……汝但能无心，但能持《准提咒》，不令间断，持得纯熟，于持中不持，于不持中持，到得念头不动，则灵验矣"。这段记录见诸各种传本，应是当时实录。如果说记录《功过格》只是一种外在工夫，那么，加持《准提咒》，直至"念头不动"，则属于一种极深的内修工夫，这也是"立命之学"的必修功课。然而在后人看来，正是由于这种内修工夫有些"密教"气，可能与整篇"立命之学"具有的通俗道德之性格不相契，所以并没有注意《准提咒》的具体内容。据我推测，这篇《准提咒》原文

① 《七俱胝佛母所说准提陀罗尼经》一卷，收在《大藏经》第 20 册。

或许是《阴骘录》的刊刻者忍徵上人的擅自添入，在他看来，有必要将《准提咒》与善书相结合，一并向民众揭示出来。这就显示出《阴骘录》这部日本刻本具有另一种重要学术价值。

在全书末尾，有一出版牌记，共4行，前3行是捐刻者的题识（此略），第4行是"元禄十四年二月十八日洛东狮子谷升莲社识"。

四 简短结语

上述三书《省身录》《立命篇》《阴骘录》均为日本藏本，未见藏于国内各主要藏书机构，特别是前两部单刻本很可能是"海内孤本"，故有很高的文献价值，应当引起我们的重视。

综上所述，可做5点小结：1. 单刻本《省身录》（1601）是袁了凡"立命之学"的最早刻本，也是《了凡四训》"立命之学"篇的原型；2. 单刻本《立命篇》（1607）虽取自《游艺塾文规》（1602），但是从版本学的角度看，显然比《文规》更为精良，堪称善本；3. 和刻本《阴骘录》（1701）其实是一部"准汉籍"，虽较《省身录》晚了一百年，但是其底本却是明崇祯三年（1630）刻本，其内容结构很接近后世盛传的《了凡四训》，因而具有重要的版本价值；4. 为袁了凡博得大名的那部《功过格》，不见于《省身录》《立命篇》，亦不见于《游艺塾文规》，甚至不见于通行本《了凡四训》，而仅见于《阴骘录》，故《阴骘录》又有重要的文献价值；5. 通行本《了凡四训》"立命之学""积善之方""改过之法""谦德之效"的编订相当晚起，应当在明末崇祯年以后，与此形态最相近者当是《阴骘录》，但是编次及篇名仍有差异。

总之，《省身录》《立命篇》《阴骘录》三书在了凡善书当中具有不可忽视的文献价值以及思想价值，这已然是毋庸置疑的了。

（原载《中国哲学史》2016年第3期）

附录一
作为哲学方法论的"本来性—现实性"
——就荒木见悟《佛教与儒教》而谈[*]

【内容提要】"本来性—现实性"是日本著名学者荒木见悟的一个重要哲学方法论，贯穿其整个中国哲学及佛学研究的过程。这一方法论观念既源自其对儒佛两教重要经典的创造诠释，更是源自其深刻的宗教体验、身心体验乃至战争期间的生命体验，最终在《佛教与儒教》的成名著中以"序论"的方式登场。在儒佛思想构造中，正如"本来成佛"或"本来圣人"所示，不论儒佛教说存有多大歧义，都表现出对这一本来性问题的终极关怀；另一方面，出世间性的佛教对现实性问题亦并不缺乏关心，相反，以冷峻的目光正视现实性，透过现实性以肯定本来性，这是华严学特别是宗密哲学所关注的重点。儒教对本来性与现实性的理论建构更是其核心主题，如宋明儒学中的朱子学与阳明学。故超越儒佛宗派对立，以本来性与现实性的问题关切来整体审视儒佛两教乃至中国传统文化的思想智慧，进而为未来文化发展指明"现实本来性"的方向，就具有十分重要的理论意义。

---

* 谨以本文纪念荒木见悟先生诞辰 102 周年。

荒木见悟（1917—2017）为日本中国学的泰斗，在中国哲学及中国佛学的研究领域享有盛誉，其早年论著亦是其博士学位论文《佛教与儒教——中国思想之形成》①在日本中国学领域具有里程碑的意义，其中的"序论——本来性与现实性"可视作荒木先生（以下敬称略）中国学研究的方法论宣言，这一方法论贯穿其整个中国哲学研究的过程。故对其进行探讨，对于我们了解荒木思想及其对中国哲学和佛学富有独创性的研究成就具有重要意义。

《佛教与儒教》一书结构简明，由四章组成："华严经哲学""圆觉经哲学""朱子哲学""王阳明哲学"。据该书"后记"所述，这项研究有一重要理论企图：荒木认为在中国土壤扎根并为中国民族所拥有的佛教思想究竟以怎样的形式存在于中国近世思想的发展过程中，宋明理学与佛教哲学的互相接触又应当如何定位？这就需要对于中国思想主流的正统儒学所反映的中国人的世界观及其人生观进行全面把握，并对渗透其中的佛学思想之特质进行严密考察。这应当是荒木撰述该书的逻辑起点，同时也是其中国哲学研究的主要问题意识。

本文试图通过"序论"的全文翻译（译文全部出自笔者之手），对"本来性与现实性"之荒木问题略做介绍及义理分疏，至于笔者的分析或评估则放在译文之后，并尽量克制在有限的篇幅之内。须说明的是，由于笔者对佛学领域素未涉足，故主要限定在儒学领域略做探讨，即便论述过程中不得不对佛学有所涉及，也是得益于荒木此书。

---

① 《仏教と儒教——中国思想を形成するもの》，京都：平乐寺书店，1963 年；东京：山本书店，1993 年修订本。据荒木自传《釈迦堂への道》（福冈：苇书房，1983 年。荒木龙太郎教授惠赠此书，谨致谢意！）载，1958 年完成博士学位论文，次年通过答辩而被授予文学博士学位。此后在博士论文的基础上，扩展成《佛教与儒教》，但出版则在 1963 年（第 172 页）。目前《佛教与儒教》有台湾联经出版公司 2008 年中译本。笔者用的是日文旧版。近日承蒙廖肇亨教授惠赠译本，谨致谢忱！

一 超越儒佛之争

所谓宋明儒学，与佛教思想特别是"华严—禅"之间的关联、交涉、对立及纠葛乃是其得以成立的一大重要契机，这是自当时及至今日，被诸家各派不断倡导的一个说法。不过，或被宗派之偏见所扭曲，或被皮相末节之议论所诱惑，或是仅止于工夫、言语的形式上异同的罗列，而能真正把握儒佛两教之核心，并在此基础上，探索其对立纠葛之因由、明确其思想变迁的哲学之基底者，则极为罕见。儒学的兴盛以佛学的衰落为必然之前提，佛学的盛行必招致儒学的附属化，由此而将儒佛两教视作完全异质、异见的异类体，这对于我们确切了解中国思想史必导致胶着蒙昧之状态；同样，以为宋明理学的周边洋溢着一种佛教的气息，直接对儒家传统构成了污辱，这种看法也难以说是对思想发展的客观条件所应持的忠实态度。①

仅就作为开场白的上述这段话的表述方式看，可以令人感受到"荒木体"（姑且称之）文字背后的一种宏大气势，展示出荒木欲对宋明儒学、佛教哲学、儒家传统乃至中国思想史进行全面复盘、重新建构的气魄。的确，长期以来（且不论荒木所言的宋明时代的"当时"，即便是近代以来），学界中人的大多数似乎已经习惯了这样一种思考：一提到"宋明儒学"，便将其得以形成的缘由直接与佛教思想（即便荒木在此将其限定在"华严—禅"的范围内）联系起来，以为儒佛之间的关联、交涉、对立乃至

---

① 《佛教与儒教》序论"本来性与现实性"，京都：平乐寺书店，1963 年，第 3—8 页。下引该文，省略页注。

种种纠缠才是宋明儒学之所以形成的一大契机或重要来源，然而持这种笼统之看法者，往往对于儒佛两教的思想核心、哲学基础缺乏真正的了解，即便能有真正的把握，也是十分"罕见"的。

荒木一上来的第一段话就给人以一种震撼。在他看来，儒佛之间的对立与纠缠尽管是事实，可更为重要的是，我们须要直探儒佛两教思想之巢穴、挖掘其哲学之根底，倘若仅将儒佛的一兴一衰看作是彼此相克的必然条件，以至于视儒佛两教为互不相容的思想异类，则不免落入皮相之论，而难以真切了解中国思想史之整体面貌。应当说，荒木的上述看法，预示着他要对审视宋明儒学以及中国思想进行方法论的大调整，这一方法论被浓缩为"本来性与现实性"这对概念。

> 众所周知，宋明儒家为守住自身的纯洁性（译者按：着重号原有，下同），概而言之，大多是激烈的排佛论者。然所谓纯洁者，并非通过遮断与外部的交通而安心居住一密室中即可保住。或纵身跃入敌阵之中，或捉住对手之胸膛，将其手脚捆绑起来而置于自己的支配之下，唯如此，始能使出浑身本领而守住自身的纯洁性。作为思想的纯洁性，究谓何指？或有各种各样的议论。但至少就宋明儒学而言，宋明儒家对汉唐的压倒性胜利，并在排佛的旗帜下所获得的相当程度的成功，却并不是通过与佛教的绝缘而达成的，相反，是通过与佛教的对决而得以实现的。**既然是对决，就必有包含儒佛两教在内的、以使其对决得以可能的广阔丰沃的思想土壤**（译者按：黑体字为译者所加，下同），而儒佛两教的对立——细言之，儒佛两教内部的诸宗诸派之对立——不过是在此土壤之上得以孕育长大的乔松巨柏而已。此即说，产生隋唐宋之佛学的民族土壤、经自己培养、自己发展而得以实现旧貌换新颜的就是宋明儒学，正是培育乔松的土壤，因而巨柏也能由此得以成长。

宋明儒家士大夫在身份认同上归属于儒者,在价值关怀方面排斥佛教,以为出世主义的佛教最终不免有"遗事物,弃人伦"这两大根本弊端,儒者自不能与之相伴为伍。正是由于身份认同和价值关怀的不同,导致宋明儒家为保持思想的"纯洁性"而采取了激烈排佛的态度。然而排佛并不意味着单纯地与佛教断绝关系,相反,是通过与佛教的思想"对决"得以实现的。

更重要者,既然是思想对决,那么就一定存在思想对决得以可能的思想土壤或民族土壤。吊诡的是,在这片广阔丰沃的思想土壤上得以培养生长的儒学与佛学恰构成互相对决的态势。也许吊诡的只是一种历史表象,而在表象的背后肯定存在更为根本的缘由,即在这片土壤当中存在着某种能孕育出儒佛两教的共同文化基因。也正由此,不仅宋明儒学是中国的儒学,佛教也当然是中国的佛教。在这个意义上,这片土壤既是思想土壤,同时也是民族土壤;既能培育出乔松,也能生长出巨柏。这表明中国思想的丰富性资源就在这片土壤之中。

由此,荒木接着说:

> 所以,若片面主张儒对佛具有优越性或佛对儒拥有优越性,都将导致对这片土壤的价值认知发生谬误;同样,**若斤斤计较于对儒佛相异进行简别而忽视对其相异点做根本的检讨,这也必将减杀丰富多彩的中国思想的生命力**。思想界的激烈对立,往往与异质性的东西输入相伴随,而以一种互相颉颃与反拨之姿态表现出来。宋明时代的儒佛对立,是经多年的钻研、工夫以及努力而已经在自身的五脏六腑当中完全中国化的佛教(禅)——尽管尚留有若干异国色彩的装饰——以及对此欲做否定性超越的儒家之间的对立,即便身处这场对立漩涡中的人不断以激情的口吻,冲着佛教唱着华夷论、异端说,然而仅仅以此并不能明确揭示时代潮流的基调,我们必须从

更深层的地层出发，**将这场对立看作是一场整体性、统合性的民族思想发展运动来加以把握和探究**。只有将这场对立置入这样的全体性的展望当中，我们才能对儒作为儒、佛作为佛的确切位置加以定位，也才能够对包含儒佛在内的中国思想的根本问题进行深入探讨。凡是想要确切把握思想史的人，最应切记的是，力图保护各种思想的纯洁性，但结果却反而转变为主观性的一种洁癖症。

儒佛之争若只是一种学派或宗派之争，那么，诚如荒木所言，这必将导致对儒佛哲学得以产生的中国思想文化的价值认知发生严重偏差；倘若将儒佛之争置于哲学思想的语境或者宋明时代的整体思想背景中进行考察，揭示其彼此之间互有异同的哲学底蕴，则无疑是必要而且是重要的。

荒木对学界发出的上述警示，无疑表明其思想立场是跨越儒佛两教而竭力反对宗派意识，一方面，儒教方面的"华夷论""异端论"，即视佛教为"非我族类"的异端并不可取，同样，佛教方面的优越感也要彻底打破。事实很明显，中国思想的民族性已经融入佛教的"五脏六腑"之中，故佛教早已是中国化的佛教。基于此，儒佛对立表现为一场具有整体性、统合性之特征的中国民族的思想发展运动。荒木此说无疑是深刻的思想洞见。

不过一般而言，在宋明时代儒佛对立的这场思想运动中，儒学对佛教的批评、排斥乃至攻击要远远大于来自佛教对儒学的反弹，而且这种批评的火势越猛、排斥的声调越高，恰恰反映了宋明儒家扭曲的护教心态。因此重要的是，若要对佛教进行理性批判，就必须拥有既能入乎其内而又能出乎其外的学术眼光及其能力。站在今天的后设立场来审视当时的这场旷日持久的思想之争，更需要具备一种能够自由出入儒佛两教内外的学术素养和理论勇气。在我看来，堪当其任者非荒木莫属，他正拥有这一自觉意识，即超越宋明儒佛之争。

二　"本来性"的出场

　　然而，在内含儒佛两教的深远而复杂的思潮之根源深处，各种无穷无尽的思想、体验、工夫及行为策略得以产生的哲学性的母胎究竟是什么呢？那就是被称之为**"本来成佛""本来圣人"**等的**"本来性"**。儒佛两教的各宗派、各学派的对立，无一例外地都与内在于人心、处于世界之根底的本来性的显现方式、把握方法以及反省态度密切相关。尽管在空观与天命说、幻妄观与天运循环说、非世间性与世间性等彼此的世界观、人间观的思想构架内部，儒佛存在巨大的隔阂，但是试图在"人间—世界"之存在当中确定自身的本来性，那么儒佛之间并不存在什么差异。然而，**本来性之所以成为其本来性，就在于它在任何时间点上都是实在的同时，又是本来的**，由此，恐怕本来性又会被"现实性"所遮蔽。在不懈地追求本来性的思想深处，**潜存着对现实性的深刻反省**，反之，对现实性展开严厉的批判，却又**担负着本来性的自我呈现**。

　　在对上述宋明时代儒佛之争的历史现象进行深刻反省之后，于是，就必然要追问：在这场思想之争的背后究竟存在怎样一种"哲学性"的东西，以至于儒佛两教在思想、体验、实践等方面展现出深刻复杂的样态？荒木根据佛教的"本来成佛"说及儒教的"本来圣人"说，得出的结论是"本来性"。正是对内在于人心深处的并构成世界根底的这一"本来性"的追寻，成为儒佛两教在思想上的共同旨趣。

　　"本来成佛"乃是佛教共识，自不待言，禅宗所谓"本来面目""本来田地"等便是"本来性"的典型表述。华严学的集大成者法藏（643—712）以本来性为"本来一乘教"的哲学基础，指出："一尘即理即事、即人即法、即彼即此、即依即正、即染即净、即因即果、即同即异、即一即多……何以故？理事无碍、事事无碍，法如是故。十身互作自在用故。"①法藏传人澄观（738—839）更是以"无碍法界"为《华严经》之旨趣，无碍即自由，在无碍的世界中，本我即他者，立己即立他。如此，本来性与现实性的一体化意味着现实众生当以本来位相为基础。

但是，众生的现实"机根"毕竟各不相同，故本来性正是透过人的现实性有可能发生滑转乃至下坠等危险倾向。若缺乏对现象性的严肃关怀，无视本来与现实之间存在微妙的隔阂乃至分离等现象，而沉溺于所谓的本来性的无碍境界，则反而有坠入罪恶深渊之危险，对此本来性的危机应保持警惕，更须时刻注意现实性的机根位相，这是澄观弟子、华严宗五祖宗密（780—841）强调众生机根不同而须重视"顿悟初机"的缘由所在。故他更重视《圆觉经》，建构起一套"圆觉经哲学"，对于其中的核心观点"知之一字，众妙之门"十分重视，认为其所谓"知"乃是"本觉真知"的本来知而非分别知。然而作为本来知的绝对知又必在现实诸相中得以呈现自身，在此过程中，本来知必须破除一切"理障"，而不得不向现实性发生转化，故须正视行为的理智性。

"本来性"在儒教中的反映，无疑可以从朱子学和阳明学的理论系统中找到种种蛛丝马迹，如宋明理学常用的"本然之性"概念以及阳明心学特别强调的良知本体"本来无一物"以及"本来面目""个个圆成""当下具足"等等，大多属于这种本来主义思想观点。正如荒木所言，在世界观、人生观等方面，尽管儒佛存在很大的差异，但是在"人间—世界"的领域确定自身存在的"本来性"这一点上，却是儒佛的共同追求。重要的是，本来性往往容易被现实性所遮蔽，现实性对于本来性而言，虽是外源性的而非本来性自身，然而，人在追求本来性过程中，不免受其自身现实性的

---

① 《妄尽还源观》，转引自荒木见悟：《新版佛教与儒教的撰述意图》，载《佛教与儒教》附录一，台北：台湾联经出版公司，2008年，第489页。

制约，进而对现实性做出深刻反省，同时，作为现实存在的人又有实现自身本来性的必然趣向。

如果本来性在"个个圆成""本来无一物""满街人都是圣人"的境地得以贯彻，那么，相对于本来性而言，现实性的对置便会被根本否认，其实，没有人会否认这种高层次体验确是实在的这项事实。本来性在人欲沸腾之中，即使被不断背反、不断污染，它自身却不会有丝毫的动摇，相反，越是被不断背反、不断污染，就越发强调自身的实在性并向着自己迎面而来，这就是本来性，因此，**没有脱离本来性的现实性，也不存在扼杀本来性的现实性**。由此也会引发一种非议：面对本来性，以现实性来加以对置，这是对天然妙性而不假修成的本来性的一种亵渎，是对本来性的一种攻击。在这种泯除圣凡之迹、断绝生灭之端的灵妙之境地，固然"本来性—现实性"得以一体化，既没有迷悟也不用修证，因而绝不能容许对此加减些子。然而，**本来性并不存在于凝然不变而被固定化的层次，它经常与历史的现实、杂多的机根相即不离，实在而流行，所以，它又不得不受到历史的、社会的以及主体的限定**，就此而言，相应地现实性与本来性的对置，是有一定意义的。唯有如此，本来性才能作为寂感无碍的实在，顽强地而又充满生命力地在时空当中得以贯通。

这里，"个个圆成""本来无一物""满街人都是圣人"三句话都是阳明学的术语，用以表达宋明理学的本来性，的确具有典型意义。但是，这三句话被当作境界或"高层次体验"——意思或近于现代心理学的"高峰体验"——之际，便意味着本来性与现实性的隔绝。这种孤悬于高空、超绝于凡尘的所谓本来性缺乏真实的实在性。作为实在的本来性必在世俗人欲中，面对种种乖离现象，勇于挑战，越发坚定自身的实在性，即作为最为真实（而非实体性）的本来性。

归结而言，荒木总结道："没有脱离本来性的现实性，也不存在扼杀本来性的现实性。"这句话可谓是《本来性与现实性》一文的核心旨意之所在。本来性既是一种庄严的境地，又是一种现实的实在，既然是实在的，便不能脱离历史的、社会的以及尘世中的主体存在，由此而表现出来的现实性必带来有限性，表明人的存在都不免是有限的。强调和注重人的有限性与现实性，并运用渐修工夫而逐渐上达至顿悟之境地，这是宗密的圆觉经哲学的特质所在，也是其对法藏华严经哲学的一种发展与贡献。

基于上述的哲学考察，荒木对于阳明学的那种作为境界义的"本来圣人"的本来性表示了高度的思想警觉，认为本来性作为一种寂感一体、无碍自由的实在性，不是固定不变的而是在历史的、社会的现实中流行不止的，而本来性若能贯穿时空对自身位相的现实限制，就必然面临如何应对现实性的各种工夫体验等问题。无疑地，就阳明学而言，上述问题的确是阳明学的思想发展所面临的严肃问题，即圣凡之间的本来意义上的一律性、一致性（如"满街都是圣人"所表明的那样），如何在正视现实性的自我有限存在之际，克服圣凡之间的差异或乖离等现象，这就必然涉及工夫实践如何面对现实性的问题。

三 "现实性"的对置

与本来性相对置的现实性，在某种形式或某种意义上，与本来性发生乖离。这种乖离的产生是由于实践主体当中混入了非本来性的东西，而由于主体意识的受挫，才会体验到这种乖离。**这种意识被理解为是本来性面向现实性的自我表现，也是现实性面向本来性的自我否定。**由此，不断动摇主体的身心，逼迫其回归正常，以实现本来性与现实性的一体化，否则，乖离现象绝不会停止。由此产生了工夫、用心以及修行。由于对乖离形态有着不同接受、不同考察以及对此克服之方向的差异，所以，工夫也就千差万别，人间观也会带来各种各样的阴影。例如，倘若将这种乖离看作是对绝对浑一的翻转，那么就会产生一种顿悟的行道方式；如果将此乖离视为一种缓慢曲线的样态，那么就会采用渐进的工夫。不过，这些工夫方法所指向的却都是本来一如的境地。

本来性与现实性既是一体之关系，同时又必然是对置的关系，两者的对置意味着两者之间存在乖离现象，而此乖离发生的根源在于实践主体，特别是主体意识会意识到自身的这种乖离。在这个意义上，这种意识不是后天经验的自我反思，而是直接意识到本来性向现实性的自我展示，同时也必然意识到现实性向本来性的自我否定。也就是说，主体意识内含自身的肯定与否定的双向过程，由此，本来性与现实性的一体与乖离便会展现出复杂多样性，也由此产生各种修行工夫的曲折性，既有一超直入式的顿悟工夫，又有不断增进意识修炼的渐修工夫，而顿悟往往须借由渐修而实现，两者之间彼此环绕、循序渐进。不过，工夫方法的取经虽有不同，然其所指向的目标却是一致的：本来性的实现。

本来，"人间—世界"的把握态度各不相同，由此所期待的一如境地，亦必然会有所不同。也正由此，诸宗诸派各拥有独自的教学及其体验，互相主张自身的完结性、圆满具足性。但是，这并不意味着是对本来性之实在的否定，相反，**在本来性与现实性的错综复杂、互相纠缠的过程中，本来性表现出多样性**，也就是说，**反显出本来性在现实的、历史的限定中具有多样性**。本来性不是单调的一相孤门。所谓保护思想的纯洁性，就是对于本来性在常寂常感、出入自在的自我限定中有自觉的贯彻，假使将本来性认作一种特定教学的占有物，或者允许其所有权的优先性，那么，思想史的客观考察便将成为不可能。

现实性经由实践主体的意识而展现为工夫修行的多样性，事实上，本来性同样也在现实的、历史的限定中，展现出自身的多样性。用宋明理学的讲法，这种呈现方式是即工夫以反证本体，或即内在以反显超越，此所谓"超越"盖指"亘古亘今""千古一日"（阳明语）一般的自足圆满的绝对知，这种绝对知不同于外在指向的分别知——一种基于知觉运动的感性知识或事实知识，而必然内化为主体心性的精神特质，同样，也不是指一神论意义上的外在的绝对超越，因为无论在中国还是日本的宗教史上，那种所谓的绝对外在超越的"神"并不存在，故中国或日本的佛教均非西方严格意义上的制度性宗教，此当别论。

要之，在宋明儒学的语境中，本体意味着本来性的超越存在并内在于自我的心性中，工夫则意指现实性的主体行为以实现自我的精神性转化。本体的本来性固然不受任何历史现实的制约而保持自身的超越性，但本体的本来性必在历史现实的过程中——具体而言，即在实践主体的心灵精神的活动过程中，才能得以呈现自身的实在性。而本来性之所以是一种"实在"，是因为唯有本来性才是最具真实性的实在，在这个意义上，本来性又接近于中国思想中的"诚"概念。[1]

因此，**随时即应、应机即现，若能得以保持，则能发现体用一源、显微无间的本来性之真髓**，在本来主义地盘上的各种尖锐微妙的分派对立，正是使中国思想史上的"本来性—现实性"的哲学问题圈的设定成为不可避免的事实。本书的目的就在于探明：贯穿于宋明儒家及其与之有特殊的密切关联的佛学之中的**哲学根本问题**。之所以将本来性与现实性的两种位相对置起来，便是基于上述的思考。

---

[1] 后面将提到的荒木发表于 1950 年的《本来性と现实性——中庸と华严经による解明》（《日本中国学会报》第 2 号），便以《中庸》"诚"概念来诠释本来性的实在性。

所谓"随时即应、应机即现",自然是佛教的一种讲法,但此一讲法未必为宋明儒家所反对,宋明儒学讲的"即用显体"以及阳明心学讲的即本体便是工夫、就工夫以显本体,便离此意不远。荒木用程颐《易传序》"体用一源、显微无间"一语来表述本来性之"真髓",洵为的论。而程颐此语不仅为朱子学所继承,亦为阳明学所认同,成为宋明儒学之共识。即以"应机即现"为例来看,程颐所谓"冲漠无朕,万象森然已具。未应不是先,已应不是后"[①],便表达了无朕与万象、未应与已应并无生成论意义上的先后分别,而在寂然不动、无形无象的本体世界中已内涵一切存有之机,故谓"万物森然已具在"[②];依阳明,圣人之心、良知本体可谓"随感而应,无物不照"[③],亦与"随时即应、应机即现"之说相通,阳明又打通心性论域的未发已发问题,强调"未扣时原是惊天动地,既扣时也只是寂天寞地"[④],讲的正是"体用一源""应机即现"或"即用显体"的深刻哲理。

"本来性与现实性"的对置乃是贯穿于宋明儒家以及佛学之中的"哲学根本问题",这是值得重视的论断,也是贯穿《佛教与儒教》一书的核心旨意之所在。更重要者,这一哲学根本问题不仅存在于宋明时代,而且贯穿于整个中国思想史,揭示了"本来性与现实性"是一具有普遍义的哲学问题。

在佛教诸宗派中,最为直截了当地高声宣扬"本来面目""本分田地"之观点者乃是禅宗,而最为有力地给予禅宗以思想根基者则是"本来一乘教"的华严学。这是本书之起稿自华严学讲起的缘由。至于将宗密的圆觉经哲学与华严经哲学对置起来,这是出于以下的考虑:本来一乘教表现出微妙的曲折,进而建立起一种显然与其面目

---

① 《程氏遗书》卷十五,《二程集》,第153页。
② 同上书,第154页。
③ 《传习录》上,第21条。
④ 《传习录》下,第307条。

不同的哲学，与此同时，对于这一曲折与变化进行确切的把握，这对于历来的宋明思想之变迁的理解，无疑具有重要的关键性意义。在宋明儒家当中，之所以选择朱子和王阳明，不用说，这是因为两者的思想分别是时代精神的最为丰富的代表，当然，我并没有丝毫的念头以为由此两人便将所有问题都可网罗殆尽。本来，历史式的叙述、罗列式的表达，这并不是撰述本书的正面意图，对于那些并非作为主流而登场的许多思想家所怀抱的各具特色的诸多哲学问题在此未及细述，唯有留作以后的课题；不过我相信，即便到了那一天，通过利用本书所提示的视角，更能进一步有效地、更为圆润地推进相关问题的探讨。

在全文的最后，荒木向我们披露了他要从华严学讲起，经《圆觉经》，然后再迁回至朱子学和阳明学这一撰述策略之意图。根据其上述的基本思路，其实在荒木看来，与宋明儒学主张"本来圣人"相似的禅宗所谓"本来面目"的思想，得益于"本来一乘教"的华严学理论论证，而华严宗传人宗密则对本来性有所警觉而更注重现实性的问题，故偏向于《圆觉经》，建立了与法藏、澄观致力于建构的"本来一乘教"有所不同的圆觉经哲学，表现出本来性与现实性之间种种曲折的思想展开；由此出发，就可顺利地对宋明儒学中的本来性与现实性问题展开全面深入的思想探讨。同时，荒木表明自己撰述此书的着眼点在于哲学根本问题，故不采取历史式的叙述或罗列式的表述这类方法，而是紧扣"本来性与现实性"这一问题意识，对佛教与儒教之间所存在的哲学问题做贯通性的考察。

四　生命体验与问题意识

接着，我们试图对荒木的"本来性与现实性"问题意识的形成史略做探讨。这其实是有关荒木的心路历程的一项考察，对于中国学者而言，这项考察无疑是必要的，有助于我们对荒木的中国学研究的特色及其贡献有所了解。

我们所依据的文本全部来自上面提到的荒木自传《釈迦堂への道》（《通向释迦堂之路》）。这部自传是荒木根据四十多年从不间断的《日记》所作，记录了 1935 年前后至 1981 年从九州大学退休为止的四十余年的生涯历程。当然我们所关心的主要是"本来性与现实性"这一问题意识的由来，非常意外的是，我们从这部自传中获得不少重要信息，原来，"本来性与现实性"这一"哲学构图"与荒木的战争体验（应当说生命体验更为贴切）特别是作为美国原子弹的受害者的身心体验有着密切的关联，这对于我们了解这一问题意识的由来具有重要参考价值。

1945 年 8 月，美国在长崎投下原子弹之际，荒木一家正在长崎，经历了地狱一般的惨烈苦痛，导致荒木一家深受灾难，令人触目心惊。对此，荒木在当时留下的《被爆手记》一文中有详细记录（自传中有全文引用），这里不必细述。但须交代的是，经历此一磨难之后，荒木从内心深处引发了沉痛的幻灭感："到今天为止，一直支撑自己的人生观、世界观、宗教观的所有一切，已经从我的内心根底彻底崩塌。"（第 134、138 页）面对一片战争废墟、惨不忍睹的现实世界，他做出了一个重要决断：重回学术之路。为此，他决定放弃长崎师范学校的教职，申请九州大学大学院（即相当于中国大学的研究生院），作为研修生回到楠本正继（1886—1963）教授[①]的门下，攻读中国哲学。

次年，他顺利进入九州大学之后，很快就发表了"处女作"《宗门绝对性的回归》[②]，其中有段话值得注意："绝对性的最具根源性之所在，不在于管长（译者按：宗教宗门的宗主）的威严以及不可理解的神秘性，而

---

① 楠本正继为九州大学中国哲学的创始者，曾留学德国，然其家学渊源颇深，可追溯至江户末期楠本端山、楠本硕水，开创了九州儒学源流。楠本正继门下有两大弟子，除荒木以外，另一位就是著名学者冈田武彦。

② 《宗門における絶対性の回復》，《人文》第一卷第 1 号，1946 年。笔者尚未读到全文。

在于每个灵魂的求道之主体性（本分田地）。"（第 146 页）这是荒木对战争期间，目睹日本各宗教团体大多屈服于国家主义权威之现象，所发出的最严厉的批判，他强调必须从"神道的束缚当中解放出来"，才能获得"信教的自由"（第 145 页），唯有如此，才能真正使"宗教获得再生"，如果"宗教屈服于国家的权威，被当作民族发展的手段，那么，将导致宗教的出世间的绝对性被翻转为世间的绝对性……甚至导致极其残忍的结局"（第 145—146 页）。这一绝对性的自我翻转的表述看似难解，其实内含深刻的洞见：抽象的绝对性不等于现实的绝对性，同样，抽象的本来性也不等于具体的现实性；倘若把抽象绝对直接等同于具体现实，则将使现实绝对化、正当化、合法化，由此必将导致灾难性的后果。依荒木之见，宗教的绝对性自与具体的现实性有一线之隔，而绝不能被世俗权威当作肯定现实的工具。

上述引文中所谓"神道的束缚"，盖指战争期间，国家权力与神道教密切结合所产生的一种战时特殊的国家意识形态现象，对此，荒木从心底里有一种深恶痛绝之感。因此，荒木尽管在身心及家庭等方面深受美国投下的原子弹的严重伤害，并对美国的这一战争行为始终保持强烈谴责的态度和立场，但是对于美国占领日本之后公布的国家与神道必须分离的《神道指令》^① 则表示了首肯："对于多年来，以佛教信仰为主体而生存下来的我而言，从被禁锢的头脑当中感受到了一种解放感。'该司令部的说法，令人觉得有某种道义上的一惯性'（译者按：出自荒木《日记》），这段记录便表明了这一喜悦心情。"（第 141—142 页）

话题再回到这篇处女作，其中出现的"本分田地"一词，值得注目，

---

① 系指 1945 年 12 月 GHQ（盟军最高司令官总司令部）颁发的《神道指令》，严厉要求解除国家与神道神社的结合关系，宣称："本指令的目的是让宗教和国家相分离，并防止宗教被政治误用，所谓的宗教、信仰、信条拥有平等的机会和保障，建立在相同的、正确的法律依据之上。"转引自［日］岛薗进：《国家神道与日本人》，李建华译，北京：社会科学文献出版社，2015 年，第 70 页。另参见吴震：《孔教运动的观念想象——中国政教问题再思》，上海：复旦大学出版社，2019 年，第 19 页。

这也是后来荒木在展开"本来性"问题的探讨之际，经常喜欢使用的与"本来面目"并列的一句佛教术语。他开始意识到为了使真正的宗教从国家权威中解放出来，就有必要重新确认和奠定信仰者之灵魂的主体性，此主体性亦即宗教意义上的"本来性"。

入学第二年三月下旬，按例需要提交一篇学年论文报告，荒木提交的第一篇报告的题目就是《本来性的教说》（第149页）。这篇报告只讨论了贤者大师法藏的教学思想，而未及澄观及宗密的华严学。由于当时条件的限制，虽然通读了宗密的《禅源诸诠集都序》，但未能找到宗密有关华严学的著作；后来利用藏在广岛某寺院的《大日本续藏经》，才终于全面接触到《华严经》《圆觉经》等相关著作，从而对法藏—澄观—宗密一系的思想流变及其展开有了较系统的了解。

质言之，华严学思想的展开表明，必须着眼于人间实际生存状态，揭示并要敢于面对现实人间性的各种丑相。正是通过这次阅读经验，再次激发了荒木此前一直隐藏在自己脑海里的一个"哲学图式"，即"本来性—现实性"（第149页）。荒木意识到如果将此"哲学图式"仅认作华严学内部的一种思想方法，那就不免受到局限，其实，此"哲学图式"对于思考宋明儒学史的问题同样有效（同上）。当然意识到这一方法的重要性并不意味着学术论证已告完成，未来的学术任务依然路途遥远。

1948年6月，荒木通读了澄观的《华严演义抄》，盛赞此书乃是中国思想史上的"一大金字塔"，认为该书使自己的"本来性—现实性"的思想构图得到了进一步的确认。次年，荒木终于完成了关于华严宗密的论文，认识到"顿悟仍须渐修"这一禅体验对于揭示悟与机根、本来性与现实性、禅宗与教相佛教等关系提供了重要的审视角度，在他看来，宗密思想与其说表现为"教禅一致"，还不如说，他敢于直面人间的脆弱性，并为消除这一人的局限而投身于各种悟道体验，正是在这一点上，表现出作为宗教家的宗密之思想眼光十分敏锐（第158页）。

1949年课程修了之后毕业，荒木就职于福冈学艺大学。不久，荒木就在《日本中国学会报》创刊号上发表了毕业论文《朱子の実践論》，第二年在该杂志第二号上，又发表了《本来性と現実性——中庸と華厳経による解明》。[①] 该文的正标题虽与上面介绍的"序论——本来性与现实性"一致，但内容则完全不同，此不赘述。此后，荒木开始不断撰写一系列学术论文，一发不可收拾。

值得一提的是，荒木作为他力宗教的日本净土真宗的信奉者（这与其家族背景有关），曾在中学毕业后，一度以预科生进入京都西本愿寺门派下的龙谷大学进修，由于不满当时该教派的强烈宗派意识，三年结业之后，便遁入京都比叡山修行半年有余（其晚年自传《釈迦堂への道》的"釈迦堂"便是比叡山的西堂），最终放弃宗教私立大学而考入当时帝国大学之一的九州大学，跟随楠本正继学习中国哲学，从此踏入了宋明儒学的研究领域。不过在宗教方面，则"学无常师"（《佛教与儒教·后记》），而完全依靠自己的研读；但其宗教兴趣始终在净土真宗以及华严宗，对于中国或日本的所谓自力宗教的禅宗始终在思想认同上有一层隔阂，特别是对当时被日本临济宗奉为"教主"一般之存在的铃木大拙（1870—1966）的禅学思想竟不以为然。在大学期间，他通过对朱子学、华严学、阳明学的独自思考，自接触出身禅门而最终归宗华严的宗密思想之后，逐渐觉得有必要对禅学特别是唐宋禅宗语录进行系统梳理，不期然地，他遭遇了南宋初年的禅僧大慧宗杲（1089—1163）的著作。

在日本禅学界，大慧宗杲与其老师《碧岩录》的作者圜悟克勤（1063—1135）被视作临济一宗的公案禅，然而在荒木看来，圜悟与大慧的真正本领在于，将禅悟修行与日常生活紧密地结合在一起，使禅宗思想发挥出巨大的社会性功能，故他称其为"社会禅"；正是在社会上对官僚士大夫以及一般居士进行说教的过程中，大慧禅充分展示了"本来性—现实性"的一体化，并将此发挥至极点，成为改善官僚士大夫之体质、推动"社会禅"的

---

① 感谢早坂俊广教授为我提供该文的复印件。

一大动力（第 170、171 页）。然而，在日本江户时代，自白隐禅师（1686—1769）以来，当时的僧侣就有一种观点认为，儒家并不可怕，可怕的是大慧一流的社会禅。不过在中国，由于朱子学的出现，大慧禅的发展势头受到了遏制，及至明代王阳明的出现，由于儒家路线发生了重大转向，大慧禅又迎来了复活的机会。此后在荒木晚年，其研究兴趣转向了明代阳明心学以及明代佛教心学的思想研究。①

就这样，荒木以华严、禅、朱子学、阳明学为线索，对中国思想史的源流经过一番考察之后，最后历时三年，终于完成了"处女作《仏教と儒教》"，时在 1958 年 9 月，年 46 岁。

五 结语

1992 年，荒木访问台北"中研院"中国文哲研究所，作了题为"我的学问观"的讲演，其中，荒木就"本来性与现实性"问题有一段回忆，可称作荒木的"夫子自道"：

> 研究中国思想的方法论，最好就中国思想史中所形成的问题意识来创思。……我已记不清是从什么时候开始使用"本来性—现实性"的对位法，我想这是我在探索善恶、明暗、隐显、显微等的相对

---

① 荒木晚年特别是退休之后，将主要精力放在了明代思想研究，出版了一系列论著：《竹窗随笔》，东京：明德出版社，1969 年；《明代思想研究——明代における儒教と仏教の交流》，东京：创文社，1972 年（中文译本：陈晓杰译，济南：山东人民出版社，2019 年）；《仏教と陽明学》，东京：第三文明社，1979 年；《明末宗教思想研究——管東溟の生涯とその思想》，东京：研文出版，1979 年；《陽明学の開展と仏教》，东京：研文出版，1984 年；《雲棲袾宏の研究》，东京：大藏出版，1985 年；《陽明学の位相》，东京：研文出版，1992 年；《中国心学の鼓動と仏教》，福冈：中国书店，1995 年（中文译本：《明末清初の思想与佛教》，台北：台湾联经出版公司，2006 年；大陆简体字版：上海：上海古籍出版社，2010 年）；《憂国烈火禅——禅僧覚浪道盛のたたかい》，东京：研文出版，2000 年；《陽明学と仏教心学》，东京：研文出版，2008 年等。另有至少八种有关日本佛教的论著及编著不在此列。

立中追求人类的存在定位时自然而然地想出来的，且在试着把这个方法运用到中国的古籍之中时，越来越加深了我的信心。当然在这儿有导致我这样思考的古籍，比如说在《大乘起信论》中的"本觉—不觉—始觉—本觉"之类的结构等便是。……在这层意义上，"本来性—现实性"并不是无视于物与心的复杂关系，而是在超越物与心的对立层次的世界上寻找解决之道。因此，我既不是唯心主义者，也不是唯物主义者，毋宁说是站在**物心一如**、**主客一体**的立场。①

我相信这是荒木晚年的"自我定论"，尽管他并不愿详细披露自己早年的那段严酷的身心体验，不过，此处"物心一如、主客一体"的立场宣示，的确是对其"本来性—现实性"这一哲学方法论的一个最好总结，因为"本来"与"现实"的对立与相克所指向的终极目标便是对"一如"或"一体"的哲学立场的一种确信。

最后，提四点感想，以为本文小结。

第一，由上可见，本来性与现实性的方法论意识与荒木的宗教体验、身心体验有着密切的关联，是其经过独自的思想探索而获得的一个"哲学图式"，特别经过"二战"的特殊磨难，经过《华严经》尤其是法藏—澄观—宗密一系的思想考察以及对宋明理学的深入阅读，使得战前在脑海里既已模糊存在的这一"哲学图式"变得清晰起来，最终在 1949 年撰写并发表了《本来性与现实性》一文，成为后来的名著《佛教与儒教》"序论——本来性与现实性"的雏形，由此也使我们更清楚地了解到"本来性与现实性"的问题由来。就结论言，华严学与朱子学，互相之间虽在基本观念上存在很大差异，但在根本归趣上，却可断言宗密与朱子的思想距离并没有后人所想象的那样不可调和或相距甚远，相反，两者在哲学问

---

① ［日］荒木见悟：《我的学问观》，张文朝译，原载《中国文哲研究所通讯》第三卷第 1 期，1992 年，转引自荒木见悟著：《明末清初的思想与佛教》，廖肇亨译，上海：上海古籍出版社，2010 年，第 187 页。

题思考方式上的"接近"(第88页)这一事实,却是值得我们深思的。由此,我们或可得到一点启发:历史上发生的及至近日仍有深刻影响的近世中国有关儒佛的宗派之争、教学之争或正统与异端之争所导致的思想藩篱需要打破以及省思。

第二,作为宗教的热忱追求者,荒木通过对宗教典籍的阅读经验,在年轻时代(主要在九州大学读书时代)就已经开始形成了"本来性与现实性"的哲学图式或方法意识,并通过那场战争体验得到进一步的提升,立定志向,力图从中国哲学以及佛学当中来充分揭示本来性与现实性这一"哲学根本问题",值得重视。其实,从儒教的角度看,本来性无疑可以宋明儒学主张的"本然之善""本然天理"等说为代表,这种将经验的可能性之依据置入"先验的领域"(荒木语)来加以论证,凸显出儒教"本来性"的典型形态,如朱子所言"道之本原出于天而不可易,其实体备于己而不可离"(《中庸章句》)之说,充分表明儒教将自觉体认本来之天理视作根本问题。同样,对阳明学而言,将绝对的信赖寄托于"良知现成",相信良知对于现实生命具有穿透力和创造力,这无疑也是儒教本来性的一种自信表达。

第三,须坦陈的是,荒木的思想表达以及撰述风格非常晦涩,这在日本学界早已出名,因此若想对荒木的思想做全盘的了解和透彻的把握,不仅需要有高度的耐心和仔细的辨析,更需要在知识储备上,即在经典阅读的深度和广度上,努力达到与荒木可以并肩的程度,此绝非常人所能企及。故对中国学界来说,首先需要尽可能多地译介荒木的论著,以便更为广泛地了解荒木将自己一生倾力于中国哲学、中国佛学的领域所做出的巨大学术贡献,更为了深切地了解荒木所揭示的"哲学根本问题":一方面,作为求道者的实践主体性的最高自由就是本来性的自我展现;另一方面,这种本来性的追求过程必然表现为对人类存在的现实性的自我警觉和醒悟。

第四,但是,本来与现实、成佛与机根、圣人与凡人之间所存在的内在紧张虽可通过后天努力加以克服，然而正如荒木所指出的，如何克服这种内在紧张以实现超越现实的本来性，这需要经过一番"解释与工夫"才能实现，而任何"解释与工夫"必涉及主观层面，所以问题在于如何打通或消解教与教之间（例如佛教与儒教）在解释与工夫问题上各执己见的隔阂，这才是关键所在。然而，倘若我们认真汲取荒木的建议，将佛教与儒教一视同仁地看作中国文化土壤的思想资源，那么，至少在中国传统文化的语境中，超越教派之分歧、打破陈说之框架，汲取各种文化传统的精神智慧，并在社会现实中通过自我的精神转化以不断趋近乃至最终实现本来性，将不会是悬空的理论说教而已，因为不论这种本来性是宗密的"本觉圆智"还是朱子的"本然天理"或阳明的"现成良知"，它都无法从根本上脱离现实性。故着眼于文化的本来性，并为传统文化的创新发展指明具有现实性的开拓方向，姑称之为"现实本来性"，这是我们可以继续探索的课题。

（原载《中国哲学史》2016 年第 1 期）

附录二
关于"东亚阳明学"的若干思考
——以"两种阳明学"的问题为核心

【内容提要】"东亚阳明学"不是一个思想"实体",无法重构所谓"东亚阳明学"的思想体系或历史图像,东亚阳明学研究所关注的是阳明学在东亚地域的传播、展开以及转化等思想现象。沟口雄三为从根本上破除中日阳明学存在"同质性"的误解,提出了"两种阳明学"的观点,认为中国阳明学与日本阳明学之间存在巨大差异,这是因为日本阳明学有自身的思想资源。然而近代以来,人们总是以幕末阳明学来解释阳明学,忽略了两种阳明学是根本不同的思想学说这一历史事实。沟口通过对近代日本阳明学的批判与解构,提出了"原本就没有两种阳明学"的重要判断。小岛毅则指出近代日本阳明学发生了"白色阳明学"与"红色阳明学"这两种类型的严重分化,前者主要由国家主义者所提倡,后者则主要指继承了幕末阳明学者的"革命"精神而主张社会变革的阳明学,归结而言,这两种阳明学都是以维护日本的特殊"国体"为思想宗旨的。荻生茂博则指出与"中日阳明学"存在左右两翼之差异相比,日本历史上的"近代阳明学"与"前近代阳明学"这两种阳明学之间所存在的差异才是根本性的,而近代日本阳明学在本质上仍属于帝国意识形态下的政治言说,是必须加以解构的对象，至于阳明学是明治维新的"原动力"之说，则是后人的一种历史想象，不足为据。总之，当我们将视野扩展至"东亚"，竟发现"阳明学"在不同的历史文化背景中发生了种种转化现象，甚至化身为帝国意识形态的政治主张，值得我们在思考"东亚儒学"问题时加以认真省察。

引言：何谓"东亚阳明学"，什么是"阳明学"？

"东亚阳明学"是东亚儒学领域中的一个研究对象，不同于"国别史"意义上的"中国阳明学"。然而，在历史上并不存在"东亚阳明学"这样一个思想"实体"，因为，"东亚阳明学"是指"阳明学在东亚"，而不是说存在一个本质同一、时空一贯的"东亚底阳明学"。今天我们讨论东亚阳明学，主要关注的乃是阳明学在东亚文化地域（主要指中国、日本、韩国·朝鲜）的传播、展开、转化等思想现象，所以，东亚阳明学这一研究新领域有待开辟，但并不意味着重建东亚阳明学的思想体系。

"东亚阳明学"作为学术名称或许最早见诸韩国学者崔在穆 1991 年的博士学位论文《东亚阳明学的展开》（日文版）。[①] 崔教授对这项研究有一个自我定位：东亚阳明学研究是对阳明学在东亚三国（中国、朝鲜·韩国、日本）的展开过程与历史形态进行"比较考察"，是从阳明学视域出发对"东亚近世思想史研究"的一种尝试。[②] 就其研究的结果看，并不是

---

① ［韩］崔在穆：《東アジア陽明学の展開》，东京：鹈鹕社，2006 年。按："東アジア"即 East Asia 的译语，是日本"二战"之后开始正式使用的名称，"二战"前的"和制汉语"则是"東亞"。1941 年 12 月日本东条内阁通过决议，将针对英美中发动的战争统称为"大東亞戰爭"，然而"二战"后，由于当时接管日本的以美国为首的"联合国军司令官最高司令部"（简称"GHQ"）判定"東亞"为"战时用语"，因而宣布禁止使用，改称为"太平洋戰爭"，这就模糊了日本发动的侵华战争的实质。在当代日本，"東亞"一词一般不见使用。

② ［韩］崔在穆：《东亚阳明学的展开》，第 1 页。

对"东亚阳明学"的整体性体系结构的重建，而是展现阳明学在东亚的同中有异的各种特性。这是因为阳明学在东亚的历史展开过程中发生了种种"本土化"的转向，更因为"东亚"不是单纯的地理概念而是一种文化概念，故阳明学作为一种外来思想在东亚地域的传播流行，必然与本土文化发生碰撞、汲取以及转化等"本土化"现象，因而从跨文化研究的视域看，不可能存在所谓本质同一的"东亚阳明学"。

　　至于"阳明学"，其实也不是一个不言自明的概念，而是具有广狭两义的学术史概念。从历史上看，在晚明时代就已出现"阳明学"一词，例如晚明东林党人邹元标（1551—1624）曾经指称"北方王门"的孟秋（1525—1589）"夙志阳明学"，意谓孟秋追随其师张后觉（1503—1578）信奉"阳明学"①，此处"阳明学"当是特指阳明本人的学说。成书于17世纪末的黄宗羲《明儒学案》在为汪俊（生卒年不详）所作的"小传"中也曾使用"阳明学"一词②，而汪俊与阳明同时而略晚，他反对"阳明学不从穷事物之理"的思想趋向，其所谓"阳明学"也是特指王阳明的学说。仅从以上两例来看，"阳明学"一词虽稍晚于王阳明既已出现，但在当时似乎并不是一个流行的学术史术语，而且属于狭义的阳明学说。约成书于18世纪的《明史·王守仁传》则有"学者翕然从之，世遂有'阳明学'云"的记载，这是说当时社会上"阳明学"得以广泛流传，这个说法的含义就比较宽泛，既指王阳明的学说，又含指阳明后学以及明末流传的心学思想。③要之，就狭义言，"阳明学"专指阳明思想，从广义看，"阳明学"盖

① 邹元标：《愿学集》卷五《我疆孟先生墓志铭》，《四库全书》本。

② 《明儒学案》卷四十八《诸儒学案二·文庄汪石潭先生俊》。

③ 邓红认为《明史》中的"阳明学"一词并非严格意义上的学科名称，作为学科名称的"阳明学"则出现于19世纪八九十年代的日本，如同physics被译作物理学、economics被译作经济学一样，阳明思想被日本学者称作"阳明学"，故而是典型的"和制汉语"。不过他也指出在明治维新前，吉田松阴（1830—1859）就曾在狭义上使用过"阳明之学"的名称。参见邓红：《何谓"日本阳明学"》，《华东师范大学学报（哲学社会科学版）》2015年第4期，第153—154页。按：作为"和制汉语"的"阳明学"虽然是近代日本学者在"汉字文化圈"的影响下所"制造"的术语，然而"阳明学"一词的出现仍然应当追溯至中晚明时代，应当视作中国思想史上的一个史学概念。

指王阳明及其后阳明时代的心学家共同诠释、推广发展而逐渐形成的一种思想学说，其中包含后人的理论诠释等思想内涵，也就是说，阳明学不仅意味着阳明本人的思想，同时也指阳明思想的再解释、再建构的思想系统，例如后来传播至日本及韩国的阳明学而形成的所谓"东亚阳明学"便是广义上的阳明学。

从一种跨文化的视野看，阳明学传入东亚地域之后而形成的日本阳明学或韩国阳明学，与中国阳明学相比，既同中有异又异中有同，其所同者是对阳明学的致良知等普遍观念的接受，而其所异者则是在接受这些普遍观念的过程中所发生的某种"转化"。从根本上说，日本或韩国的阳明学是一种思想重建而不是某种概念复制，因而必然与中国阳明学存在种种差异现象以及理论张力。这一现象表明中国阳明学与日本或韩国的阳明学虽同属广义上的阳明学，但是彼此在理论形态、观念表述等方面则各有思想特色，充分说明阳明学在于异域的"他者"文化进行交流的过程中可以展现出多元发展的可能性。

但是，难道阳明学可以是复数形式的吗？换言之，阳明学的"多元性"是否意味着阳明学的"复数性"？这里所涉及的其实是这样一个问题：中国阳明学在理论上究竟是圆满自足的封闭体系，还是可以不断重新诠释的开放系统？其问题的实质也就是：是否存在一种本质主义意义上的"元阳明学"以及另一种特殊主义意义上的"阳明学"？于是，两者之间就必然存在宰制与被宰制的关系。当我们的视野局限在中国本土之际，往往会以为阳明学只是中国的阳明学，其思想普遍性规定了它只能"同化"异域的"他者"文化而不能被"他者"文化所"转化"，因为阳明学的普遍性本质便是其自身的"合法性"唯一依据而不可能发生变化。倘若历史的真相果真如此，那么结论必然是：阳明学只能有一种而不存在"复数性"的可能，也不可能被"他者"所转化，日本或韩国的阳明学就只能是被动地全盘接受中国阳明学的复制品而已，在思想上不可能有什么新发展。

然而，在当今经济全球化、文化多元化的背景下，在积极推动世界性文明的对话过程中，地方性知识也正日益受到重视，中国传统文化之一的儒学也早已打开国门而被纳入东亚儒学乃至文明对话的场域中得以重新审视，正是在 21 世纪人类文明发展的新形势下，对于以往的那种不免将自身封闭起来的阳明学本质化、狭隘化的看法，应当加以深刻的反省。

一 "两种阳明学"：解构中日阳明学的"同质性"

说起来，早在 19 世纪末，日本学者就开始认识到中国阳明学与日本阳明学并不一样，甚至产生了极大的反差，其差异之大，已经到了一者"亡国"一者"兴国"的程度，前者是中国阳明学，而后者则是日本阳明学。这是 19 世纪末 20 世纪初的阳明学者高瀬武次郎（1869—1950）提出的一个观点，此人是一位国家民族主义者，用今天的话来说，属于"右翼阳明学"者，他在 1898 年出版的《日本之阳明学》一书中指出阳明学有"事业性"和"枯禅性"这两种思想"元素"，"得枯禅之元素者可以亡国，得事业之元素者可以兴国，中日两国各得其一"[①]。这是说中国阳明学已经堕落为"枯禅"，相反，日本阳明学则继承了注重"事业"这一真正意义上的"阳明学"，此所谓"事业"，即指阳明学在"事功"方面所做的贡献。很显然，他的这个说法是以 19 世纪末日本的明治维新为背景的，所谓"兴国"便是指明治维新推动的日本民族国家的重建（史称"开国"）。[②]按照他的这个说法，阳明学不仅有"两种阳明学"，而且"日本阳明学"与"中国阳明学"不同，正可承担起重建现代民族国家的重任，成为从江户幕府的"封闭社会"向当时西方的所谓开放性的"现代社会"发生转化的一种思想动力。关于高瀬的这个观点，当然我们不能照搬接受，因为从

---

① ［日］高瀬武次郎：《日本之陽明学》，东京：铁华书院，1898 年，第 32 页。

② 所谓"开国"，意指由"封闭"向"开放"的社会转型。参见［日］丸山真男：《開国》（原载《講座現代倫理》第十一卷"転換期の倫理思想"，1959 年；后收入其著：《忠誠と反逆——転形期日本の精神史的位相》，东京：筑摩书房，1992 年）。

严格的学术角度看，他不仅对阳明学的理解存在重大偏差，而且他的阳明学解释在很大程度上是为当时明治帝国的国家建构所服务的。对此，我们理应有所反省和批判。

不过，从比较研究的视野看，"两种阳明学"的确在中日两国的思想史上是存在的。日本已故著名学者沟口雄三（1932—2010）就在现代学术的意义上提出了"两种阳明学"这一概念，他在1981年发表的同名论文中，通过对"中国阳明学和日本阳明学"的严格分梳，进而批判以往日本学界流行的一种观点："认为中国的阳明学与日本的阳明学是同质的。"[①]对于这种"同质性"的观念想象，沟口认为有必要进行彻底解构，在他看来，中日阳明学无论在思想构造上还是在理论事实上，都存在着根本"差异"，而且两者在中日两国的思想史上的地位及其作用也有重要差异，因而是属于异质的"两种阳明学"。

沟口雄三先生是一位出色的中国学专家，阳明学其实就是他研究生涯的起点，因而他对阳明学的思想理解与19世纪末明治维新以降的那些所谓"阳明学者"不可同日而语。他指出，阳明学的思想本质可以归纳为"心即理"和"致良知"这两个基本命题，而阳明思想的旨意在于打破朱子学的"定理"观，摆脱程朱理学以来既有的徒具形式的"理观念的束缚"，以使活生生的现实的"吾心之理"显现出来，从而"开辟通向理观的再生或变革的道路"，但是另一方面，不可讳言的是，"王阳明自身并没有到达构建新的理观的程度"，意思是说，阳明学尽管解构了朱子学的"理"，但却未能重构新理论形态的"理"。显然，沟口先生对阳明学的理解颇具独特性，在他看来，阳明学表明上所突出的是"心"，然而其思想

---

① ［日］沟口雄三：《二つの陽明学》，《理想》第512号，1981年1月。引自中译本《沟口雄三著作集：李卓吾·两种阳明学》，2014年，第203页。按：中译本《两种阳明学》收录了三篇文章：《两种阳明学》、《关于日本阳明学》（原载《现代思想》临时增刊"總專輯：日本人の心の歷史"，Vol.10-12，东京：青土社，1982年）、《中国的阳明学与日本的阳明学》（原载《〈傳習錄〉解説》，东京：中央公论社，2005年）。

实质却是"理本主义"。

尽管如此，由于阳明思想是对朱子学"定理"观的一种叛逆，而将吾心之良知从既有的理观的束缚中解放出来，"致力于我之良知主体的确立"，所以，"人们往往特别强调这种良知主体的内发的能动性与主体性"，以为阳明学的特质就在于强调心体的动力，然而对阳明学的这种理解却是片面的。沟口强调指出："如果将阳明学的这种内发、能动、主动的属性看作是阳明学的本质，从历史的角度来看是不正确的。"[①]此话怎讲呢？

其实，沟口此说是针对长期存在于日本的对阳明学的一种误解，而且这种"并不正确的阳明学观在我国（日本）的一些学者中却依然根深蒂固"。根据沟口的观察，这是因为日本"幕末阳明学的特性并没有作为日本特性而被正确地相对化"，故而导致人们往往"通过幕末阳明学这一变色镜来理解中国阳明学的倾向"。所谓"幕末"，指江户幕府政权的末期，大致指 1868 年明治维新之前的三四十年的一段时期，在当时的一批倒幕志士中涌现了不少所谓的阳明学者，如吉田松阴、高杉晋作（1839—1867）、西乡隆盛（1828—1877）、河井继之助（1827—1868）等等，这批所谓的"阳明学者"在倒幕运动中起到了十分关键的作用。于是，历史上就形成了明治维新的成功有赖于阳明学等传说。[②]这类传说不仅在 19 世纪末的近代日本开始广泛流传，而且传到了中国，近代中国的相当一批知识精英如梁启超、章太炎等人，他们通过流亡日本期间的观察，无不得出与上述传说类似的观点，真以为中国阳明学帮助日本取得了明治维新的成功。至于吉田松阴等人为代表的志在倒幕攘夷的一批志士的所谓"阳

---

① 《沟口雄三著作集：李卓吾·两种阳明学》，第 212 页。按：以下凡引此文，均见第 203—220 页，不再标注页码。

② 所谓"阳明学是明治维新的原动力"之说究竟由谁提出，尚无确考，一般认为，其滥觞者或是国粹主义者三宅雪岭（1860—1945），他在 1893 年出版的著作《王阳明》一书中，提出了"在维新前夕挺身而出者，大多修阳明良知之学"（《三宅雪岭集》，柳田泉编：《明治文学全集》第三十三卷，东京：筑摩书房，1967 年，第 313 页）的说法，其中他提到的一份人物名单是大盐中斋、春日潜庵、西乡隆盛以及高杉晋作等。

明学"到底是一种什么阳明学,却很少有人问个究竟。

其实,将阳明良知学理解为"能动性与主体性"的哲学,这是幕末阳明学者的"后见之明",阳明良知学固然具有实践性、能动性的特征,然而这种实践性和能动性更多的是作为"道德实践""成圣之学"得以强调的,而不是以推翻社会秩序为指向的某种"革命"哲学。然而,在江户幕末时代的所谓"阳明学者"却自以为在继承阳明学的"能动性与主体性"的基础上,便可以充分利用阳明学来达到他们推翻幕府体制、重建"祭政一体"(即"政教合一")的目的。对此,沟口尖锐地指出,这只不过是"幕末阳明学的特性",即"日本特性"而已,而根本不同于中国阳明学的一般特性。因此,只有在充分认识这一点的前提下,进而将幕末阳明学"相对化",即非本质化,也就是说,阳明学的"日本特性"并不能等同于阳明学的一般特性,只有将"日本特性"相对化,才能对中日阳明学获得客观的了解,而不至于将幕末以来的"日本近代阳明学"误认为就是真正的阳明学。

所谓"相对化",是沟口学术思想中的重要方法论,旨在强调将研究对象客观化而反对将研究对象目的化,例如就中国学研究领域而言,只有首先将中国"相对化"而避免将中国目的化,才能建构起真正意义上的"中国学"。同样,对于幕末阳明学也须经过一番"相对化"之后,才能认清其思想特质已经发生了"日本化"转向,其所形成的阳明学是一种"日本特性"的阳明学。

重要的是,按沟口的看法,这种"日本特性"表现为对"心"的重视,与中国阳明学企图重建"理"的思想旨趣根本不同,日本阳明学所注重的"心",其实与日本思想史上的"清明心"这一绵延不绝的传统密切相关,同时,也与日本思想注重"诚"的精神可谓"同属一脉"。沟口指出:

> 在中国的阳明学中,因为理是普遍存于所有人之中的,所以它也应是适用于所有人的秩序规范,同时,因其普遍性的缘故,就不得不

应历史现实的推移而变革理的内容以适应新的现实,这种以理为基轴的思想史潮流中的中国阳明学与以心为基轴的日本阳明学不仅在历史的位相上,在思想的结构和本质上,从根本上就是不同的。

这是说,"两种阳明学"之间存在的差异性,遍及思想历史、思想构造以及思想本质这三个主要方面。如此一来,中日阳明学的"同质性"不得不被彻底解构。沟口汲取了日本思想史专家相良亨(1921—2000)将"清明心"与"诚"归约为日本文化特性这一重要观点①,指出以"心""诚"为传统基调的日本思想才是"日本式阳明学"得以形成的重要根源。

值得注意的是,沟口断定中国阳明学虽称"心学",但其本质却是以"理"为中心主义的,因为中国阳明学的内发性、能动性、主动性无不是指向"理的再生",相比之下,日本阳明学由"内发"的、"灵动"的"心"出发,指向的却是"天我"。此所谓"天我",是日本特有的说法,源自幕末阳明学者大盐中斋(1793—1837)根据"心归太虚""太虚即天"的命题,进而提出的"天即我"的观念主张,认为天与我存在合一性,这种合一性意味着"以自我为主体,使自我在天欲中得到新生",而且"自我可以在超越自我的天我中获得革新行动的自由"。②沟口认为,大盐中斋的这一"自我"观念正反映了日本传统文化中的"天我"趣向,而此趣向又是以"清明心""诚"等观念为基础的。经过上述比较考察,沟口判定中国阳明学是以"理"为指向的,日本阳明学才是以"心"为指向的,正是由于中日文化的根本趣向的不同,所以建立在自身传统文化基础上的两种阳明学就不可能具有"同质性"。结论是,中日阳明学本来就是两股道上跑的

---

① 参见[日]相良亨:《誠實と日本人》,东京:鹈鹕社,1980年。按:相良亨有一个著名观点,认为中国儒学虽是"持敬中心主义"或"致良知中心主义"的,却没有形成"诚中心主义",而"诚中心主义的儒学是日本人的思想,日本式儒学得以产生的缘由正在于此"。(同上书,第180页)这一论断是否符合史实,可另当别论。沟口坦承他从相良亨的观点中获益不少(《沟口雄三著作集:李卓吾·两种阳明学》,第219页)。

② 《沟口雄三著作集:李卓吾·两种阳明学》,第218—219页。

车，不仅殊途而且亦不同归。

沟口显然突出强调了中日阳明学的差异性，这一判断是否切合事实，我们无意深究。问题是，既然中日阳明学在历史、结构及本质上表现出根本差异，那么，以日本文化为资源的"日本式阳明学"又有何理由称得上是"阳明学"？这却是沟口不得不回应的一个问题，所以他表示"从一开始"他就怀疑"将天我志向的日本式的阳明学称为阳明学本身是否妥当"，而在全文结尾处则断然指出："原本就没有两种阳明学。"

这句论断下得很重，值得重视。如果此言为真，那么，"日本阳明学"的说法在日本思想史领域中就失去了合法性，同时也意味着阳明学只能是中国的阳明学而不能有另一种阳明学。表面看，这一观点无疑是对阳明学的"本质化"论述，然而根据沟口的一贯思想立场，他对任何的"本质主义"都是持批判态度的，他特别强调无论是研究中国还是研究日本，都必须将对象"相对化""客观化"或"他者化"，即将对象视作"方法"而非"目的"，以往那种以中国为"目的"的中国学，其实就是日本汉学传统的"没有中国的中国学"，即"把中国这一对象本身都给舍弃掉了"的所谓"中国学"。[1] 同样，按沟口的立场，只有将幕末阳明学"对象化"，通过与中国阳明学的比较，才能认清日本阳明学之特质，以免落入"没有日本的日本阳明学"之窠臼。

我觉得，沟口之所以断定"没有两种阳明学"，其真意就在于双重否定"没有日本的日本阳明学"和"没有中国的中国阳明学"，进而肯定以阳明学为"方法"的阳明学，以此解构"同质化"的所谓"两种阳明学"。尽管从语言表述上看，沟口的叙述颇显曲折，但是其旨意是不难理解的，因为"以中国为方法的世界"，其实是通过把中国看作"构成要素之一"的同时，"把欧洲也看作构成要素之一的多元世界"。[2] 因此，所谓"原本

---

① ［日］沟口雄三：《作为方法的中国》，孙军悦译，北京：生活·读书·新知三联书店，2011 年，第 130 页。

② 同上书，第 131 页。

就没有两种阳明学",并非强调世上唯有一种阳明学,而在于提示我们须认清日本阳明学的"日本特性",换种说法,也就是自日本阳明学始祖中江藤树以来就有充分表现的"阳明学中的日本特性"。[①]

二 何以说"原本就没有两种阳明学"?

在发表《两种阳明学》的次年,沟口又有续作《关于日本阳明学》,意在从另一角度来补充说明"两种阳明学"的含义,特别是对"原本就没有两种阳明学"的问题有进一步的讨论。

沟口在文章开篇就表明了一个问题意识,他非常不满当时刚出版的《日本思想大系》中有不少学者不自觉地将中国概念当作日本概念来进行注释的做法,这种做法反映出这些学者"丝毫没有意识到两国相互间的独特性"[②]。在沟口看来,这无疑是"以中释日"的研究态度,而沟口的一贯立场则是,中日各为特殊,彼此差异明显,强调研究过程中须将研究对象"他者化",同时也意味着自身对象化,以实现世界多元化。

在这篇文章中,沟口指出中国阳明学的独特性并不表现为"心情"主义,而是"更为彻底地推进了理本主义的立场","将理本主义进一步扩大到一般民众的规模上",而阳明学与朱子学的不同并不表现在"理本"问题上,而表现为朱子主张定理的客观性与阳明主张心中之理的主体性这一观点上的不同,但毕竟都属于一种"理"的哲学。

至于日本,由于"历史风土"与中国相当不同,因而具有"独特性",与此同时,中国也有自身的"独特性",例如在天、理、公、自然等概念的

---

① [日]沟口雄三:《关于日本阳明学》,载《沟口雄三著作集:李卓吾·两种阳明学》,第 221 页。按:"阳明学中的日本特性",乃是沟口转引尾藤正英《日本封建思想史研究》(东京:青木书店,1961 年)中的说法。

② 《沟口雄三著作集:李卓吾·两种阳明学》,第 222 页。以下凡引此文,均见第 221—243 页,不再标注页码。

理解方面无不显示出重要差异。从江户早期中江藤树一直到幕末阳明学的吉田松阴，都带有浓厚的"心法或心本主义的日本特色"。由此推论，"日本式的阳明学即便是在日本意义上，也没能作为阳明学而被确立，或者应该说亦属理所当然"。说得更为干脆一点："事实上，甚至应该说日本式阳明学这样的称呼是不妥当的。"这就与《两种阳明学》一文的最后一句断语趋于一致。那么，何以有"日本阳明学"之说呢？

沟口指出，"日本阳明学"的始作俑者是井上哲次郎（1855—1944），出现于1900年问世的井上汉学研究三部曲之一的《日本阳明学派之哲学》。[①] 而在沟口看来，井上的阳明学研究问题重重，其方法及立场都不可取，因为井上一方面"是对中国进行日本式的解读"，另一方面是"对日本进行中国式的解读"，故其所谓的阳明学，"作为思想研究是不科学的"，没有将中国和日本双重"对象化"，对中国的理解也是"肤浅的"。重要的是，井上之后，人们仍然深受其研究范式的影响，不免"以日本的心去理解作为心学的阳明学"。沟口认为，这种日本阳明学的观念必须彻底解构，究极而言，即便说"日本式阳明学的日本特性本身，也是没有意义的"。这是沟口得出的最终结论。由此推论，"日本式的朱子学"这一观念也同样可以从"江户期思想研究中消失"。不得不说，这是一种极端之论。不过，沟口的理路是清楚的，第一，由于中日两国的"历史风土"完全不同，因此不可能产生一模一样的思想，朱子学也好阳明学也罢，一旦传入日本之后，很快就被日本本土文化所淹没；第二，无论是中国研究还是日本研究，都有必要做一番"对象化"的处理，才能客观地认识对象，无疑这一方法论主张，具有重要的学术意义而应引起我们的重视。

---

① "日本阳明学"一词，似非井上首创，上文提到的高濑武次郎《日本之阳明学》在1898年由铁华书院出版，不过"日本阳明学"作为学术用语在日本近代学术界获得话语权，则以井上的这部著作为标志。至于近代日本阳明学的开端，则应追溯至1893年出版的两部专著，即三宅雪岭《王阳明》以及德富苏峰《吉田松阴》。参见［日］荻生茂博：《日本における"近代陽明学"の成立——東アジアの"近代陽明学"（1）》，载其著：《近代・アジア・陽明学》，第414—444页。

但问题是,即便说中国儒学传入日本之后就被日本文化所淹没,然而在文化传播过程中,是否存在两种思想文化的碰撞、交汇乃至转化等现象呢?对此,沟口却未予关注,他强调的是,在许多根本问题上——如天、理、公、心等观念乃至"格物""穷理"等具体问题上,日本人的感受和理解都表现出与中国不同的面相,反而显出与近世日本的国学、神道思想等相通的"日本人独特的思想"。若以此推论,不仅日本朱子学、日本阳明学的说法不能成立,甚至日本历史上是否存在日本儒教也是值得怀疑的,进而言之,凡是一切外来的文化思想,都难以冠上"日本"之名,即便是"日本佛教"之名亦难以成立。这是沟口不得不遭遇的困境。

然而事实上,及至沟口晚年并没有放弃使用"日本阳明学"这一概念。他在逝世前五年的 2005 年又有《中国的阳明学与日本的阳明学》之作,文章从三岛由纪夫(1925—1970)说起,承认三岛所理解的阳明学已经"过于日本化了",并承认"两种阳明学"(即三岛所理解的日本阳明学与中国阳明学)是相当不同的。为证明这一点,沟口从六个方面归纳了日本阳明学的"日本特性",即:1. 将阳明学看作是精神自立、不为外在权威所羁的进取思想;2. 将阳明学看作变革的思想;3. 将阳明学作为对心的锻炼、超脱生死的思想;4. 将良知比作神、佛的思想;5. 将阳明学看作具有日本性的思想;6. 将阳明学看作宇宙哲学的思想。[①] 上述六点在沟口看来,是原本中国阳明学所没有的"新的意义"。

在这六点当中,特别引人关注的是第 5 点。那么,何以见得呢?沟口引用了近代日本阳明学者的几段原话,我们也不妨来品味一下:"因为阳明先生就像日本人一样,所以我们似乎能够以我们的心来揣度阳明先生的心。……阳明先生的直截简易的单纯之处与日本人十分相像。"(大隈重信语)"阳明学与武士道十分相似。……(山鹿素行、佐久间象山、吉田

[①] 《沟口雄三著作集:李卓吾·两种阳明学》所收《中国的阳明学与日本的阳明学》,第254—261 页。按:以下凡引该文均见第 244—263 页,不再标注页码。

松阴等人）其精神实与阳明学甚为相符，武士道的精神就在于实践……它与阳明学的知行合一的实践精神一致，这正是称之为日本式的证据。"（井上哲次郎语）最后，沟口引用了杂志《阳明学》第48号发表于大正元年（1912）的"社说"中的一段话，讲得更为直白：

> 将阳明学试行于国家时，日本是好模范。……因此我要再次断言，那就是阳明学非支那之学，非往时明代之学，阳明学乃日本之学，近为先帝陛下（明治天皇）之学也。

这是说，阳明学传入日本直至明治时期，已经完全成为"日本之学"，已不再是以前中国的阳明学。这是明治以来帝国意识形态下的一种怪论，也是近代日本民族主义、国家主义思潮的一种反映。当然在今天，这类观点早已被人们所唾弃，更不会是沟口所认同的，而沟口所言"日本式阳明学"虽然包含近代日本阳明学，但主要是指江户儒学中的日本阳明学。

的确，从文化交流、比较研究或经典诠释等角度看，自中江藤树到吉田松阴再到三岛由纪夫，他们的阳明学已经融入日本特殊的"历史风土"的诸多因素，因此他们的诠释理解必伴随着思想重构，形成不同于中国的阳明学，这一现象本属正常，不足为奇。问题在于经过重构之后，是否称得上是"阳明学"？如果说，这种完全不同于中国的所谓"阳明学"已属于日本自身的思想，因而否认其与阳明学有任何关联，那么可以想象其推论的结论必然是：凡是外来的思想文化经日本的"历史风土"转化之后，被最终"同化"而不复存在"日本朱子学"或"日本阳明学"。显然，这是一种文化特殊主义或文化本质主义的观点，并不可取也不符合历史事实。

在我们看来，所谓"原本就没有两种阳明学"或者所谓"日本式阳明学的日本特性"之说并无意义等观点，在沟口其实另有深意，其意并非否定在日本思想史上存在"日本阳明学"这一事实，而是旨在批评以中国阳明学来解读日本阳明学，或者由日本阳明学来理解中国阳明学。在此意义上，不得不承认在东亚儒学史上，存在"两种阳明学"，这才是沟口直至晚年一直坚持的思想观点。只是沟口一再提醒我们，日本阳明学不是单纯地对中国阳明学的传承或复制，而是基于日本特有的"历史风土"，运用日本固有的思想资源，对中国阳明学做了全新的改造，就其理论结果看，已经不是原来的那个"阳明学"，而是不折不扣的"日本式阳明学"，甚至连"阳明学"也已经不足以涵盖其思想内涵及其思想特质。

须指出，沟口的上述观点值得重视，因为他以"身临其境"的方式对日本阳明学的独到考察，对于我们身处"隔岸观火"的人来说，无疑具有启发意义。尤其是在当今随着东亚儒学研究的深入，正逐渐展开的东亚阳明学研究的过程中，更应切记一点：东亚阳明学绝非是铁板一块的"实体化"存在，而是具有多元性的思想形态，从根本上说，这是由于阳明学思想本身就是一个开放性系统。阳明学作为儒家文化的一种传统，其未来发展将取决于阳明学的思想精神如何在地方知识、区域文化当中得以展现其价值和意义。

三　"红色阳明学"与"白色阳明学"

日本近代（1868—1945）经历了在政治、经济、文化等方面向近代化成功转型的辉煌历史，同时又是一段并不光彩的向外扩张、挑起战争的帝国主义历史。在学术研究领域，一方面，人文社会科学特别是东洋学、中国学研究等方面取得了举世瞩目的成就，无疑在当时的东亚，可谓独占鳌头，许多成就至今仍有重要参考价值；另一方面，在帝国主义乃至军国主义日趋狂热的背景当中，整个社会思潮被笼罩在帝国主义意识形态之下，特别是近代日本儒教推动的"国民道德"运动获得了上层政府的策援，积极主动地配合帝国主义意识形态的宣传需要，成为当时帝国主义、民族主义、军国主义的传声筒，扮演了御用学术的角色。因而二战之后的日本学界，对于近代日本儒教尤其是近代日本阳明学，大多采取不屑一顾的态度，不认为具有正面探讨的学术价值。[①]

小岛毅《近代日本阳明学》一书[②]是少数几部以近代日本阳明学为研究对象的出色论著，另一部优秀著作则是荻生茂博（1954—2006）的遗著《近代·亚洲·阳明学》[③]。小岛毅在书中也提出了"两种阳明学"的观点，不过他的说法是"白色阳明学与红色阳明学"[④]，前者是指明治以来"国体拥护主义"者，即国家主义者，他们往往同时又是阳明学的信徒；后者则是指继承了幕末阳明学的革命精神的阳明学者。不过归根结底，这两种阳明学又属于同一类型，其间的区分其实很微妙，都偏向于推动社会变革的激进主义，将阳明学视作精神运动的思想资源，而与传统的保守主义显得很不同。"白色阳明学"可以井上哲次郎为代表，他所追求的所谓理想的阳明学，须与当时的帝国主义走向积极配合，旨在抵御来自西风对社会人心的侵蚀，以维护"国体"（即以天皇为核心的政治体制）、重振国民道德、声张国粹主义；而"红色阳明学"则以幕末志士的一批阳明学者为标榜，更倾向于欣赏倒幕运动中那些信奉阳明学的志士仁人的革命激情，但在终究目标上，同样是以维护"国体"为宗旨。不过，按照高瀬武次郎《王阳明详传》[⑤]末尾所引幕末阳明学者吉村秋阳（1797—1866）的话来说，"阳明学犹如一把利刃，若不善用则易伤手"，好比说阳明学是一把双刃剑。弦外之音是，若过于推崇革命热情，而将阳明学视作"革命思想"的话，反而会使阳明学所指向的正道发生偏离。

---

① 关于近代日本儒教走过的一段曲折路程，参见吴震：《当中国儒学遭遇"日本"》。

② 《近代日本の陽明学》，东京：讲谈社，2006年。

③ 《近代·アジア·陽明学》。

④ 《近代日本の陽明学》エピソードⅣ "帝国を支えるもの" の 4 "白い陽明学、赤い陽明学"，第 121—132 页。

⑤ 该书初版于 1904 年，是当时日本最为详尽的王阳明传记的研究。不过在当代日本学界，大概不会再有人认真看待此书，因为不仅其中的史实错误太多，而且论述中夹杂着浓厚的信仰色彩，很难说是一部严格的学术著作。然而现在却有一个不完全的中译本在大陆出版，还取了一个原本没有的"日本天皇老师眼中的中国圣人"作为副标题以吸引读者的眼球，据传此书非常畅销，不免令人有时光倒转、地理错位的感觉。

在日本历史上，儒家特别是自孟子以来提倡的"汤武革命"的"革命"说向来是一个敏感词，与中国历史就是一部改朝换代史相比，日本自17世纪近世以来特别是随着国学以及神道思想的兴起，日本社会普遍拥有一个共识，即日本社会"万世一系"、从来不曾发生易姓革命的以天皇为核心的"国体"才是世界上最为理想的体制。于是，日本自古以来一直就是"神国"的观念，几乎变成全民的信仰。也正由此，所谓"革命"不能是指向天皇制度，相反应当是作为"勤皇"的思想动力，以推翻德川幕府为志向，最终实现返政于皇（日本史称"大政奉还"），这才是"革命"的真正含义。在这个意义上，幕末阳明学者在积极参与勤皇倒幕的历史进程中，借助阳明学以扮演"革命家"的角色。所以，1893年，由自由民权论者转向国家主义者的德富苏峰（1863—1957）在撰写《吉田松阴》（民友社，1893年）之际，就竭力称颂吉田松阴为"革命的志士"，然而到了明治四十一年（1908）重新再版的时候，德富苏峰却小心翼翼地将"革命"一词删去，显然他意识到若将阳明学的精神归结为"革命"，其后果有可能引发意外的联想，即阳明学不免被视作一种"危险思想"而与当时正在抬头的社会主义思潮同流合污。

果然，在1910年底发生的明治天皇暗杀未遂事件（日本史称"大逆事件"）之后，井上哲次郎首先站出来发难，他在国学院举办的"大逆事件背景下的立国大本演讲会"上，指责参与这一事件而后被处以极刑的社会主义活动家幸德秋水（1871—1911）其实是阳明学者，因为他的老师中江兆民（1847—1901）[①]曾经拜阳明学者三岛中州（1831—1919）为师，而当时的另一位参与者奥宫健之的父亲（奥宫慊斋）更是著名的阳明学者，因此他们的社会主义思想与阳明学难脱干系。井上的这一公开"指控"立即在社会上引发了不少的震动，以至于那些阳明学会的会员们产生了强烈

---

　　① 幸德秋水是《共产党宣言》的最早日译者，1904年翻译出版。不过其师中江兆民并不是社会主义者而是自由主义者、民权活动家，晚年在二松学舍跟随三岛中州学习阳明学，对阳明学也有同情了解，但很难说是一位阳明学者。

的内心动摇，纷纷与社会主义之类的激进思想撇清关系。事实上，对井上而言，他相信阳明学才是儒教真精神的体现，而且在当时文明开化的新时代正应发挥其积极的作用，不仅如此，他甚至认为，阳明学在东洋伦理中是最值得学习的楷模，与日本的神道精神也最能契合①，但他深感忧虑的是，在阳明学思潮中涌现出一种倡导"革命"的危险思想，这是绝不能听之任之的，而阳明学复兴运动也不能因为这场事件而前功尽弃。

另一方面，"大逆事件"也引起了阳明学会的实际负责人东敬治（1860—1935）的紧张，他在《阳明学》第29号上发表的"社说"中，特意转载了井上的一封私人信件，转述了井上的一个态度，即他无意指责"大逆事件"的思想背景有阳明学的因素存在。这个表态使得阳明学者度过了一时的危机。不过，从整个事件的过程来看，显然与阳明学者没有直接的关联，但是诡异的是，人们却有一种奇怪的想象，以为暗杀天皇一类的"革命"行为，肯定是那些信奉阳明学为行动哲学的人才能干得出来的，因为幕末的倒幕志士个个都是阳明学者的观念早已深入人心。甚至一直到1970年三岛由纪夫自杀前夕撰写的一篇文章便取题为"作为革命哲学的阳明学"，仍将阳明学想象为一种"革命"的哲学。而三岛的所谓"阳明学"究竟是接近于幕末阳明学之类型的"红色阳明学"还是类似于井上哲次郎、高濑武次郎的国家主义的"白色阳明学"，其实难有定论，他虽推崇吉田松阴为英雄，然而他又是借助井上的阳明学叙述来了解阳明学的，用沟口雄三的说法，这是透过"幕末阳明学"来想象中国阳明学，其结果是"日本式的阳明学"，就其实质而言，无疑是对阳明学的一种根本误读。

由上所述，可以看出在近代日本阳明学的发展过程中，其内部存在种种分化现象，"两种阳明学"不仅意味着中国与日本的"阳明学"存在

---

① ［日］井上哲次郎：《重订日本阳明学派之哲学序》，载《日本阳明学派之哲学》，东京：富山房，1924年重订版，第1页。另参见吴震：《当中国儒学遭遇"日本"》第三章第二节"井上哲次郎：国民道德运动的'旗手'"，第45—49页。

根本差异，而且在近代日本阳明学的内部也有"两种阳明学"等现象存在，充分表明在以中日为代表的近代东亚世界，其实阳明学的发展方向绝非是单一的，自以为继承了阳明学之精神的所谓近代日本阳明学恰恰背离了阳明学的真精神。这一点我们从小岛毅所描述的近代日本"两种阳明学"当中可以得到确认。更重要的是，不论是"红色"还是"白色"的阳明学，从其思想的基本特质看，其实是一丘之貉，都属于近代日本在帝国主义、国家主义甚嚣尘上的特殊背景下，被虚构出来的"拟似"阳明学，绝非阳明学思想发展的应有之方向。上面提到的沟口雄三的一句结论——"原本就没有两种阳明学"，也只有放在这样的背景中，才能领会此言的深刻含义。

四　"近代阳明学"是日本的"近代思想""政治言说"

不过，对于沟口的"两种阳明学"的观点以及由此得出日本阳明学并非真正的"阳明学"之结论，荻生茂博表示了怀疑，他认为"两种阳明学"作为一种史实存在是毋庸置疑的，特别是近代日本阳明学者往往从日本汉学传统出发来理解阳明学，这也是事实，例如井上哲次郎的"日本汉学三部作"便是这样的产物。但是，荻生又强调指出，日本与中国的"阳明学"一方面共同拥有某种基础性的思想观点，另一方面，两者也存在根本差异，故不得不承认日本阳明学是另一种阳明学，及至近代，反过来对中国也产生了影响。[①]荻生不仅承认有"两种阳明学"，而且认为"两种阳明学"不应针对中国与日本的区别而言，更应该指向日本阳明学内部所存在的"近代阳明学"与"前近代阳明学"的巨大差异。

荻生指出"近代阳明学"是以明治时期的阳明学运动为主要标志，是

---

① ［日］荻生茂博：《幕末・明治の陽明学と明清思想史》《近代における陽明学研究と石崎東国の大阪陽明学会》，分别参见其著：《近代・アジア・陽明学》，第370、402—403页。

对明治以来政府的西方化政策的一种反拨,是在明治二十年代涌现的日本民族主义思潮中开始抬头的一种日本的"'近代'思想",与此同时,它又是一种包含各种时代主张而被制造出来的"'政治'言说"。① 这里,荻生以"近代"性和"政治"性来为日本的"近代阳明学"进行定位,这个观点有重要意义。具体而言,近代阳明学被宣扬为国家主义、国粹主义甚至是日本道德的精神体现,三宅雪岭《王阳明》甚至直言阳明学的政治观点"与社会主义极其相似"②。要之,日本近代阳明学并不具有严格的学术意义,掺杂着各种政治主张,具有各种近代主义政治观点、宣扬"国家伦理""国民道德"等复杂思想因素。

举例来说,日本近代阳明学的标志是 1896 年创刊的《阳明学》杂志(吉本襄主持,铁华书院出版),根据其创刊号"发刊词"的主旨说明,强调阳明学是重建国民国家的政治学说以及锻炼个人品格的修身之学,构成了"国民道德的基础"。不用说,这里的国民国家,当然是日本的"国民国家",而且是与其他国家都有所不同的独特的"日本的国性",重要的是,此"国性"乃是以日本历代的"皇祖皇宗之道"为本的。③ 据此,则阳明学又可作为皇道主义或日本主义的一种言论主张。这就表明近代阳明学与明治帝国的意识形态走得太近,其基本立场是将阳明学看作"国民道德"的基础,而《阳明学》杂志的思想背景乃是国粹主义,这是需要我们格外注意的,切不可误以为《阳明学》等杂志为代表的日本近代阳明学便是对中国阳明学的思想传承及其理论发展。

须指出的是,在近代日本早期,"国粹"(nationality)主义以革新思想为指向,而与保守主义不同,认为国家的基础在于"国民",而各国拥有

---

① ［日］荻生茂博:《幕末・明治の陽明学と明清思想史》,载《近代・アジア・陽明学》,第 354—355 页。

② 转引自同上书,第 355 页。

③ 《陽明学》第 66 号《理想の独立と徳性の独立》,1899 年。转引自［日］荻生茂博:《近代・アジア・陽明学》,第 356、383 页。

自身的优秀"国粹",日本近代阳明学的出发点也正在于此,认为阳明学是国粹得以保存的思想根基。因此,《阳明学》的一个重要任务就在于如何从阳明学发现思想的"进步性",进而发挥其适应于时代的现实意义。就此而言,《阳明学》发刊之初,其国粹主义的思想立场与明治后期及至昭和年代盛行一时的国家主义、国体主义等思潮仍有基本差异。有研究表明:阳明学在推动明治维新成功之后,进而承担其重建国民道德的任务,这几乎是《阳明学》杂志同人的一个基本共识。但是这种观点随着时代的发展也发生了各种不同的转化,特别是在近代日本逐渐向天皇制背景下的民粹主义、国家主义乃至侵略主义发生倾斜的过程中,近代阳明学担当了并不光彩的角色,这是毋庸讳言的。

关于"两种阳明学",荻生主要关注的是日本"近代阳明学"与"前近代阳明学"所存在的问题,在他看来,"近代阳明学"在日本或在中国是否存在差异并不重要,因为中国"近代阳明学"其实就是从日本输入的"近代阳明学",故两者在本质上存在诸多相通之处,荻生甚至断言:可以将"近代阳明学"看作"东亚近代化过程中共通的时代思潮"[1]。然而事实上,即便就"东亚"视域看,"近代阳明学"也绝非铁板一块,所谓中国的"近代阳明学"到底有哪些代表人物及其思想特征还有待深入探讨,就日本近代阳明学而言,根据山下龙二(1924—2011)的考察,在明治时期的阳明学运动中也存在"两种阳明学"的现象,例如以内村鉴三(1861—1930)为代表的是一种"宗教的、个人主义的、世界主义的"阳明学,而以井上哲次郎为代表的则是一种"伦理的、国家主义的、日本主义的"阳明学。[2]对此,荻生也承认内村与井上的阳明学的确分担了不同的思想角色。

但是,荻生对井上"阳明学"是持基本否定态度的。他认为井上"阳

① 〔日〕荻生茂博:《近代における陽明学研究と石崎東国の大阪陽明学会》,载《近代·アジア·陽明学》,第404页。
② 〔日〕山下龙二:《明代思想研究》,载《名古屋大学文学部研究论集》第36号。转引自〔日〕荻生茂博:《近代·アジア·陽明学》,第404页。

明学"的认识论基础是：认为中国是停滞落后的，故被殖民地化乃是理所必然的。故从本质上看，井上"阳明学"无非是对"皇统无穷之日本的一种颂词而已"，这种思想观点也就必然演变成"煽动本国优越性以及侵略战争的意识形态"，对此，荻生表示"我们必须加以坚决的批判"。而近代中国的一些"爱国者"之所以对"近代"日本抱有亲近感或厌恶感的原因就在于"这种日本'近代阳明学'所具有的两面性"；更严重的是，时至今日，"我们在总体上，依然没有超越存在于井上之流的'国民国家'历史观当中的民族性（nationality）"，故在今天，人们所面对的课题仍将是"这种日本的'近代阳明学'的历史对象化"。[1] 无疑地，荻生对近代以来占据主流的井上一系的"近代阳明学"所持的批判立场很值得重视。

根据荻生的看法，在"前近代阳明学"与"近代阳明学"这"两种阳明学"之间，存在着重大的历史性"断层"，特别是在明治维新以及文明开化期，日本社会上下经历了激烈的"西化主义"风潮，儒教至少在文化教育领域，遭遇了"政治抹杀"的命运。然而随着明治二十年出现的"国民道德"运动不断升级和强化，政府、学界乃至媒体界，以幕末志士如吉田松阴、西乡隆盛等人信奉阳明学"行动主义"思想精神为例，创造出"明治维新是以阳明学为先导的"这样一种"神话"，营造出儒教对于提升"国民道德"具有重要作用的社会舆论。而19世纪末20世纪初那些流亡日本的中国政治家或革命家深受此类观点的影响，深信日本的"革命"成功有赖于中国阳明学，如章太炎所言"日本维新亦由王学为先导"，孙中山亦云"日本维新之业，全为阳明学之功也"[2]，可见，日本近代阳明学反

---

[1]　以上参见［日］荻生茂博：《近代における陽明学研究と石崎東国の大阪陽明学会》，载《近代・アジア・陽明学》，第404—405页。

[2]　分别见章太炎：《答铁铮》，载《民报》第14号，1907年；孙中山：《建国方略》第一章"心理建设"，转引自［日］荻生茂博：《近代・アジア・陽明学》，第400页。按：另参见朱维铮：《阳明学在近代》，载中国孔子基金会、新加坡东西哲学研究所编：《儒学国际学术讨论会论文集》下，济南：齐鲁书社，1989年；后收入朱维铮：《走出中世纪（增订版）》，上海：复旦大学出版社，2007年。

过来对近代中国（亦包括韩国）产生了深远影响。然而就其实质而言，这种所谓的影响，其实不过是 20 世纪初在中国出现的由"文化自卑"突然转向"文化自信"的一种扭曲表现。

然而事实是，所谓阳明学是明治维新的原动力这类"神话"的制造者，或可追溯至三宅雪岭的《王阳明》，明治二十年代特别是甲午战争之后，随着阳明学运动的兴起，阳明学与明治维新被直接画上等号的说法开始大行其道。然而，这种观点并不是严格意义上的学术观点，毋宁是一种带有"近代性"的"政治言说"。荻生认为，将阳明学与明治维新关联起来的说法并非历史事实，乃是"近代民族主义者将自己当时的实践理想投影于历史而制造出来的命题"[①]。

总之，日本近代阳明学的成立标志是明治二十六年（1893），即以三宅雪岭《王阳明》以及德富苏峰《吉田松阴》的出版为标志，它是作为"民间之学"的"革新"思想出现的，也是为了鼓舞"日本国民"具有与西方国家相匹敌的"独立""自尊"之精神的一种思想；甲午战争后，整个日本社会上下开始形成一种普遍观点，自以为从政治和军事上看，日本的"近代化"已经实现，"自尊"思想被"官学"所包摄，转化为自以为是的一种精神，这种转化在当时人的眼里，可能难以被直接发现。但是，从今天的立场看，"近代阳明学"作为"国民"的"革新"思想，其光彩仅有十年左右的时间，20 世纪初随着井上哲次郎、高濑武次郎等"御用"学者所提倡的阳明学思潮的出现，阳明学变成了与天皇主义"国体"论基础上的"国民道德论"相契合的思想，是日本皇道精神的体现，属于"近代日本儒教"的一脉。[②] 用日本殖民时期的（韩国）京城帝国大学的教授、朝鲜儒道会副会长高桥亨（1878—1967）的话来说，就是原本是中国的"王道儒学"已经理所当然地转化为日本的"皇道儒学"，他甚至宣称中国的

---

① ［日］荻生茂博:《日本における"近代陽明学"の成立——東アジアの"近代陽明学"（1）》,《近代・アジア・陽明学》，第 426—427 页。

② 参见［日］井上哲次郎:《東洋文化と支那の將來》,东京: 理想社出版部,1939 年。

"王道儒学"是"温吞水"一般的儒学，而当今应当重建的必须是具有制霸世界之力量的符合军事大国身份的"皇道之儒道"，而这种日本儒学已经与"日本国粹"充分"同化"，成了培育涵养日本的"国民精神国民道德"的皇道之儒学。[①] 由此足见，日本近代阳明学从明治发展到昭和的帝国主义、殖民主义时代，它已不仅仅是"'近代'思想""'政治'言说"，更是为军国主义张本的"御用学说"。

关于"两种阳明学"，荻生有一个总结性的判断，他指出在日本近现代存在左右两翼的"两种阳明学"，其实质都是"近代阳明学"，值得关注：

> 明治时期的"两种阳明学"最后以"官学"的胜利告终，而在帝国主义时代，"右翼"阳明学运动得以持续蔓延。日本战败之后，"左翼"的阳明学评价得以复活，然而这种"左翼"阳明学的理解却也是对"近代阳明学"的继承。[②]

五 小结：东亚阳明学研究具有建构性意义

以下提四点，以便我们省察。

第一，17 世纪初阳明学传入日本之后，经过一番"日本化"改造，形成了与中国阳明学非常不同的"日本阳明学"，这是沟口雄三提出"两种阳明学"之说的根本旨意，他强调中日"阳明学"的差异性要远远大于两者之间的相同性，目的在于解构中日阳明学的"同质性"。沟口之后有关"两种阳明学"的问题更有深入的讨论，认为不仅中日阳明学存在巨大差异，而且在近代日本"阳明学"内部也有不同，呈现出纷繁复杂的景象。

---

① ［日］高桥亨：《王道儒学より皇道儒学へ》，载朝鲜总督府《朝鲜》295，1939 年，转引自［日］荻生茂博：《近代・アジア・陽明学》，第 437 页。

② ［日］荻生茂博：《日本における"近代陽明学"の成立——東アジアの"近代陽明学"（1）》，《近代・アジア・陽明学》，第 438 页。

这就告诉我们，阳明学从来不是"纯学问"或"元学问"——如物理学或数学那样，其自身是圆满自足、内在同一的学科体系，而是蕴含各种解释可能与思想张力的思想系统，因而具有开放性与多元性，在不同文化背景或时代背景下，阳明学在传播过程中必然发生种种转化现象，即本土文化与思想诠释的双重转化，这类现象的出现本不足为奇。可怪的是，人们总有一种想象：以为阳明学（或儒学）由中国传至日本乃至东亚各国，必然渗入当地本土文化，进而对不同的地域文化发生根本性的影响，若将这些不同地域的阳明学组合起来，便可建构一种"东亚阳明学"的思想实体。对于这类文化本质主义的同化论，必须加以彻底的解构。

第二，从历史上看，以吉田松阴、西乡隆盛等人为代表的幕末阳明学，三宅雪岭、德富苏峰所开创的"日本阳明学"，及至井上哲次郎、高瀬武次郎所推动的所谓"近代阳明学"运动，显然与中国阳明学不可同日而语。"两种阳明学"之观点的提出，事实上便是对近代日本阳明学的一种批判和解构，以便揭示日本阳明学的多样性、复杂性乃至保守性。从这个角度看，沟口雄三、小岛毅、荻生茂博等对"两种阳明学"的讨论具有重要的思想史意义。只是近代日本阳明学绝不是对中国阳明学的传承与发展，而与明治帝国主流意识形态的国家主义、民粹主义密不可分，因此，在对近代日本阳明学的主义主张、思想诉求未做清算和批判的情况下，便笼统含糊地提倡"东亚阳明学"的重建，以为可与东亚儒学研究进行组合，这就会引发思想与学术上的混乱，这是我们需要格外注意的。

第三，从近代到战后时代，无论是日本阳明学还是中国阳明学，日本学界所做出的研究成就在很长一段时期内，在世界范围处于领先地位。从某种意义上可以说，对于东亚儒学或东亚阳明学的研究而言，日本学者的研究具有重要参考价值。但是，这类研究大多属于大学学院派的学术研究，他们把阳明学（或儒学）看作是纯粹客观的研究对象，而与自身的身份认同无关，也就是说，儒学或阳明学已经在实践上失去任何现实意义。不过须注意的是，近代阳明学所存在的"右翼"阳明学并没有完全消失，例如曾与蒋介石有很深私交的安冈正笃（1898—1983）乃是一位横跨近现代的阳明学者，他被称作"黑色阳明学"之代表，又有"历代宰相之师"的美誉，令人惊奇的是，20世纪80年代辞世之后直至现在，他的著述仍然十分畅销，往往在书店柜台上"堆积如山"（小岛毅语），与大学学者有关儒学的严肃论著在书店日益少见的冷清现象形成鲜明的对照，这就说明他的"黑色阳明学"在当今日本社会仍有不少"受众"基础，只是从来没有一位专家学者把他看作研究对象来认真对待，其影响似乎在财政两界仍在延续。可见，阳明学在近代日本，绝不是单纯的学术问题，其中涉及诸多复杂的非学术因素，这是我们在思考东亚阳明学问题时需要小心对待的。

第四，阳明学作为儒学的一个重要传统，其本身所蕴含的思想精神、儒学价值是值得加以传承和发扬光大的，特别是阳明良知学的实践性、开放性以及批判性等精神特质[①]，即便在当今社会仍有其重要的思想价值。正是在这个意义上，有必要推动东亚阳明学的研究，深入探讨阳明学在未来东亚的发展可能性。与此同时，我们也要清醒地意识到东亚阳明学是一历史文化现象，在以往的历史发展过程中所呈现出来的多样性表明，作为儒学传统之一的阳明学在东亚的存在也必然具有多元性特征。因此，对我们而言，有必要坚持这样一种观点和立场：阳明学的普遍性原理与"他者"文化的特殊性之间应当建构起积极互动、多元一体的动态关系而不是排斥关系。在这个意义上可以说，东亚阳明学足以成为一个具有学术意义的研究领域。

最后需说明的是，本文所说的"东亚阳明学"，主要探讨的是日本阳明学的问题，而不包括中国阳明学及韩国阳明学的问题。

（原载《复旦学报（社会科学版）》2017年第2期）

---

① 参见本书《心学道统论——以"颜子没而圣学亡"为中心》篇。

后　记

　　几年前，我有一本书取名《朱子思想再读》（生活·读书·新知三联书店，2018 年），效仿日本学者木下铁矢《朱熹再读》（研文出版，1999 年）的书名。"再读"是指重新解读和思考，也涵指自己的研究不尽同于以往学界的相关研究而略有新的看法。本书各篇是我在完成《朱子》一书之后，重回阳明学领域的探索成果，有别于此前自己的阳明学及阳明后学的系列研究（此系列研究已结集为"吴震著作集·阳明学系列"四书：《阳明后学研究》《泰州学派思想研究》《〈传习录〉精读》《阳明学时代讲学活动系年（1522—1602）》，上海人民出版社，2023 年）。木下铁矢的朱子学研究曾提出"广义朱子学"的概念，认为朱子学不仅是朱子个人的思想结晶，而且在广义上应包含"后朱子时代"的朱子学者共同推动的思想"再生产"的结果，这个说法是可取的。我在本书第一篇《宋明理学视域中的朱子学与阳明学》一文中，提出宋明理学研究可以有一种新视域，即我们可以将宋明理学视作一场整体的思想运动，由此出发，将朱子学和阳明学置于宋明理学的哲学思想、历史文化的背景中做贯通性的思考，这有助于我们加深了解广义朱子学和广义阳明学的相异性和连续性，可以呈现宋明新儒学在哲学上的整体性发展。

　　当然，广义性的阳明学研究并不排斥狭义阳明学的专题研究，相反，专题研究仍是广义性研究的基础。本书各篇的研究并不是在一个完整的研究计划推动下进行的，它们毋宁是源于某些问题意识的触动而产出的结果。故本书原本没有一个框架性的预设，而是由问题所牵引，讨论的问题呈多点散发，最终聚焦于广义阳明学的思想和历史。大体而言，本书主要关心的问题有两大类：第一类是关于阳明心学的理论结构及其特质，第二类是关于"后阳明"时代的思想演进及文化现象。第二至第六篇属于第一类的研究，分别就阳明学的良知理论、知行合一、一体之仁以及心学道统论等哲学问题做了深入的专题讨论，关注于阳明学的良知自知问题、一念发动即是行的问题、以仁为基础的万物一体论问题以及基于心学立场的新道统观等问题的概念辨析及相应的问题讨论，这些深入理论细部的专题讨论拓展和深化了阳明学的哲学研究。

第二类有关"后阳明"时代的思想研究，则广泛涉及儒学世俗化、李贽思想定位、心学与气学的思想异动以及明清之际新出的人性论述等问题，尤关注于晚明清初出现的反思宋明理学的思潮动向，而这些问题属于广义阳明学乃至广义宋明理学的思想议题，相关的讨论对于我们全面了解阳明学具有重要学术意义。关于袁了凡，主要对其善书的几部孤本做了首次文献学考察。了凡在学脉上属于阳明再传弟子，是从阳明学思想圈中出现的一位劝善思想家。如果说阳明学是一种"文化现象"，那么袁了凡可谓是这一文化现象中的典型人物。

两篇附录中的第一篇是对日本学者荒木见悟的一篇成名作《佛教与儒教》"序论——本来性与现实性"一文进行的全文翻译介绍和相应的评述。荒木先生的中国哲学研究在当代日本已成典范，而这篇"序论"展示了荒木先生横跨儒佛领域的"哲学方法论"，对于我们理解广义宋明理学具有重要启发意义，至今仍有学术价值。"附录二"讨论了"东亚阳明学"的若干问题，特别以日本学者提出的"两种阳明学"为核心问题，指出"阳明学"在不同的历史文化背景中会发生某种思想转化，值得我们在思考"东亚儒学"问题时加以认真省察。

总之，本书是我近五六年来研究阳明学的新成果（唯独《阳明学时代何以"异端"纷呈?》是篇 20 多年前的日文旧作,译成中文发表于 2020 年)。各篇已在杂志上发表,此次收入本书做了一些文句的调整和修饰,除若干篇以外,大多是我主持国家社科基金重大项目"多卷本《宋明理学史新编》"(17ZDA013)课题以来所写的阳明学为主题的文章,是该项目的阶段性成果之一,现取书名为《阳明学再读》结集出版。

吴震

2023 年 9 月 3 日

"复旦哲学·中国哲学丛书"出版书目

《宋明理学新视野》（全二册）   吴　震　主编

《东亚朱子学新探：中日韩朱子学的传承与创新》（全二册） 吴　震　主编

《美德伦理学：从宋明儒的观点看》   黄　勇　著

《儒家功夫哲学论》   倪培民　著

《道德与政治之维》   杨国荣　著

《"逆觉体证"与"理一分殊"：论现代新儒学之内在发展》   张子立　著

《阳明学与中国现代性问题》   陈立胜　著

《阳明学再读》   吴　震　著